权威·前沿·原创

皮书系列为
"十二五""十三五"国家重点图书出版规划项目

BLUE BOOK

智库成果出版与传播平台

文旅蓝皮书

BLUE BOOK OF
CULTURE AND TOURISM INDUSTRY

中国文旅产业发展报告
（2020）

REPORT ON DEVELOPMENT OF CHINA CULTURE AND
TOURISM INDUSTRY (2020)

主　编／司　若
执行主编／陈　鹏　陈　锐　李丽玲

社会科学文献出版社
SOCIAL SCIENCES ACADEMIC PRESS（CHINA）

图书在版编目（CIP）数据

中国文旅产业发展报告. 2020 / 司若主编. – – 北京：
社会科学文献出版社，2020. 12
（文旅蓝皮书）
ISBN 978 – 7 – 5201 – 6985 – 1

Ⅰ. ①中…　Ⅱ. ①司…　Ⅲ. ①文化产业 – 产业发展 –
研究报告 – 中国 – 2020②旅游业 – 产业发展 – 研究报告 –
中国 – 2020　Ⅳ. ①G124②F592. 3

中国版本图书馆 CIP 数据核字（2020）第 140830 号

文旅蓝皮书

中国文旅产业发展报告（2020）

主　　编 / 司　若
执行主编 / 陈　鹏　陈　锐　李丽玲

出 版 人 / 王利民
责任编辑 / 范　迎

出　　版 / 社会科学文献出版社·人文分社（010）59367215
地址：北京市北三环中路甲 29 号院华龙大厦　邮编：100029
网址：www. ssap. com. cn
发　　行 / 市场营销中心（010）59367081　59367083
印　　装 / 天津千鹤文化传播有限公司

规　　格 / 开　本：787mm × 1092mm　1/16
印　张：18. 25　字　数：271 千字
版　　次 / 2020 年 12 月第 1 版　2020 年 12 月第 1 次印刷
书　　号 / ISBN 978 – 7 – 5201 – 6985 – 1
定　　价 / 168. 00 元

出品方

清华大学文化创意发展研究院
紫金文创研究院
CC-Smart 新传智库

联合出品方

SMART 度假产业智慧平台
北京电影学院未来影像高精尖创新中心
中国高等院校影视学会影视产业与管理专业委员会

专家委员会

主　席

柳斌杰　第十二届全国人大科教文卫委员会主任委员，清华大学文化创意发展研究院院长，清华大学新闻与传播学院院长

专家委员（按姓氏拼音为序）

范　周　文化和旅游部专家委员会委员，中国传媒大学文化产业管理学院院长兼文化发展研究院院长，雄安新区发展研究院院长，教授，博士生导师

胡　钰　清华大学新闻与传播学院党委书记，清华大学文化创意发展研究院执行院长

李向民　南京艺术学院副校长，紫金文创研究院院长，中国文化产业管理专业委员会会长，教授，博士生导师

李学民　赞美文化传媒（北京）有限公司董事长、北京清创文旅科技有限公司 CEO

李　颖　华夏幸福文创行业负责人

王　旭　SMART 度假产业专家委员会秘书长

王永章　中华文化促进会副主席、原文化部文化产业司司长

魏鹏举　中央财经大学文化与传媒学院院长，文化经济研究院院长

吴锡俊　北京市文资办投融资处处长，传媒经济学博士

向　勇　北京大学文化产业研究院副院长，教授，博士生导师
尹　鸿　中国电影家协会副主席，中国文艺评论家协会副主席，清华大学新闻与传播学院教授，澳门科技大学电影学院院长
殷秩松　清华大学校友总会文创专委会执行副会长、秘书长
张志庆　澳门科技大学人文艺术学院院长，澳门传媒研究中心主任
钟沈军　新华社终审签发人、高级编辑、中国经济信息社会文旅智库主任

课题组名单

组　长　司　若

副组长　陈　鹏　陈　锐　李丽玲

成　员　（按姓氏拼音排序）

刁基诺　冯婉婷　黄　莺　李嘉琛　刘佳杰

骆欣庆　钱　婧　宋欣欣　唐　伟　王　远

吴　飞　武　瑶　许　莹　袁　玥　赵　红

主编简介

司　若　清华大学新闻与传播学院影视传播研究中心研究员、博士生导师，紫金文创研究院研究员，澳门科技大学电影学院客座教授、博士生导师。先后在山东大学、清华大学、香港浸会大学获学士、硕士、博士学位，清华大学与山东省新闻出版广电局联合培养博士后。中国高校影视学会影视产业与管理专业委员会秘书长，中国电影家协会理论评论委员会理事，北京市电视艺术家协会理事，CC－Smart新传智库高级研究顾问。代表作《影视工业化体系研究》、《中国电影大片路——中国高概念电影的制作与营销模式研究》、影视风控蓝皮书《中国影视舆情与风控报告》、影视蓝皮书《中国影视产业发展报告》、网络视听蓝皮书《中国互联网视听行业发展报告》、文旅蓝皮书《中国文旅产业发展报告》、《中国影视法律实务与商务宝典》、《短视频产业研究》、《影视制片管理基础》等。

陈　鹏　博士，南开大学新闻与传播学院副院长、传播学系主任，硕士研究生导师。兼任中国高校影视学会影视产业与管理专业委员会副秘书长，北京文化发展中心智库专家，法制网舆情监测中心特约研究员，DCCI互联网数据中心网络视频研究高级顾问，中国网络影响力课题组副组长、CC－Smart新传智库研究顾问等。曾任韩国首尔国立大学客座研究员，曾受教育部委派，担任日本电通集团的高级广告研修员。参与国家级、省部级等多项课题研究，发表研究报告、论文数十篇，参与编著、翻译多部著作，曾获多项省级教学科研成果奖。

陈　锐　博士，中国传媒大学新闻学院副教授，硕士生导师，中国传媒大学传播心理研究所研究员。中国高校影视学会影视产业与管理专业委员会理事，中国社会心理学会传播心理专业委员会副秘书长，CC－Smart新传智库研究顾问等。主要研究领域为受众心理、舆论引导、调查统计、数据挖掘，主持或参与中国证券投资者信心指数调查、中国城市居民文化消费调查、北京奥运会传播效果研究、中国明星商业价值研究、世界华文传媒影响力研究、中国青少年网瘾调查、藏维少数民族电视观众调查、中国电影观众分层调查、中国电视剧产业发展报告等项目，曾为多个影视项目或影视基地提供数据和调研服务。著有《传播心理学》《少数民族地区电视传播效果研究》《政法舆情危机应对实务手册》等。

李丽玲 硕士，新传智库科技发展有限公司高级研究员。主要研究领域为文化旅游、旅游规划等。曾参与多项省市级课题，参与编制的各类旅游规划几十个，包括《敦煌市全域旅游发展规划》、《海阳市全域旅游发展规划》、《驻马店市全域旅游发展规划》、《六安市全域旅游发展规划》、《古北口镇特色小镇规划》等。

摘　要

《中国文旅产业发展报告（2020）》（文旅蓝皮书）是在当前政策与产业发展驱动下，以清华大学文化创意发展研究院、CC-Smart 新传智库为学术平台，联合海内外学界、业界、政府部门、行业协会众多专家共同编写的。本报告立足中国文旅全产业链，探索中国文旅产业的整体结构，全方位、广视角地对中国文旅产业各领域的产业现状、市场问题、风险防控等展开研究和分析，并对未来中国文旅产业的发展规律和趋势进行科学分析与研判。

2019 年是中国文旅产业蓬勃发展的一年。放眼全球，中国作为亚太地区主要旅游客源国和文化产业大户，其游客数量占国际游客总数的 39% 以上。在国内，中国文旅产业发展迅速，已经连续多年实现高速率增长，文旅产业已经成为国民经济的重要组成部分，是中国国民经济的支柱性产业和幸福产业。中国文旅产业拥有极好的发展形势和机遇，但也存在一些阶段性的问题。本报告站在新时代、新理念、新发展的基础上，从行业现状、发展举措、行业趋势等方面科学把握新时代中国文旅产业发展的新态势与新特点。

本书由总报告、专题报告、理论思考、案例研究和数据附录五个部分组成。总报告：对 2019 年中国文旅产业发展状况进行分析，并对产业发展进行趋势预判。专题报告：深入细致研究中国文旅产业热门细分领域的发展状况。理论思考：邀请学界或业界专家从专业领域和工作经验出发，讲述对文旅行业的不同思考。案例研究：选取国内外经典案例进行分析，全面细致地阐述案例发展历史、现状，分析其存在的问题和未来机遇。数据附录：对全国整体和各省区市的旅游市场、旅游产品、旅游配套设施等相关数据进行整理分析。

关键词：文旅产业　产业融合　旅游市场　旅游配套

目 录

Ⅰ 总报告

Ⅱ 专题报告

Ⅲ　理论思考

Ⅳ　案例研究

Ⅴ　数据附录

皮书数据库阅读**使用指南**

总 报 告

General Report

B.1

2019年中国文旅产业发展总报告

司 若 李丽玲*

摘 要： 2019年是中国文旅产业蓬勃发展、欣欣向荣的一年，中国文旅产业的发展基础、政策条件和经济环境持续优化，文旅市场规模进一步扩大，产业投资热度持续升高，对外开放程度不断加深，文旅产业的发展前景被市场高度认可。2019年，国家实施了一系列重大发展举措，以促进中国文旅产业的可持续发展，包括推进"数字文旅"项目建设、落实全域旅游文化品牌打造、促进文旅多领域深度融合，以及持续完善文旅产业的配套设施等措施，文旅产业发展建设成效显著。2019年，中国文旅产业的各专项业态也表现出了多样化发展

---

* 司若，清华大学新闻与传播学院影视传播研究中心研究员，博士生导师，主要研究方向为影视传媒、文化旅游等；李丽玲，新传智库科技发展有限公司高级研究员，主要研究方向为文化旅游、旅游规划等。

特征；传统文旅景区正在迭代升级、文旅小镇更加注重产业的协同创新、乡村旅游向纵深发展、旅游演艺成为夜间经济最热文旅活动、主题乐园和研学旅游发展势头强劲。综合研究 2019 年中国文旅产业的市场状况、发展举措和产业业态特征，总结得出中国文旅产业的未来发展趋势。

关键词： 文旅产业 文旅融合 数字文旅

2019 年是新中国成立 70 周年，也是国家全面实现小康社会的关键一年。2019 年，中国旅游业已基本形成传统生态旅游和文化旅游新业态共同繁荣发展的产业新局面，其中，文旅产业增长迅速，市场规模不断扩大，"以文促旅，以旅彰文"，不断深化文化与旅游产业融合，不断丰富文旅产品供给，文旅产业已经成为中国国民经济的优势产业和幸福产业。

一 中国文旅产业的发展背景

（一）资源条件

中国历史悠久，幅员辽阔，在漫长的历史发展过程中，中华大地孕育了丰富多样、各具特色的文化内容，使文旅产业发展具备深厚的现实基础。中国文化从区域大致划分为：华北、华南、华东、华中、东北、西北、西南和港澳台文化区。中国各区域文化特色突出，其共同构建了多姿多彩的中华文化体系，也是中国文旅产业发展的重要资源基础。依据文化资源的不同，文化旅游的内容主要包括故居、博物馆、艺术馆、美术馆、纪念馆等文旅场馆；古镇古村古街、史前遗址、文物古迹、古代设施等古文化内容旅游业态；红色旅游、研学旅游、乡村旅游等文化旅游新业态，以及文创、文化演艺等文化消费活动。这些文化场馆、文化旅游景点与文化创意产业园区带动了文旅消费人群的增长和文旅产业的发展，成为中国旅游产业和旅游经济发展的新引擎。

文化的发展为旅游赋予了丰富的内容，旅游为文化的传播提供了载体，文化资源旅游化、文化旅游项目产业化，各种类型的文化旅游业态随之诞生。文旅小镇是以文化为小镇的生命力，以文化体验为主要功能的旅游开发项目，文旅小镇依托文物遗存和地方特色民风习俗，通过真实展示地方原汁原味的生活方式，给游客带来不一样的旅游体验。主题乐园是文旅产业的另一种重要业态，是以某一文化为主题，对园区场馆设施、活动表演、景观气氛、商品购物等内容进行策划和开发的游乐园项目。目前，中国拥有大型和特大型主题公园约92家。[①] 2019年，珠海长隆海洋王国和上海迪士尼乐园成功入选全球十大最受欢迎的主题乐园[②]，而上海迪士尼乐园更是实现年接待游客超千万人次，营业收入突破百亿元。

（二）经济基础

文旅产业的发展与国民可支配收入息息相关，高速的经济增长能带动文旅产业快速发展，同时文旅产业也能实现较高的经济收益，成为国民经济的重要部分。根据国家统计局发布的最新数据，截至2019年末，中国大陆地区总人口为140005万人，全年国内生产总值接近100万亿元，人均国内生产总值约为7.1万元，相较于10年前，中国人均收入水平已经大幅提高，收入的增加也大大提升了人们的消费能力和消费水平，文化旅游消费需求进一步增加，包括个性游、乡村游和研学游在内的文化旅游成为旅游的新形态。

近年来，旅游业在GDP中的占比逐年增加，常年保持在10%之上，旅游业对GDP的综合贡献能力逐渐增强，旅游业对中国经济的作用凸显。

---

① 根据2018年国家发展改革委等5部门联合印发的《关于规范主题公园建设发展的指导意见》，总占地面积2000亩及以上或总投资50亿元及以上的，为特大型主题公园；总占地面积600亩及以上、不足2000亩或总投资15亿元及以上、不足50亿元的，为大型主题公园。

② 《盘点2019年全球最受欢迎的10个主题公园，中国两处上榜!》，2019年11月23日，https：//baijiahao. baidu. com/s? id = 1650986279844199748&wfr = spider&for = pc。

（三）政策环境

2019 年，国家颁布了多项政策支持文旅产业发展。在国务院办公厅 2019 年 8 月印发的《关于进一步激发文化和旅游消费潜力的意见》中，为使我国文旅产品结构更加合理，产品内容更加丰富，消费设施更加完善，服务质量进一步优化，居民消费需求进一步提高，特提出 9 项激发文化和旅游消费潜力的政策举措，包括：鼓励居民参加旅游惠民消费项目，完善旅游消费设施，提升居民消费环境，加强文旅消费市场监管，推行优质旅游消费场所的试点工作，丰富各类文化和旅游消费产品的供给，促进景区提质升级，大力支持假日旅游和发展夜间经济，重点实施产业融合发展。为迎接即将到来的 2022 年冬季奥运会，中共中央办公厅、国务院办公厅印发《关于以 2022 年北京冬奥会为契机大力发展冰雪运动的意见》。同时，文化和旅游部也发布了多项政策支持文化旅游发展。

二 中国文旅产业年度市场概况

（一）市场规模不断扩大

2019 年，中国文旅市场快速增长、产业规模不断扩大、产业链更加完整、各类文旅业态项目百花齐放，既有大投资、大开发项目，也有小情怀、新运营项目，总体表现为大规模、多层次、成体系的良性发展趋势，更好地满足了不同层面和层次的文化旅游需求。目前，中国文旅产业的发展无论是在开发投资、合作创新，还是运营上，都有所革新与突破。传统内容与新思维并存，表现出多元化发展趋势。

2019 年是中国文旅市场快速增长、产业发展环境持续优化的一年，根据文化和旅游部的官方数据，中国旅游经济增速继续高于 GDP 增速。全年国内旅游为 60.06 亿人次，比上一年同期增长 8.4%；出入境旅游为 3 亿人次，比上一年同期增长 3.1%；旅游总收入为 6.63 万亿元，比上一年同期增长 11%。

旅游业对国内生产总值的综合贡献为 10.94 万亿元，占国内生产总值的 11.05%。旅游直接就业人数为 2825 万人，间接就业人数为 5162 万人，占全国就业总量的 10.31%。[①]

（二）对外开放程度不断加深

在全球经贸交往和文化交流中，文化旅游业具有重要作用。在纷繁复杂的国际形势下，文化旅游业是全球经济可持续发展的重要推动力量，也是扶弱减贫、推动各国人民和平共处的幸福产业。目前，全球旅游市场在不同区域呈现不一样的发展态势，其中亚太地区旅游增长较快，而中国为亚太地区旅游增长做出极大的贡献。目前，中国文旅市场规模大、发展迅速，但与发达国家尤其是欧美国家相比，中国文旅产业的发展还存在较大差距。未来，中国文旅产业的发展需要向发达国家看齐，学习其先进的发展模式，将其与中国文化相结合，开发符合时代需要的文旅项目，提升中国文旅产业的服务水平，做更好的自己，并在世界文旅转型升级浪潮中，抓住发展机遇，力争上游。

根据文化和旅游部的官方数据显示，2019 年我国入境旅游人数为 1.45 亿人次，比上一年增长 2.9%。入境过夜旅游人数为 6573 万人次，比上一年增长 4.5%。国际旅游收入为 1313 亿美元，比上一年增长 3.3%。入境外国游客按地区，主要分布在亚洲和欧洲，亚洲占 75.9%、欧洲占 13.2%、美洲占 7.7%、大洋洲占 1.9%、非洲占 1.4%。根据入境旅游的目的划分，观光休闲和会议商务的游客占比较高，分别达到了 35.0% 和 13.0%。按入境旅游国际客源市场的人数排序，入境我国旅游排名前 10 位的国家为：缅甸、越南、韩国、俄罗斯、日本、美国、蒙古国、马来西亚、菲律宾和新加坡。中国公民出境旅游人数达到 1.55 亿人次，比上一年增长 3.3%。[②]

---

① 《2019 年旅游市场基本情况》，https：//www. mct. gov. cn/whzx/whyw/202003/t20200310_851786. htm，2020 年 3 月 10 日。

② 《2019 年旅游市场基本情况》，https：//www. mct. gov. cn/whzx/whyw/202003/t20200310_851786. htm，2020 年 3 月 10 日。

（三）产业投资热度持续升高

2019年，文旅产业在资本市场上表现活跃，各行业龙头企业纷纷注资文化旅游业，目前已经基本形成以民营企业投资为主、国有企业和政府共同参与的产业投资格局。据中国旅游协会发布的数据显示，2019年文化和旅游业务占比达到10%以上的上市公司有64家，总市值达14458亿元，除了2019年上市的2家公司，总市值达14413.5亿元，较上一年大幅上涨50.68%；共有37家上市公司实现市值增长，占比达到59.7%。①

2019年是文化和旅游项目的投资大年，主要表现为投资规模大、投资增速快、投资进度快、项目类型多等特点。传统地产企业中有超过半数加入文旅行业②，传统制造企业也纷纷通过跨界投资方式进入文旅行业，为传统行业转型升级寻找新路径。以浙江省为例，2019年全年文旅项目实际投资首次突破2000亿元，达到2084亿元，实际投资同比增长15.6%；全年计划投资完成率达到141%，完成投资549.3亿元；全省文旅投资项目已达48个类别。除了大型综合体、主题公园、旅游酒店和文化村镇等热点类型外，2019年还新增了多个旅游业态类型，包括新型海岛公园、非物质文化遗产博物馆、大篷车营地和乡村民宿等。③

三 2019年中国文旅产业发展的重大举措

（一）推动"一带一路"文旅项目开发

2019年，国家大力支持"一带一路"建设，尤其重视"一带一路"文

---

① 《2018～2019中国文旅上市公司成长性报告发布》，https：//baijiahao.baidu.com/s？id＝1655328883750366201&wfr＝spider&for＝pc，2020年1月10日。
② 《百强房企过半涉足文旅地产 休闲时代催热文化旅游产业》，http：//www.3news.cn/redian/2019/1128/380436.html，2019年11月28日。
③ 《数据公开，2019年度浙江文旅项目投资势头强劲》，https：//baijiahao.baidu.com/s？id＝1660678652952246735&wfr＝spider&for＝pc，2020年3月9日。

旅项目与国际的接轨、交流与合作。文化和旅游部更是带头实施了"一带一路"国际合作重点项目征集与推介活动，举办了中国文旅产品国际营销年会系列论坛，开展了"一带一路"合作有关培训等，并在敦煌举办了第四届丝绸之路国际文化博览会。在实施"一带一路"文旅项目的过程中，文化和旅游部采取一系列措施，包含打造具有丝路特色的旅游产品、开发"一带一路"精品文化旅游线路、完善文旅基础设施、构建文旅产业交易服务平台、加强"一带一路"文化合作、推进文旅项目投资、深化数字文旅项目建设、扩大创意设计产业合作、支持文化和旅游装备发展、加强国际产业人才培养、促进"一带一路"文旅项目开发以及文旅活动的交流与合作等。

（二）落实"数字文旅"项目建设

2019年，中国数字时代已经到来，数字技术、数字建设和数字服务正在快速成长，现代数字新技术包括5G、大数据、云计算、物联网、区块链、VR/AR技术、人工智能等，新数字技术正不断取得突破，并逐步走向商业化应用，新技术的应用将大大提升文旅行业的发展能力，为行业带来全新的变化，因此，"数字文旅"前景光明，"数字文旅"项目也受到广泛关注。2019年，国家大力支持"数字文旅"建设，各类数字文旅项目在如火如荼的开发建设中。依托5G技术"高速率、低延时、大连接"的网络支撑能力，云计算的终端工具接入能力，智能物联网的万物智能互联能力，人工智能、VR/AR等技术的能力，协同作用文旅产业，其意义重大。一方面，数字新技术的运用有助于文化旅游供给侧升级，实现旅游产业内容的全面数字化，包括更精准的旅游用户画像分析和市场洞察、更高效的旅游管理模式、更优质的旅游服务体系建设，以及智能机器人的旅游化应用等；另一方面，智能技术在服务方面能创造更多令人惊叹的文旅产品：虚拟现实旅游体验、人机交互体验、旅游智能化服务体验、全息摄影等将突破原有旅游产品模式，带来全新的旅游体验内容。此外，数字技术还可以通过智能身份识别、人脸识别、数字支付与消费等内容提升旅游服务体验，优化数字旅游生态系统。

（三）推进全域文旅品牌打造

以精品支撑文化品牌建设、以文化精品引导文化消费。鼓励精品项目开发、树立内涵丰富的文旅品牌，一直是中国文旅产业发展的重要内容。各省区市大力实施的旅游供给侧改革、智慧旅游建设、全域旅游开发以及全域文旅品牌的打造，都是在精品项目提升和文化品牌建设上的重要措施。同时，为了在海内外树立中国文旅品牌，促进海内外文旅内容的交流和合作，中国先后举办了"2019 中国—新西兰旅游年"、"2019 中国—老挝旅游年"、"2019 中国—柬埔寨旅游年"等活动。

2019 年，网红经济的发展进一步促进中国文旅品牌建设，中国文旅品牌的网红经济效益凸显。2019 年，抖音、快手等手机应用快速发展，网络营销对文旅品牌的影响效应明显。自媒体、短视频、微博、微信是当下网络营销的主要方式，各大媒体跨界合作，加入新时代中的新元素，与娱乐和生活紧密结合，提高用户关注度，联系用户之间的情感纽带，通过粉丝和流量，培育其独特的品牌营销方式。根据《抖音文旅行业大数据报告》的调查数据显示，2019 年，超过 1.8 亿用户在抖音上记录下他们的旅行生活，7.2 亿个短视频与旅游相关。2019 年 11 月 9 日，抖音网友"栗子炒糖"发布的一条"大唐不夜城不倒翁"的视频在抖音上热度迅速串高，短时间内成为全网热搜第一名，带动了成百上千万的游客前往西安游玩。①

（四）促进文旅多领域深度融合

2019 年是文旅融合深入推进的一年。2019 年，从中央到地方的文化和旅游机构改革已经基本完成，文化和旅游产业融合的体制机制日益完善。2019 年"中国旅游日"活动主题"文旅融合，美好生活"推出文化旅游惠民措施，让广大群众共享文化和旅游融合发展成果。2019 年，文旅融合亮点频现，无论是顶层设计还是各地实践，都有很多值得关注的地方。随着文

---

① 《抖音文旅行业大数据报告》，https://www.jianshu.com/p/e1294c168b39，2020 年 1 月 12 日。

化和旅游产业融合发展进一步深化，旅游因文化而更显内涵，文化因旅游而更具活力。

文旅融合具体通过"理念融合、机制融合、功能融合、市场融合、服务融合"等内容实现。文化是旅游发展的灵魂，理念的融合主要是文化内容与产业方向要保证基本一致，从思想深处和根本上为文旅融合打好扎实的基础。机制融合与功能融合可使产业在融合过程中，保持产业与产业的无缝衔接，最终保障文化旅游多领域产业内容的顺利融合。市场融合与服务融合可使产业融合完成后，其营销宣传和服务标准保持一致，融合后的文旅业态可实现产业一体化发展。

（五）持续提升文旅产业配套设施

2019年中国旅游交通服务再上新台阶。根据国家统计局的数据，截至2019年底，全国旅客运量176亿人次。其中铁路客运量36.6亿人次，公路客运量130.1亿人次，水路客运量2.7亿人次，民用航空客运量6.6亿人次。旅客运输周转量35349.10亿人公里。截至2018年底，中国高铁里程数超过世界总里程的一半，达到2.9万公里，高铁里程之长、密度之高、速度之快，均为世界第一。我国公路总里程达到484.65万公里，是1984年底的5.3倍。其中，高速公路达到14.26万公里，里程规模居世界第一位。民用航空航线有4945条，其中民用航空国际航线849条、国内航线4096条，民用航空港澳地区航线100条，连通了201个国家和地区的1825个机场。[①]

我国酒店业已建成档次齐全、功能多样的酒店接待系统。截至2018年底，全国拥有各类星级饭店20614家，餐饮业法人企业数26258家。全年度住宿业营业额4059.7亿元，客房收入2130.6亿元；全年度餐饮业营业额5622.9亿元，营业收入4997.7亿元。另外，我国酒店业发展形成的各类新型业态，包括民宿、营地酒店、主题酒店等也得到快速发展，较好地满足了

---

① 数据来源：国家统计局，http：//data.stats.gov.cn/easyquery.htm？cn=C01。

各类新兴旅游消费人群的需要。①

互联网尤其是移动互联网技术的快速发展，为人们建构了方便、快捷、交互式的旅游信息服务传播方式。截至 2019 年底，全国互联网宽带接入用户 44928 万户，移动互联网接入流量 1220 亿 GB。2020 年，4G 网络的覆盖率将达到 98%，并初步实现 5G 网络覆盖。②

四 专项文旅产业的业态特征

（一）传统文旅景区迭代升级

2019 年是大众旅游发展的繁盛时期，大众旅游需求旺盛，对旅游产品和服务的要求也越来越高。传统文旅景区在经历了一段时间的发展之后，面临着资源过度开发、产品设计和营销不到位、服务设施老旧以及管理体制机制存在壁垒等问题。传统文旅景区"靠山吃山"的单一发展模式面临挑战，"单一门票经济"和"索道经济"、"走马观花"的旅游方式以及单一景点内容的发展格局，在文旅产业全面崛起的今天，前景堪忧，亟须迭代升级。新时代下的传统文旅景区除了美丽的景色，独特的历史、文化及建筑等内容的深度体验对游客吸引力更大，将会成为未来文化景观游的主力。

传统文旅景区迭代升级主要从以下几个方面进行。一是从单一走向多元。传统文旅景区要实现从单一门票经济向多样化的收入模式转变，从单一的低价旅游消费方式向多元的实价旅游消费转变，从单一景区开发建设和管理模式向综合型多元化的旅游目的地转变，并充分发挥文旅市场作用，在原有观光产业的基础上，拓展丰富多样的旅游产品内容，实现产业升级。二是从封闭到开放。摆脱传统文旅景区的封闭自循环发展特点，敞开大门，以更加开放和包容的心态迎接各类游客，多与其他旅游企业合作，实现"旅

---

① 数据来源：国家统计局，http：//data. stats. gov. cn/easyquery. htm？cn = C01。
② 《中华人民共和国 2019 年国民经济和社会发展统计公报》，http：//www. gov. cn/shuju/2020 - 02/28/content_ 5484361. htm，2020 年 2 月 28 日。

游＋"融合发展方式升级与文旅产业内容的共建共享。同时，文旅景区景点的发展也要有长远眼光，大力开展国际合作，推进全域接待国际游客，深入进行国际文化交流与合作。三是从浅文化到深体验。文旅产业的发展要摆脱粗放低效的旅游方式，向精细高效的方式转变，把浅显熟知的大众文化内容深度化延展、精细化打造，提高文化内容的体验感，给游客带来更好的旅游身心享受。

（二）文旅小镇注重产业协同创新

以文化为主题的小镇旅游是文化旅游的重要组成部分，在国家大力支持特色小镇建设的大背景下，文旅小镇得到快速发展。文旅小镇的健康发展需要落实小镇文化、生态、产业、休闲四位一体，协同创新，精致化发展。首先，在产业形态上，文旅小镇的升级要求对产业进行优化配置，逐步从传统封闭式的单一产业模式转变为开放式的综合产业协同模式。文旅小镇是文化、金融、科技、创意、休闲等新兴产业培育的新载体，高新产业、传统产业、农林渔业等产业在文旅小镇中的发展前景被看好，产业融合创新模式多样。其次，在文化旅游和休闲内容上，文旅小镇是以文化为生命力、以旅游休闲为主要功能的景区，依托小镇的产业特色、历史人文、古迹遗址和民风民俗，开发文化体验和休闲度假旅游项目。再次，文旅小镇也是居民生产生活的载体，可以是独立或半独立的城镇、大城市中孤立的街区或社区，也可以是大城市附近的大型村落。因此，文旅小镇应注重旅游目的地和集散地的建设，小镇内部实现相互融合与互动，全方位完善包括医疗、金融、信息等在内的相关旅游服务配套功能。最后，文旅小镇应该在空间布局上构建具有典型特征的整体格局和风貌，并与周边自然环境相协调，实现文化、生态、产业和休闲四位一体的发展。

（三）乡村旅游向纵深发展

中国是农业大国，农业资源丰富，农村人口规模巨大，"三农"问题突出。开发乡村旅游是建设乡村，使乡村保持健康可持续发展的有力措

施。相较于现代大都市，乡村有浓厚的"乡土味"和"乡土情"，乡村保留着中国人熟悉的古老传统习俗，淳朴的民风，古旧的民居、生活设施和器物是乡村见证历史的证据，绿色生态有机食品是健康的生活内容，可口的乡村美食让人念念不忘，乡村有人们忘不掉的乡愁。目前，中国城镇化率不断提高，越来越多的人在大都市生活和工作，工作压力大、拥堵嘈杂的生活环境让人们有了更强的旅游消费需求，相对于人满为患的传统景区，城市周边的乡村旅游是现代都市人短期休闲和度假的绝佳去处。然而，中国乡村旅游目前也面临非常多的问题，例如，乡村旅游开发特色缺失、定位趋同，千村一面的同质化现象严重；产品业态单一、服务水平不高、卫生条件不达标等问题凸显，难以满足消费者需求；村内管理难度大，村民之间无序竞争、恶意招揽游客，各种矛盾聚集；产权纠纷、投资纠纷等问题频现。这些因素都严重制约了乡村旅游的发展。

目前，国家大力推进"乡村振兴"计划，鼓励乡村旅游乡土化、精细化、向纵深发展。乡村旅游发展首先要有精准的方向与定位，针对不同的乡村旅游资源，进行合理的开发和利用。其次，大力支持田园综合体的发展。区域综合联动发展，乡村、房屋、田园、农人融为一体。最后，重点培育乡村领头人和实施旅游精准扶贫。要挖掘、培育优秀的乡村领头人，带领村民创业，共建美丽乡村；鼓励当地村民回乡，参与乡村建设，改变乡村积贫积弱的现状。同时，要大力支持乡村扶贫，多提供扶贫基金，照顾偏远贫穷区域，支持乡村生态可持续发展。

（四）旅游演艺引爆夜间经济

旅游演艺是文化艺术和旅游融合发展的细分产业。近 10 年来，旅游演艺形成了实景演艺、仿古音乐舞蹈类演艺、现代演艺三分天下的市场格局，以及宋城、长隆、华夏三大演艺品牌。中国旅游演艺联盟发布的《最新中国旅游演艺年报》显示，2018 年，中国旅游演出达 306 台，较上一年增长12.1%，新开演剧目 47 台，停演 14 台。2018 年中国旅游演出票房总收入为 59.08 亿元，较上一年增加 7.03 亿元，票房增速放缓。目前，中国旅游演出市场也表现出新的发展趋势。首先，主题公园演艺持续增长，实景旅游演艺不断下滑，沉浸式演出呈现爆发式增长趋势。随着游客对场景体验需求越来越高，单一的旅游演艺产品难以满足游客的消费需求，旅游演艺开始向组合型产品业态发展，主要有演出与古村古镇结合、演出与主题乐园结合、演出与山水景区结合、演出与文化景区结合产生的新兴旅游演艺业态，以及与博物馆、剧场、艺术馆等内容组合的创新型产品业态。旅游演出向三线以下城市布局，"互联网＋旅游演艺"线上线下的融合发展方式受到追捧，旅游演艺正成为中国夜间经济的支柱力量。[①]

（五）主题乐园助推文旅市场

在当前中国持续拉动内需的发展背景下，主题公园是联动旅游的重要着力点。据艾媒咨询统计分析，近10年中国主题公园游客量的年均增长率都保持在10%以上，增长速度较快，2019年的游客总量已达到近2亿人次，直接经济效益规模（含门票、餐饮、住宿等）达到了3237.6亿元。"二孩"政策落地、旅游业态发展、动漫IP产业等共同推动了中国主题公园的扩张。[②]

"节日经济"和"夜间经济"有助于主题公园突破季节、日照时长的限制，成为新的盈利增长点，是中国主题公园值得深挖的领域。欢乐谷、方特、迪士尼、长隆等主题公园充分利用万圣节、情人节等节日特性，设计融入中国元素，打造系列活动，在"节日经济"中挖掘新的营收增长点。而通过灯光照明设计及灯光秀、水秀、烟花秀等夜间演艺活动，主题公园突破时间限制，探索"夜间经济"发展模式。

（六）研学旅游催生新兴市场

近几年，我国研学旅游快速健康发展，在课程、服务、品牌、资源等方

---

① 中国旅游演艺联盟，https：//www. sohu. com/a/341523894_ 100006667？spm = smpc. author. fd - d. 2. 1585303265803fbjtRc6。

② 《2019中国主题公园市场现状及发展商机分析》，https：//www. iimedia. cn/c1020/65832. html。

面都实现了纵深推进，外来大资本、大企业也涌入研学旅游行业，使研学旅游市场愈发红火。在中小学开展研学旅行是"教育＋旅游"的新理念与模式，既是教育教学改革的重点任务，也是广大家长的热切期盼，更是经济发展新的增长点。

我国研学旅游还呈现出新的发展趋势。一是红色元素成为研学旅游市场的热点。2019 年，研学旅游中的红色元素明显增强，与红色旅游自身深入发展实现同频共振。未来几年，在国情教育、红色教育、素质教育等多重因素影响下，红色研学、博物馆研学、科技研学等细分产品将"再上一层楼"，有望产生更多爆款产品，在"寓教于乐""知行合一"的宏观教育视域中获得更好的发展。二是消费单价明显提高。家长对于研学旅游产品的品质意识有了明显提高，特别是一二线城市的家长，更愿意为有品质保障的研学旅游产品付出相应的合理费用。对于中长途研学旅游产品，多数家长表示可以接受，愿意为孩子提供研学旅游的机会。①

五 中国文旅产业的未来发展趋势

（一）文化创意化

文旅创意化是文旅产业发展的未来趋势，文化为创意旅游赋予了丰富的内容，创意为文旅创造了更佳的体验性。文化创意产业与文旅产业的融合产生了各类新兴业态，既丰富了文化旅游的体验内容，也给文化创意产业带来了高附加连带效应。合理运用创意化开发手法，既能创造各类受市场喜爱的文旅产品，又能实现精致 IP 创意内容的可持续化开发。现代社会的创意 IP 内容越来越多样化，小镇 IP、影视 IP、动画 IP、文化 IP 和文学 IP 都能保持长久的创新活力，被大众追捧。随着 IP 的不断丰富和演化，精品 IP 会越来

---

① 《中国研学旅行发展白皮书 2019》，http：//finance. sina. com. cn/roll/2020 - 01 - 23/doc - iihnzhha4278977. shtml。

越多，类型也更多样，原创性更强，创意化、旅游化会成为这些精品 IP 的核心发展趋势。而创意化内容的开发同时会进一步升级文旅产业结构，促进文旅营销创意化手法的运用，提升市场营销效果，满足市场需求，创意理念指导下的文旅消费将更加活跃。

（二）布局生态化

随着人们对物质文化的需求向更高层次发展，其对环境保护、生态安全等方面的要求也日益提升。产业生态化布局和全域资源生态化统筹将会成为文旅产业可持续发展的重要内容，也是生态资源健康利用和促进文化内容可持续发展的重要方式。

文化旅游的生态化发展主要包含两层寓意，一是文化内容的生态化可持续发展。2018 年，我国开始设立国家文化生态保护区，主要用于保护那些历史文化厚重、发展状况好、文化价值高、文化特色鲜明的区域，是文化区域的全区域性保护，是对大文化生态区的特色保护制度。二是以优良的生态环境为重要支撑和保障。文旅小镇是优质生态环境的载体，其高端舒适的生态环境是发展的基础，优良的山水环境与演艺、主题乐园、休闲度假等活动内容相结合，创造出符合时代特点的新业态，如实景演艺、山水人文度假等，为游客提供了更佳的旅游体验，这些都是文化旅游生态化发展的重要表现方式。同时，文化旅游的生态化布局要因地制宜，根据地方实际情况，优化生态环境，与人文环境融为一体，共同实现文旅产业的健康发展。

（三）内容科技化

随着现代科学技术的不断进步，文旅内容的科技化将会成为产业发展的重要趋势。科技的发展与应用需要更多的实用场景，而文旅产业依托产业规模大、产业链长、场景丰富、跨界融合能力强等特点，能为新一代科学技术提供绝佳的应用实施空间。在文化旅游内容体验上，最新科技能为游客带来沉浸式的新颖智能体验内容，例如 VR 沉浸式旅游体验、AR 旅游体验、声

光电光影实景体验、景区智能互动等。在文化旅游服务上，新技术的应用能极大地提升游客的智能化和舒适化的服务体验，例如智慧酒店和餐饮、智能翻译机和导航系统的建设、智能客服和 AI 服务机器人、大数据平台等。

（四）产业集群化

文旅产业集群化发展是指特定区域在优质的文化旅游资源基础上，通过合理布局产业内容，实现区域内各产业良性互动的发展模式。产业集群化发展需要对区域内产业进行梳理和分工，通过一定的组织架构，构建完整的产业链条，实现区域产业融合协调发展。文旅产业集群化发展的重要特征包括产业模式创新、产业链条完整及产业聚集。

文旅产业集群化发展为大势所趋，文旅产业与其他产业融合创新集群化发展是未来区域产业发展的目标方向，产业、生态、文化、旅游、居住五位一体，从价值取向、方向定位、战略路径、动力因素、产品结构等内容上与区域产业保持一致发展、融合创新协调，是产业集群化发展的关键。文旅产业实现区域产业集群化发展，对增强区域经济实力、提升区域产业创新能力、延伸产品和服务产业链都有积极而重要的意义。

（五）人才多样化

优秀人才在文旅产业发展中至关重要，人才多样化与综合化也会成为未来产业发展的重要特征。优秀的人才能实现文化旅游资源高效、高价值、恰到好处的开发利用，能充分展示地方文化特色。同时，优秀人才的欠缺也一直是制约行业发展的关键因素。随着科技的发展、现代社会的快速更迭，挖掘符合时代需求的新型旅游人才、培养复合型人才对文旅产业的发展尤为重要。

专题报告

Special Reports

B.2

2019年中国城市文旅发展报告

宋欣欣 *

摘　要： 本报告概览2019年中国城市文旅聚焦的关键领域，从政策调控、行业格局、内容生态、科技赋能等维度全方位描摹2019年中国城市文旅产业图景。通过总结城市文旅产业供给结构改革的侧重点，梳理2019年中国城市文旅发展的新转向，探析城市如何垂直整合文旅资源，加速公共服务提升和业态迭代升级。汇总城市文旅智慧化先行范例，为其他城市提供夜间经济新蓝海开辟、城市"云机游"智慧化应用、直播带货助力城市营销、影游联动出圈传播城市形象等借鉴性方案和建设性创意。

* 宋欣欣，中国传媒大学2015级硕士研究生，CC-Smart新传智库研究人员，主要研究方向为文旅传播、电视剧产业等。

关键词： 城市文旅　全域旅游　文旅融合　夜间经济

2019 年是中国文旅产业发展的特殊之年，"文旅融合元年"到来，机遇与希望并行。中国文旅产业在高质量发展中蓄积变革的力量，稳中有进。遵循"宜融尽融、能容尽融，以文促旅、以旅彰文"的总体指导原则，各个城市在文旅融合落地实践中充分挖掘城市文化基底，在区域整体规划中统筹潜在的文化力量、有效融合科技力量、盘活文化资源、创新文化场景，基于文化内质进行多维延伸，全方位赋能城市旅游产业发展，逐步形成"百花齐放"的整体格局，城市文旅产业逐步迎来"高光时刻"。然而，依循中国城市文旅总体发展路径，城市文旅产业在传统文化创新表达、文化产品迭代更新等领域尚存在短板，文旅产品市场化转化程度还很有限，城市文旅客群吸纳策略滞后等问题仍需进一步探微。

纵观政策层面，为深层次推进文化和旅游事业向科学化、规范化、制度化迈进，中央到地方的相关部门进行总体调度，出台了系列政策规划和行业监管条例，进一步考虑市场期待，提供建设性的管理内容。围绕文旅产业，在旅游演艺、冰雪运动、文化科技融合、全域旅游、夜间经济、厕所革命、智慧文旅、中医药传承等方面进行细分调控，规划更为开放融合的创新型产业生态格局。

值得指出的是，国务院办公厅印发的《关于进一步激发文化和旅游消费潜力的意见》首次在国家层面对文化旅游消费做出部署，由文化和旅游部牵头，明确对各部门进行详细分工。2019 年 8 月 13 日，《科技部等六部门印发〈关于促进文化和科技深度融合的指导意见〉的通知》，从宏观上更为重视科技力量的植入，激发科技因素对文旅产业的多重反哺。以科技主导智慧型文旅产业的发展与传播，有效利用科技手段，加快城市动力的有机更新。

在业态创新层面，伴随 5G 技术开始步入商用，VR/AR 虚拟现实、增强现实技术、区块链等技术频频介入文旅产业应用，红色旅游、研学旅游、旅游演艺、冰雪经济、科技会展等均有质的飞跃。各个城市对相关文化服务场景进行有条理的大众化改造，推进以"沉浸式体验"为核心的数字创意智慧旅游、"文化＋IP＋数字消费"的互联网智慧旅游等新业态发展。"交换和流通的不是财富，而是意义、快乐和社会身份……消费者在相似的商品中做出选择时，通常不是比较其使用价值，而是比较其文化价值；从诸多商品中做出一种选择，就成了消费者对意义、快乐和社会身份的选择。"[1] 这些都反映了游客群体对以文化为内含的数字创意文旅产品的消费诉求，对凝结文化精粹并介入科技元素的创意型产品所彰显的文化价值给予肯定。在对产品的期待与消费后，间接地完成了消费者对社会身份的选择。在此基础上，数字文旅产品的供给得以显性升级，公众服务品质不断升级，文化消费潜力不断释放并持续进行圈层渗透，走进新生代消费群体的内心。

各个城市立足区位条件、资源禀赋和产业特征，进行深度思考和产业实践，形成多种业态组合模式，如互动延伸型融合模式，推进形成文化产业和旅游业的新产业体系；重组型融合模式，实现文旅产品、服务及业态的创新；渗透型融合模式，促进实现文化产业与旅游业的双向融合及一体化发展，文旅产业细分垂直化运作，"精耕细作"式实现"旅游＋生活服务"、"旅游＋社交服务"、"旅游＋财经资讯媒体"、"旅游＋摄影服务"、"旅游＋教育＋基地＋赛事"、"旅游＋文化创意"等跨界融合，成为主流发展趋势；政企合作协同模式，通过人工智能技术，提升政府决策速度和质量，政府与企业协同管理，利用政务云应用系统和小程序等进行数字治理，对接诸多企业合作伙伴，实现数字文旅、数字政府、数字中国的全面升级。

在区域规划方面，高端引领，各有千秋。从2019年1月开始，中共中央、国务院先后下发文件。其中，《关于支持河北雄安新区全面深化改革和扩大开放的指导意见》提出，加强一体化服务和产业集群，推动京津冀周

---

① 〔美〕约翰·菲斯克：《电视文化》，祁阿红、张鲲译，商务印书馆，2005，第448～449页。

边地区协同发展和智能化管理，达成更加高效务实的合作。《粤港澳大湾区发展规划纲要》提出，推进香港、澳门和内地加速融合，开创融合新格局。《国务院关于全面推进北京市服务业扩大开放综合试点工作方案的批复》提出，努力构建与国际通行规则相衔接的服务业扩大开放基本框架，提升现代服务业和服务贸易发展水平。《中共中央　国务院关于支持深圳建设中国特色社会主义先行示范区的意见》旨在提升深圳城市综合经济实力，构建国家先行示范区和城市范例，将深圳建设成为竞争力、创新力、影响力卓著的全球标杆城市，具有全球影响力的创新、创业和创意之都。

2019年5月7日，文化和旅游部制定了《文化和旅游规划管理办法》，从总则、立项和编制、衔接和论证、报批和发布、实施和责任等方面对文化和旅游规划体系进行统一，对规划管理进行完善，以提高规划质量。2019年7月24日，中共中央总书记、国家主席、中央军委主席习近平主持召开了中央全面深化改革委员会会议，审议通过了《长城、大运河、长征国家文化公园建设方案》，计划到2023年，基本完成长城、大运河、长征沿线的国家文化公园建设；根据文物和文化资源整体布局，形成可推广复制的经验，为全面推进国家文化公园建设创造各项条件。

一　全域旅游高速发展：加快城市一体化集群建设

全域旅游概念由国家旅游局局长李金早2005年首次提出，是指在一定区域内，以旅游业为优势产业，通过对区域内经济社会资源尤其是旅游资源、相关产业、生态环境、公共服务、体制机制、政策法规、文明素质等进行全方位、系统化的优化提升，实现区域资源的有机整合、产业融合发展、社会共建共享，以旅游业带动和促进经济社会协调发展的一种新的区域协调发展理念和模式。

2016年2月，国家旅游局正式启动"全域旅游示范区"创建工作。2016年12月，国务院制定了《"十三五"旅游业发展规划》，提出了全面建设小康社会对旅游业发展的全方面要求，积极推动以抓点为特征的景点旅游发展模式向区域资源整合、产业融合、共建共享的全域旅游发展模式加速转变，旅游业与农业、林业、水利、工业、科技、文化、体育、健康医疗等产业深度融合。2018年3月，国务院办公厅印发了《关于促进全域旅游发展的指导意见》，从创新产品供给、服务智能化、厕所革命、系统营销、科技融合等层面进行了重点任务部署，迎合高速增长的周末游、自驾游、都市游、乡村游、周边游、出入境游等细分市场的社会需求。

2019年3月1日，《文化和旅游部办公厅关于修订印发〈国家全域旅游示范区验收、认定和管理实施办法（试行）〉和〈国家全域旅游示范区验收标准（试行）〉的通知》，以旅游发展全域化、旅游供给品质化、旅游治理规范化和旅游效益最大化为目标，全面优化区域公共服务，实施整体营销。各个城市总结可复制、可推广经验，借助区域独特禀赋，创建具有高辨识度和高知名度的全域旅游示范区，并达到国际级认定标准，成绩斐然。截至2019年12月，第一批71个国家全域旅游示范区正式公布，标志着全域旅游发展规格进一步升级，文旅产业迈上新台阶。

71个国家全域旅游示范区的类型可归纳为：文旅融合创新发展型、旅游扶贫富民创新发展型、景城共建创新发展型、景区带动创新发展型、生态依托创新发展型、休闲度假创新发展型、资源转型创新发展型、边境开发开放创新发展型等。创意创新交互应用的示范区先行，将文旅产品消费指数纳入考量范围，动员社会力量以文旅消费参与区域富民扶贫，推动文旅经济高质量发展，构建全产业、全要素、全方位的全域旅游建设体系，加快城市文旅一体化集群发展。

从中央到地方，各个城市全域旅游发展的起点不同、发展程度不同步、发展路径不一，造成诸如缺乏科学的全域旅游规划、产品供给不完善、全案营销乏善可陈、公共服务乱序、严重损害游客权益事件、严重破坏景区生态环境、厕所革命执行不彻底等问题。基于此，更应加强高端引领，进行思路转变，以科技手段深度融合。从点到面、从局部到整体，涵盖区域全部旅游业态（精品景区、特色小镇、主题公园、美丽乡村、田园综合体等）进行垂直整合，实现资源最优化配置。全面推进全域旅游产业供给侧调整，将单

一的门票经济转化为产业经济,实现由粗放低效方式向精细高效方式迈进,由单一目的地建设转化为综合目的地智能化服务。由政府全面统筹,促进全域旅游成果的社会共建共享。

二 夜间经济崛起开辟城市文旅消费新蓝海

中国的夜间经济早在汉代就初见端倪,唐代诗人李商隐用"月色灯光满帝都,香车宝盖隘通衢"来描绘唐代夜市的繁盛。夜市在宋代拥有了合法地位,商品交易和娱乐活动异彩纷呈。《东京梦华录》载:"夜市直至三更尽,才五更又复开张,如要闹去处,通晓不绝",可见宋代夜间市场交易热闹非凡。

不同于古时的"宵禁制",现代社会的作息时间和生活方式被最大限度地开化,夜市制度不断放宽。如今,夜间经济的繁荣程度代表着一个城市的经济开放度和活跃度,成为城市复兴与经济增长的新引擎,现代夜间经济已从"1.0"版本升级到"2.0"版本。文旅产业的崛起将夜间经济纳入其重要组成板块,其所带动的创收指数是城市文旅的重要量化指标,也是文旅融合后文旅消费评价体系的新维度。综观2019年,无论国家还是地方都认识到夜间经济的重要意义,并将其上升至国家级战略高度,在国家层面上已初步为夜间经济的全面发展创造了利好的政策环境和社会环境。

美国消费者新闻与商业频道(CNBC)在2019年9月的一份题为《灯光秀和现场乐队:中国想通过促进夜间消费来刺激经济增长》的文章中多次提及"夜间经济"一词,据其调查,就连医院等场所都延长了营业时间,以便人们有机会利用自己的黄金时间来完成平时未能赶上的选择性医疗服务。报告显示,中国多个城市正在投资发展夜间灯光秀。灯光秀、夜间娱乐活动、夜市等成为夜间经济的"标配",而城市夜间文旅市场的开辟也意味着"消费"与"文化"关系的新一轮缔造,灯光秀更是文化秀。中国旅游研究院发布的数据显示,2018年携程旅游平台和其他OTA旅游平台的"夜间旅游"订单同比增长了9%。①

2019年3月起，国务院办公厅连发两文促进以文化为核心要素的消费。南京、天津等城市率先出台关于加快推进夜间经济发展的实施意见。北京、上海、广州、重庆、济南、成都、西安等一、二线城市陆续出台"夜间经济"促消费政策，学习借鉴国内外城市先进的夜间经济发展举措，结合本地实际，融会贯通，积淀夜间经济在地化的创新与实践，力争为城市文旅产业的发展增添新引擎，创造新的产业活力。

2018年11月，天津市人民政府办公厅发布《关于加快推进夜间经济发展的实施意见》，集中打造具有天津本地特色的夜间经济示范街区，计划建设6个市级和区级夜间经济集聚区。2019年4月，上海市商务委员会等9部门发布《关于本市推动夜间经济发展的指导意见》，旨在全力推动上海市夜间经济发展，加快国际消费城市建设。此外，该意见还界定了"夜间经济"的概念，即从晚7点至次日6点在城市特定地段发生的各种合法商业经营活动的总称，是都市经济的重要组成部分，是扩大内需、促进消费、创造就业的重要抓手，是体现海纳百川的城市精神、传播多元文化的重要载体。自此之后，首批"24小时"影院应运而生。笔者认为，上海市推动夜间经济的系列举措，从机构上给予了创新化设置和保障，其亮点在于，借鉴国际经验，分别建立了"夜间区长"和"夜生活首席执行官"制度。"夜间区长"由各区分管区长统筹协调夜间经济发展，鼓励各区公开招聘具有夜间经济相关行业管理经验的人员担任"夜生活首席执行官"，协助"夜间区长"的工作。

北京市作为强一线城市，为进一步提升"夜京城"的影响力，弘扬首都文化氛围，拉动市民群体的夜间消费力，政府与相关企业通力合作，营造惠普、多元的夜间经济生态。2019年2月，北京市出台了促消费稳增长的"十八条"措施，夜间经济已成为促消费的重要指向。2019年7月

---

① 《夜间旅游市场数据报告2019》，旅游经济文化和旅游部重点实验室发布，2019年3月14日发布。

12 日，北京市商务局制定出台了《北京市关于进一步繁荣夜间经济促进消费增长的措施》，要求到 2021 年底，全市形成一批布局合理、管理规范、各具特色、功能完善的"夜京城"地标、商圈和生活圈，满足人们夜间消费需求。该措施共计推出 13 项措施，从业态、场景、资金、IP 地标、交通、风控等维度给予了细分阐述，通过对城市管理体系的调整，对城市公共服务体系运营机制的变更，理性规划夜间经济的空间布局，让游客和市民在夜间旅游中获得满足感、参与感和幸福感。通过建立"夜间经济协调推进机制"，优化夜间公共交通服务，点亮夜间消费场景，支持"夜京城"地标、商圈和生活圈的夜景亮化与美化工程改造提升，策划"点亮夜京城"的促消费活动，打造夜间消费的"文化 IP"，开发夜间旅游消费"打卡"地，推出 10 条深夜食堂特色餐饮街区，培育 16 区特色精品夜市。

北京市统计局所做的"2019 年北京市夜间消费调查"显示（本次调查的夜间消费时间为当日下午 6 点到次日早上 6 点，调查对象为目前居住在北京市的 3058 名居民），75.5% 的被访者日常有夜间消费活动，这其中又有81.4% 的人平均夜间消费金额在 300 元/人次以内。从夜间消费活动的频次来看，78.7% 的被访者每月的夜间消费活动在 5 次及以内[1]；从夜间消费形式来看，最受消费者青睐的是美食餐饮，73.2% 的被访者选择了美食餐饮[2]（见图 1）。

从夜间消费的月人均金额来看，有夜间消费的被访者每月约消费 900元。其中，夜间消费月人均在 500 元及以下的占 51.3%，501 ~ 1000 元的占18.2%，1001 ~ 1500 元的占 14.7%，1501 元及以上的占 16.1%。夜间消费时段通常集中在 18 ~ 23 点[3]，逾九成的被访者集中在 23 点之前进行消费。

从消费者年龄来看，夜间消费对 40 岁以下被访者的吸引力较强。"00

① 《2019 年北京夜间消费调查报告》，http：//www. beijing. gov. cn/gongkai/shuju/sjjd/t1599587. htm，2019 年 9 月 18 日。
② 《2019 年北京夜间消费调查报告》，http：//www. beijing. gov. cn/gongkai/shuju/sjjd/t1599587. htm，2019 年 9 月 18 日。
③ 《2019 年北京夜间消费调查报告》，http：//www. beijing. gov. cn/gongkai/shuju/sjjd/t1599587. htm，2019 年 9 月 18 日。

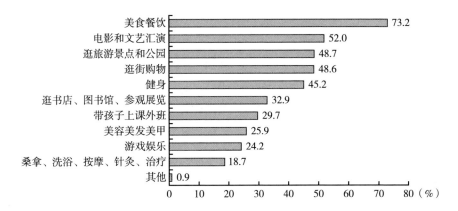

图1 被访者夜间消费形式占比

后"被访者的次均消费金额和月均消费频次均最高，分别为239.3元/次和5.2次/月；其次为"90后"，分别为228.6元/次和5.1次/月；次均消费金额最少的是"50后"，为145元/次，月均消费频次最低的为"70后"，为4.3次/月。[①]

2019年8月，广州正式印发《广州市推动夜间经济发展实施方案》，本着因势利导、因地制宜的原则，实施特色街区试点"外摆位"。在公共服务配套方面，采取公共交通延长夜间运营时间的措施，完善夜间经济集聚区及周边动静态交通组织管理。利用大数据、云计算、物联网等信息技术，构筑智慧服务保障，提升景区、酒店、旅游度假区等重点场所的免费WiFi覆盖率，建设一批粤港澳大湾区文旅融合发展新标杆和游客"夜生活"重要打卡地。计划到2022年，广州市形成13个全国知名的商圈和一批精品文化项目以及30个夜间经济集聚区，不断提升夜间经济对全市经济的贡献，打造国际知名的"广州之夜"品牌。

总体来说，夜间经济市场的开辟是刺激经济发展的另一途径，同时也可从市场层面对公共服务联动机制进行检验。相关的保障措施和社会安全制度

① 《2019年北京夜间消费调查报告》，http：//www. beijing. gov. cn/gongkai/shuju/sjjd/t1599587. htm，2019年9月18日。

是否同步跟进，亦是夜间经济繁荣发展的重要支撑点。从这一角度看，夜间经济的崛起需要国家相关部委合力而为，共同出台政策措施，促进夜间经济的持续增长，利用人性化的公共机制巩固夜间经济繁荣发展。此外，我国各城市虽已出台了夜间经济的相关政策，但仍然"任重道远"。从夜间文旅消费产品上看，供给侧品类单一，缺乏与当地文化底蕴巧妙融合、与前沿科技手段结合的创意型优质产品；从营销渠道上看，利用新媒体发散性传播特点，积极引流社会人群的多元营销方式有待探索；从周边配套上看，完善的公共服务配套尚需进一步锤炼。

三　数字技术创造智慧文旅新形态

互联网时代积累的丰厚数字资源正在成为新生产要素，数字化也将从供需两端促进消费规模扩张和内容升级，并推动数字经济新兴形态发展。截至2019年，国内已有20余个城市1000多家景区开通了线上游览服务。通过"网络虚拟景区""云机游""旅游＋直播""智能地图"等模式，利用VR/AR、全景影像等技术手段，在内容创造、虚拟运营、智能运营、智能服务、交互体验等方面推出了更多的玩法，实现了景区的智慧化数字化升级，加快了线上文旅新形态的发展。

腾讯文旅与云南省共同推出了"游云南"App，开出全国首张区块链电子冠名发票，满足了游客通过一部手机线上游览云南的需求，将人们曾经的美好愿景付诸实际。对于游客来讲，旅游不仅是一种经济行为，更是一种文化体验行为。在空间流动的基础上，个体选择与旅游决策，心理动机、消费期待、审美趣味与人文因素关联度较高。"游云南"App在细节处对个体彰显人文关怀，以对云南当地地方性叙事的挖掘以及在地的人文温度和文化情感，让游客如同身临其境般感受"彩云之南"的文化魄力。在此基础上，腾讯文旅将"一机游"作为成功案例在多地进行推广，乌鲁木齐、烟台、武隆、长沙等城市纷纷引入"一机游"项目，其业务覆盖了全域宣传与营销、目的地智慧概览、旅游与城市数据处理、投诉处理、企业与行业监管、度假区经营监管、联合办公与舆情处理、招商引资等，成为城市智慧文旅高效发展的重要依托。此外，长沙市推出"城市超级大脑"项目，通过建设"数据大脑平台""互联网＋政务服务"一体化服务平台，以及"我的长沙"移动综合服务平台，打造长沙本地化智慧应用。其重点在政务民生、智慧党建、智慧医疗和智慧文旅领域转化城市、政务服务、空间等场景，为数字政务、城市治理、城市决策和产业互联等领域提供数字化、智慧化解决方案，并通过微信、小程序等工具广泛触达用户。

此外，以北京故宫博物院为代表的传统博物馆对数字智慧文旅产品进行了探索。2019年7月8日，故宫博物院成功上线AI导游"福大人"，为游客提供私人定制化的导览，以私人专属导游服务每位进宫游览的游客。本次AI导游程序是腾讯和故宫博物院联合推出的"玩转故宫"微信小程序2.0版本，界面包含建筑、展览、专馆、厕所等地理信息的索引和展示，通过拍照识别、智能翻译、同声传译等工具，为国内外游客服务。其最大亮点在于，通过语音交互，AI导游"福大人"以内阁大学士的特定身份，为游客讲解历史典故和景点文物，既能闲谈细碎，又能畅叙奇闻逸事，以满足游客的不同需求。值得一提的是，AI导游"福大人"在夏季上线时还特别推出了"纳凉路线"，便于游客乘凉休息。在功能实现的技术支撑层面，利用腾讯云小微语音识别、自然语言处理、语音交互、知识图谱等丰富的技能，AI导游"福大人"储备了近1.5万条故宫知识、7万条游客问题，形成日常服务数据库。腾讯云小微的服务多元，既能提供AI导览服务，还能为智能音箱、智能穿戴、机器人等多种产品提供拟人化、情感化与个性化的AI交互。

宁夏推出了"全域宁夏"的线上旅游专题，可让游客足不出户体验360度或720度的VR影音资料，营造"身在宁夏"的浏览体验，游客在线10分钟即可玩转全域宁夏，领略神奇宁夏醇厚的黄河风情。其中，线上VR资料通过图像模拟展示了银川、石嘴山、中卫、固原、吴忠等宁夏主要旅游目的地的人文旅游资源和方位轮廓，数字化可视呈现了沙坡头、镇北堡、

岩画博物馆、金沙岛等地知名景点的 720 度视频资料。南京市红山森林动物园于 2020 年 2 月 5 日开通了 "Zoo 直播",直播内容包括动物的日常、专业饲养员工作、回答网友提出的问题并科普相关知识等。据统计,截至目前,累计观看量达到 190 多万人次。泰山景区通过云直播平台等技术研发,实况直播泰山的日出、云海、落日及春花、冬雪等,多时空、多视角地展现了泰山的景貌,满足游客的文化娱乐需求,足不出户 "云"游泰山。

由此可见,影响大众想象力的并不是事实本身,而是它扩散和传播的方式。掌握了影响群体想象力的艺术,也就掌握了统治它们的艺术。① 智慧旅游的 "智慧"本身体现于旅游信息发布和传播渠道的 "非常规化",而正是这种非常规化的旅游传播,营造了一种包容开放的线上旅游环境。一方面,它打破了时空的壁垒,通过技术手段的嬗变和创新,实现了旅游信息与大众之间的 "零隔阂",形成了一种透明化的信息获取机制,让游客对目的地的认知更为清晰;另一方面,游客对旅游目的地的熟悉和了解,在一定程度上体现了 "数量,即是正义"。在 "全程、全效、全息、全员"的全媒体时代,旅游目的地的信息在一定范围内无限扩散、广泛发酵、迅速传播,在迎合游客需求的同时,也能为城市文旅发展储备更为广泛的群体想象力,是群体意志和群体需求的高度凝结。随着 5G 时代的开启,智慧旅游的相关应用技术会更加开放,也会更加便捷。

四 跨屏互动:新媒体传播矩阵助力城市营销升级

随着网络市场下沉,新青年群体成为网民主流。中国互联网信息中心2019 年 8 月发布的第 44 次《中国互联网络发展状况统计报告》显示,截至2019 年 6 月,中国网民总规模为 8.54 亿,手机网民规模达 8.47 亿,网民使用手机上网的比例达 99.2%,其中 10～39 岁的网民群体占网民整体的

---

① 〔法〕古斯塔夫·勒庞:《乌合之众》,谷珊、赵婷婷译,辽海出版社,2017。

65.1%，而20~29岁的网民群体又占24.6%。网络视频用户规模达7.59亿，短视频用户为6.48亿。互联网参与式文化的盛行，使小镇青年、Z时代青年、银发一族和隐形新中产阶级成为城市文旅的新生代消费力量，是文旅融合发展的消费驱动力。新集群流量的吸纳以及青年圈层群体偏好的把握，对城市品牌的树立有重要的导向作用。

移动互联网时代将人们置于各种各样的终端之间，在电视、手机等大大小小的屏幕间渐渐形成了"你中有我，我中有你"的交互式观看体验。[1] 跨屏互动交相辉映，消费者接收娱乐休闲信息的渠道转换到移动端。人们对旅游信息的吸纳由被动接收转为主动扩散，并根据个人兴趣点，通过社交软件进行二次传播，发布UGC（用户原创内容），形成自下而上的影响力。基于此，各城市在城市品牌营销手段上除了线上政府信息服务平台和垂直领域头部App之外，更多借助"双微、一抖、一头条"，将以短视频、Vlog等为代表的新媒体纳入城市形象网络营销载体中。这些媒体以高触达率和强渗透力见长，能建构多向相互影响的传播渠道，营造全媒体信息流通脉络，形成多元而立体化的营销矩阵，助力城市品牌营销升级。抖音发布的《2019抖音数据报告》显示，抖音催生了城市文旅"打卡经济"。总体来看，抖音用户2019年全年打卡次数为6.6亿次，遍及全世界233个国家和地区，其中抖音创作者视频平均播放量省市TOP5依次为北京、辽宁、上海、吉林和黑龙江，抖音点赞最高国内城市TOP10依次为北京、成都、上海、深圳、广州、杭州、重庆、西安、郑州和武汉。西安大唐不夜城有关的主要热门话题"大唐不夜城不倒翁"的相关播放量超过23亿次。

新媒体影像传播能够助力中国乡村脱贫战略的实施，使区域文旅产业精准化扶贫路径更加清晰，让"好风光走出山区"。通过直播引爆和短视频创作，区域城市形象营销嫁接到互联网思维下的"带货"输出，激发了贫困区域的内生脱贫动力，从而解决了贫困地区人口就业问题，增加了经济收

---

[1] 郭丽丽：《从短视频与文化类电视节目创作现状浅析媒介融合路径》，《西部广播电视》2020年第1期。

入，维护了贫困区域的社会稳定。《2019抖音数据报告》显示，贫困县的相关视频被抖音用户分享达3663万次，催生了乡村"网红经济"，赋予了农产品网红属性。2019年抖音热门贫困县景点TOP10依次为栾川县老君山风景名胜区、凤凰县凤凰古城、安图县长白山国家级自然保护区、稻城县稻城亚丁景区、保亭黎族苗族自治县槟榔谷黎苗文化旅游区、雷山县西江千户苗寨、涞源县白石山世界地质公园、宣恩县狮子关旅游区、慈利县张家界大峡谷、荔波县小七孔景区。中国经济网的数据显示，高晓松和李佳琦共同直播的5~7秒，共卖出40万斤扎赉特大米、5万罐金寨山核桃、12万袋康保燕麦面，为内蒙古、安徽及河北的贫困户创收439万元。2019年11月底，淘宝公益直播超过120万场，带动农产品成交40亿元。2019年3月，"山里DOU是好风光"文旅扶贫项目在贵州省国家级贫困县荔波一落地，就使"五一"小长假期间的游客同比增长了68.11%。四川稻城赤土乡藏族姑娘格绒卓姆通过快手售出虫草1.5万根、松茸1200余斤、牦牛肉500多斤，总销售额超过80万元。

五　影游联动：激活城市知名度多圈层转化

影视旅游是城市文旅适应新媒体影像传播的主要依托，也是城市品牌传播策略实施所在。以影视剧带动拍摄地文化旅游，通过行之有效的多元场景联动，触达不同娱乐形态的消费人群，激活城市知名度多圈层转化，提升城市美誉度。影视带动旅游产业发展早有成功的实践，并形成了两种主要模式。第一种是通过以主题公园和影视城为代表的实体项目，将IP进行线下实景落地，典型案例是迪士尼乐园。第二种是具有全民热度的影视剧拍摄地的影游联动模式。通过影视剧的高热度和高关注度，持续挖掘剧集IP的长尾效应，满足观众亲临剧中场景的实际期待。2006年，《乔家大院》的播出让山西旅游和晋商文化的知名度得到多维提升，赴乔家大院旅游的人数持续上涨。同年，电影《疯狂的石头》让山城重庆"疯狂出圈"。2018年，爱奇艺平台播出的《延禧攻略》，让不少剧迷涌向拍摄地横店影视城体验清代宫廷生活场景，顺带也让北京故宫博物院中"延禧宫"的游客打卡数陡增。

2019年播出的电视剧《都挺好》主要在苏州市拍摄取景，该剧良好的口碑及屡创新高的收视率带火了苏州颇具江南意蕴的相关取景地。苏家老宅位于有"姑苏城里的老上海"之称的同德里，吸引了很多观众前来观望民国古建筑群。通过介入白墙黛瓦、雕花券门、艾欧尼柱子、朱红色石库门等建筑风格元素，江南地域风韵的独特艺术表达彰显了传统文化氛围，加上电视剧的多元展现，诸多观众沉浸其中，深感江南生活场景的诗意与精致。

2019年6月27日，根据马伯庸小说改编的同名剧集《长安十二时辰》在优酷平台正式播出。精致考究的画面和影视工业化水准还原了缤纷多彩的晚唐盛景。自开播以来，该剧在网络渠道一直热度不减，通过社交软件的裂变传播，引发了受众多元讨论，影响力不断扩张，类型创新和高口碑助力该剧顺利"出圈"。通过新视角、多层次的独特艺术表达方式来集约展现晚唐故事，而承载这些传奇的叙事场景也酣畅淋漓地呈现在观众的眼前。让现代观众领略了古城西安的风韵，隔着屏幕遍尝来自晚唐玲珑精致的专属美食，重现悠长久远的历史文化场景。传统文化视觉元素的大量植入，景观化叙事引人入胜，观众循着该剧的文化价值探微，延伸至解读文化场景的寓意。

随着《长安十二时辰》的"出圈"，收视热度居高不下，这既是剧集本身的成功，也是城市品牌传播的胜利。拍摄地西安成为"网红"城市，吸引了全国范围内观众的造访，进一步扩大了西安的知名度，西安文化旅游的经济效益显著。马蜂窝旅游网大数据显示，该剧播出一周后，西安旅游热度上涨22%。携程机票数据显示，2019年7月3~11日，飞往西安的机票搜索量同比上涨130%，峰值时段同比增幅超过200%。因为《长安十二时辰》，西安文化旅游迎来了一波新的高峰。

上述影游互动案例的共同性在于，影视作品受到观众认可后，先有高收视率和高传播热度的影视IP孵化，后有拍摄地文化旅游产业产值的火热攀升。这一模式中，受诸多偶然性因素影响，拍摄地城市文旅IP的打造后置于该影视剧IP的成功推出，二者不是同步达成的。另外，头部热门影视剧数量有限，而头部IP如果没有持续性开发，流量遭遇瓶颈，其生命力将如同昙花一现。

2019 年以来，影视 IP 拍摄与拍摄地文旅产品同步启动的模式，即"文旅联动前置"也逐步实践，旨在规避过度依赖 IP 的弊端。主要佐证案例是由中共云南省委宣传部、腾讯影业和润禾传媒联合出品的青春热血励志电视剧《我们的西南联大》。这部电视剧讲述了抗日战争爆发后，清华大学、北京大学、南开大学等国内知名高校先后南下西迁到云南组建西南联大的故事。在西南联大存在前后不到 9 年的时间里，走出了 2 位诺贝尔奖得主、5 位国家最高科学技术奖获得者、8 位"两弹一星"元勋、9 位党和国家领导人、170 余位两院院士、100 多位名师巨匠等一大批享誉世界的栋梁之材①，多个真实且可歌可泣的历史故事不断传颂。依托这些具有很强可读性的历史信息，《我们的西南联大》得以制作成电视剧作品，向观众传递西南联大精神。同时，该剧分别在清华大学和云南进行场景拍摄，探索文旅开发前置模式，开辟文旅融合新形态。在核心取景地西南联大昆明及蒙自分校、碧色寨火车站等网红打卡点，围绕故事发生地的原生态场景，将"人"和"故事"串联，同步开发"西南联大游学"路线，沿途增加沉浸式体验。由旅游从业者和线路各个环节的建设者组成体验队伍，从 1938 年联大师生南迁路线出发，重走当年学子求学之路，串联联大师生的生活地点和影视剧核心取景地，增强精神共鸣和情感连接，力求实现文旅 IP 和影视 IP 的相互孵化，互为补充。

六 全国 A 类景区大考完毕：携手共建高品质景区

2019 年以来，文化和旅游部部署开展了文化和旅游市场的整治行动、A 级旅游景区的整改提质行动。基于自然生态型景区和文化旅游型景区的建设水平参差不齐、景区管理乱象环生的现状，对景区服务秩序和设施整体进行了提档升级，成效卓然。全国 A 类景区集中整治，共计复核 A 级旅游景区 5000 多家，1186 家受到处理，其中 405 家受到取消等级处理，限期整改。

2019 年 7 月 31 日，文化和旅游部发出公告，决定对复核检查严重不达

---

① 周亚波：《〈我们的西南联大〉探索"影视文旅下半场"》，《三声》2019 年 9 月 14 日。

标或存在严重问题的 7 家 5A 级旅游景区做出处理。其中，有"皇家有故宫，民宅看乔家"之美誉的山西省晋中市乔家大院景区被取消旅游景区质量等级，也是此次整治中唯一一个被摘牌的 5A 级景区。文化和旅游部报告显示，乔家大院景区存在六个方面问题：旅游产品类型单一、过度商业化、交通游览方面存在不足、安全卫生投入不够、景区综合管理有待提高、资源保护有缺陷。由此可见，若要重新恢复往日的招牌，必须针对细化的问题症结进行深刻改变。除此之外，辽宁省沈阳市沈阳植物园景区、浙江省温州市雁荡山景区、河南省焦作市云台山景区、广东省梅州市雁南飞茶田景区、四川省乐山市峨眉山景区、云南省昆明市石林景区等 6 家景区受到通报批评，责令整改处理，限期 3 个月。

经过综合整治，全国 A 类景区的品质得到了明显的改观，旅游消费环境得以有效净化。经过地方文化和旅游机构推荐与重新评定，2019 年 12 月 25 日，文化和旅游部发布了《关于拟确定北京市圆明园景区等 22 家旅游景区为国家 5A 级旅游景区的公示》，22 家达到国家 5A 级旅游景区标准的旅游景区被拟确定为国家 5A 级旅游景区。

综上所述，景区规模化管理旨在增强行业自觉意识，建设有态度、有温度、有热度的高品质文化旅游景区。保护自然生态型景区，加快重点文化旅游景区建设步伐，提高重点旅游景区对城市全域旅游的辐射带动价值，展现城市风采。避免恶性竞争，过度商业化和同质化，以文化为介质丰富旅游景区类型和景区业态，以提高整体经济效益。但是，相关机构仍要深入解决重点景区经营管理粗放、体制机制不顺畅、所属管理机构不明确、设施设备缺乏维护、安全意识淡薄、旅游景区游览功能缺失等重要问题。

结　语

综观 2019 年中国城市文旅行业发展的整体概况，城市文旅稳中有进，产业红利有序沉淀。从政策调控、行业格局、内容生态等维度全方位描摹 2019 年城市文旅产业图景，可清晰看到 2019 年以来，中国城市文旅的业态趋势更倾向于智慧化探索先行，创意内容增值，从而最大化地释放城市文旅产业活力，"智能＋时代"数字生态扬帆起航。数字科技全方位赋能文旅产业，城市文旅的未来前景将会更加广阔。文旅产业生态不是单一属性的，而是多元力量的共生。多元的 IP 生态、丰富的文旅产品生态、优质的景区生态并行，才更有利于建构城市文旅产业链的多元延伸。在科技基因的加持下，以文化为牵引融合科技智慧成果，输出更加完善的产业生态衍生价值。在国际组织、行业协会、企业机构的通力协作下，抵挡偶然性的社会风险和残酷竞争，打破文旅产业天花板，铸就城市文旅的光明前景。

B.3
2019年古村古镇古城发展报告

刁基诺　司若[*]

摘　要： 古村、古镇、古城的保护与文化历史、民俗风情息息相关，而其传承也与人文发展、经济增长紧密相连。文化和旅游的融合，践行了"以文促旅、以旅彰文"的发展思路。2019年，中国的古村、古镇、古城保护取得了可喜成果：良渚文化申遗成功，实证中华5000年文明；对仰韶文化的探索研究，开启了学术界的跨国合作，奠定了中国考古的国际性视野。报告首先从发展概况和热点事件梳理2019年度中国古村、古镇、古城的发展情况，其次就其发展中出现的问题进行剖析，最后对其未来的发展趋势提出展望。在学术研究推动对历史人文的保护及关切作用下，古村、古镇、古城将凭借深厚的人文内涵成为人们旅游选择的新风向，而影视旅游也将提高古村、古镇、古城的知名度与关注度，为当地带来新的经济增长点。

关键词： 古村　古镇　古城　文旅融合

一　发展概况

古村、古镇、古城虽为三种不同的聚落形式，但都以朴实的原始空间形

---

* 刁基诺，英国圣安德鲁斯大学博士，清华大学新闻与传播学院博士后，清华大学水木学者，研究领域包括当代电影产业，文化产业，影视旅游等；司若，清华大学新闻与传播学院影视传播研究中心研究员，博士生导师，主要研究方向为影视传媒、文化旅游等。

态，真实地记录了中华文化在不同历史阶段的建筑风貌、民俗特色和传统魅力。

（一）古村

中国传统村落蕴含着独特的文化魅力和丰富的人文价值，因其文化形态不可再生以及数量急速减少，古村保护迫在眉睫。为了更好地保护中华传统文化，挖掘传统村落作为文化遗产的人文价值，住房和城乡建设部联合7部委，自2012年开始对传统村落进行调查统计，全国范围内共有6819个具有重要保护价值的村落被列入《中国传统村落名录》。[①]

作为蕴含着传统民俗文化和特色资源的载体，古村发展的特点主要有以下几个方面。

从建筑特点看，各省区市在村落的传统建筑架构及设计上迥然不同，不禁让人感叹中华文化的博大精深以及祖先的技艺智慧。[②] 例如，北京传统村落的建筑特点主要是土石混合、砖石混合的"合院"结构；河北的冀北民居多为坝下独院及连环套院的建筑结构，而冀南民居则多为石板或瓦顶的石头房结构；山西以晋南阊院，晋东南簸箕院、大姓宅第、靠崖窑院，晋东晋西的砖石锢窑、起脊瓦房，晋北的纱帽翅为建筑结构；内蒙古自治区的汉族民居包括晋风民居和砖包土坯房；吉林的土墙草顶房；等等。

从坐落地点看，中国古村落的选址透露着祖先的智慧。由于历史及自然原因，现存的古村从选址上看都非常讲究依山傍水，所以有很大部分建在山区和丘陵地区，其他则主要分布在高原、平原以及河网地带。

从文化传承看，古村的文化遗产主要表现在剪纸、皮影、刺绣、龙舞和木雕工艺上。其中，剪纸已有1500余年的历史，刺绣已有2000余年的历史，木雕起源于新石器时期，而皮影和龙舞始于西汉。根据中国传统村落数字博物馆的记载，在该馆第一批165个村落中，存在龙舞的古村落最多，为

---

① 信息源取自中国传统村落数字博物馆，http：//www.dmctv.cn/siting.aspx？lx＝zt。

② 信息源取自中国传统村落数字博物馆，http：//www.dmctv.cn/siting.aspx？lx＝zt。

12 个，主要分布在安徽、广西、贵州、浙江、四川、河南、内蒙古；存在剪纸和刺绣的村落均为 11 个，剪纸主要分布在浙江、江西、湖南、北京、河北、陕西，刺绣主要分布在贵州、云南、浙江、河北、北京、陕西；存在皮影戏的村落共有 3 个，主要分布在陕西、河南、云南；存在木雕的村落共有 6 个，主要分布在陕西、安徽、云南。① 另外，对古村的关注还多与村落的单一或集聚区群体研究相关，比如对文化传承、氏族沿袭等。

2019 年，古村的发展重点仍然主要表现在脱贫攻坚、推动实现小康社会、促进乡村振兴的工作上。例如，湖北省的通山江源古村，在解决了水田灌溉、村通公路的基础上，教育、文化、卫生事业也得到了全面发展；广东省的潮汕龙砂千年古村，在快速发展的前提下，还成为潮汕美食的代表；山西省的后冯家沟古村，大力推进以商为业，通过养蚕纺丝实现了村民的富足生活；山东省莱州市郭家店镇古村，通过经营苹果无病毒矮化苗木示范园项目、古村水果产业发展项目、小草沟汽车自驾运动营地等，为增收脱贫提供了有力保障；河南省邓州市构林镇古村，通过养殖、种植和农副产品加工推动经济发展的基础上，大力推进生态文明村建设，取得了良好的成绩。文旅融合下，古村的文化承载与地方特色成为当地经济发展的重要载体和抓手，也成为国内全域游的重要有机组成部分。继 2006 年由中国旅游报社和中国郴州生态（民俗民居）旅游节组委会联合发起的"中国十大古村结盟"活动之后，安徽黟县西递村和宏村、贵州屯堡文化村、江西婺源村、广西灵山大芦村、湖南郴州阳山古村、江西赣县白鹭村、广东雷州邦塘村、浙江兰溪市诸葛八卦村、山西丁山村、陕西韩城党家村等著名景点共同关注古村的保护与开发。② 截至 2019 年，各地均依托现有的生态资源、文化资源、人文景观和庭院经济等，创造性地延展了古村联盟的成果，推进了古村旅游业的蓬勃发展。

---

① 信息源取自中国传统村落数字博物馆。
② 刘秀鸾：《中国十大古村评选揭晓 贵州天龙屯堡最为抢眼》，《贵州日报》2006 年 9 月 22 日。

（二）古镇与古城

一般来说，古镇和古城有很多相同之处，因为古镇和古城总是与历史进程、居住形态的演变、城市格局、城市的历史文化承载等有着密不可分的关系。对古镇和古城的保护与传承，实际是将古镇和古城相对完整的古建筑群、文化风俗以及传承的艺术特色等进行修缮维护和研究挖掘，使其与当代发展有机结合。一座座古镇与古城镌刻着中华文化在不同历史时期的不同侧面，无论是云南大理的喜洲、玉湖、沙溪这类因商贸繁盛、沿茶马古道形成的商业重镇，还是大同新平堡这种抗击外来侵略的军事要塞，古镇和古城都以独特的人文、地理、美食、美景、贡献和记忆，传承着中华文明。

参考《中国历史文化名城》名录①，被国务院命名为"历史文化名城"的古城为134座。② 该评选耗时近10年，不单指城市，也涉及一些县级市、镇及地区。国务院在2008年公布的《历史文化名城名镇名村保护条例》中列出了几项申报条件，主要从保存文物、传统格局和历史风貌、历史事件经历、历史建筑群、城镇发挥的重要作用以及是否存在2个以上的历史文化街区等方面进行考证衡量。之后，国家重点对这些城市（区）的文化遗迹进行了保护。

根据古镇和古城的特点，又主要分为7种类型：以古都的历史遗存物及风貌为特点的历史古都型；城市几乎保留了不同历史时期完整建筑群的传统风貌型；城市中有多处文物古迹可以体现历史传统的史迹型；城市多以山水及景色与建筑群的相互交融而区分的风景名胜型；城市中有拥有地域特色和民族风情，体现出地方文化构成并拥有个体特征的地域特色型；近代史迹型，城市中有反映历史事件或以某个阶段的建筑物群体为显著特色的近代史迹型；历史进程中有极突出贡献的特殊职能型。③

历史文化名城遍布大江南北，除了北京、天津、上海、呼和浩特、沈

---

① 截至2018年5月。
② 2002年10月琼山市并入海口市成为琼山区，故为134座。
③ 《中国历史文化名城名录》，炎黄风俗网，2020年2月13日。

阳、海口、重庆、青海的同仁、宁夏的银川以外，其他省份均有多座城（镇）区入选，其中江苏省最多，有 13 座入选：南京、苏州、扬州、徐州、镇江、常熟、淮安、常州、无锡、南通、宜兴、泰州和高邮。浙江省与山东省并列第二，均有 10 座入选，其中山东有济南、曲阜、青岛、聊城、邹城、临淄、泰安、蓬莱、烟台和青州；浙江有杭州、绍兴、宁波、衢州、临海、金华、嘉兴、湖州、温州和龙泉。广东省、河南省与四川省各有 8 座入选，分别为广东省的广州、潮州、肇庆、佛山、梅州、雷州、中山和惠州；河南省的洛阳、开封、商丘、安阳、南阳、郑州、浚县和濮阳；四川省的成都、自贡、宜宾、阆中、乐山、都江堰、泸州和会理。河北省、山西省、陕西省和云南省各有 6 座入选，分别为河北省的承德、保定、正定、邯郸、山海关和蔚县；山西省的平遥、大同、新绛、代县、祁县和太原；陕西省的西安、咸阳、延安、韩城、榆林和汉中；云南省的昆明、大理、丽江、建水、巍山和会泽。安徽省、湖北省和新疆维吾尔自治区各有 5 座入选，分别为安徽省的亳州、歙县、寿县、安庆和绩溪；湖北省的荆州、武汉、襄阳、随州和钟祥；新疆维吾尔自治区的吐鲁番、喀什、特克斯、库车和伊宁。湖南省、福建省、江西省和甘肃省各有 4 座入选，分别为湖南省的长沙、岳阳、凤凰和永州；福建省的福州、泉州、漳州和长汀；江西省的南昌、赣州、景德镇和瑞金；甘肃省的张掖、武威、敦煌和天水。吉林省、广西壮族自治区和西藏自治区各有 3 座入选，分别为吉林省的吉林、集安和长春；广西壮族自治区的桂林、柳州和北海；西藏自治区的拉萨、日喀则和江孜。黑龙江省和贵州省各有 2 座入选，分别为黑龙江省的哈尔滨和齐齐哈尔；贵州省的遵义和镇远。

2019 年，随着居民消费升级，全域游、乡村游、民俗游、自驾游等特色旅游备受青睐，旅游市场持续升温。国内旅游人次约为 60 亿，旅游总收入达到 6.6 万亿元。[1] 2019 年，各具特色的古镇成为越来越多游客的选择，网络上对"中国最美十大古镇"的讨论和评选持续不断，从一系列的排名

---

[1]　宁吉喆：《中国经济运行呈现十大亮点》，国家统计局，2020 年 2 月 1 日。

中就可以看出古镇在人们心中的知名度。网友讨论最多的古镇代表包括：婺源古镇、黄姚古镇、丹巴藏寨、喀纳斯湖畔古村落、乌镇、周庄、同里、西塘、赤坎以及富田古镇等。十大古城的评选也如火如荼。2019年，除了丽江古城、平遥古城、凤凰古城、大理古城、西街、皇城相府、镇北堡西部影视城、阆中古城、束河古镇、兴城古城等耳熟能详的古镇之外，商丘古城、荆州古城、襄阳古城、寿县古城、邯郸永年广府古城、潍坊青州古城、台儿庄古城、广元昭化古城、甘肃嘉峪关文物景区、喀什噶尔古城等的话题度也均有提高，说明信息的快速传递正在推动古村、古镇、古城的知名度提升。游客在互联网上相互分享自己的旅行经历，探索讨论民俗文化的点滴，使越来越多的城镇被更多人关注，拥有了更高的曝光度。

在古村、古镇、古城的发展方面，国家鼓励对其进行适应性地文旅融合，而对它们的保护与传承也成为最重要的两个主题，这不仅可为人文发展做出卓越贡献，也与当代社会的经济增长紧密相连。值得一提的是，国家继续明确古村、古镇、古城的文化地位，就其发展和保护出台了对规范行业具有指导性意义的政策，如2019年12月10日出台的《国家级非物质文化遗产代表性传承人认定与管理办法》已自2020年3月1日起实施。

二 年度热点事件

在第43届世界遗产大会上，良渚古城遗址被正式列入了《世界遗产名录》，自1983年开始的良渚古城的考古之路终于有了圆满的结果。这条申遗之路走了25年，其意义之深远，影响之广泛，值得被浓墨重彩地记录。

首先，良渚古城申遗证实了中华文明5000年历史的事实，得以被联合国教科文组织和国际主流学术界广泛认可，并且中国以55处世界遗产的总量，与意大利并居世界第一。

事实上，有相当数量的国外学者曾长期秉持一种态度，即中国的文明发展史只有不到4000年。而良渚古城凭借其宏伟的宫殿台基、壮观的水利工程架构、完整的古城墙遗址以及出土的大量精美绝伦的玉器……经过一道道科学检测后，强有力地证明了良渚文化距今已有 4300~5300 年的历史，在它发展的 1000 年时间里，为后人展现了新石器时代晚期的考古学文化。①

良渚文化的分布范围广阔，约有 36500 平方千米的区域面积，位于长江下游的太湖流域，地处天目山东麓河网纵横的平原地带。它被证实且让人叹为观止的一大特点就是在 5000 年前，良渚文化已经形成了早期的区域性国家权力与信仰中心，证明了这个中心区域包含社会、政治、经济、宗教和文化的概念存在，而这个中心地区就位于现今的杭州市余杭区境内。②

至此，良渚遗址的确定及发现同尼罗河流域、两河流域、印度河流域的三大文化遗迹的历史意义相一致，是对中华文明起源探索的丰硕成果，这一伟大史实让中华文明可以同古埃及、苏美尔、哈拉帕文明相比肩，提升了中华民族的文化自信。上下 5000 年的中华文明史，增强了每一个中华儿女的民族自豪感。

其次，良渚古城申遗成功对中国的文化遗产保护意义重大，如何在保护的基础上对其价值进行文化传承，将成为亟待探索的议题。在遗产保护方面，联合国教科文组织及相关机构有着严格的审核规定，倘若后期保护不当，随时有被除名的风险。这就涉及如何保护文化遗产的议题。如果只是单纯地将其与人群隔离开来，只是僵化地"维护"其现状，割裂遗产与文化的关系，那么，文化遗产的核心价值将得不到体现。事实上，将文化遗产与人文传承相连接，才能赋予遗产新的文化活力。将文化遗产融入人们的现代生活，让更多人可以近距离地感受文化、学习文化、分享文化、研究文化并传承文化，才能使文化遗产拥有长久的生命力。也许，让古村、古镇、古城以开放的姿态面向公众，让公众自发地对历史文化充满敬意，并意识到保护文化遗产的重要性，才是对文化遗产的尊重。

最后，良渚古城申遗成功可以提升浙江及杭州在国内及海外的知名度与

---

① 张炳剑：《良渚申遗成功，让文化活在当下》，《钱江晚报》2019 年 7 月 8 日。
② 主要集中在瓶窑镇和良渚街道。

影响力,良渚古城将成为浙江以及杭州的又一张文化名片。入选《世界遗产名录》是浙江及杭州向全世界展示中华悠久文明的好机会,为城市的经济文化发展注入了新活力。用什么样的方式向更多人推介良渚古城遗址,如何依靠文化价值带动经济社会发展,如何吸引更多人关注了解良渚文化、了解中华文明,对增强中华文化的国际影响力具有重要价值。

三　存在问题

(一)旅游产品过于单一,缺乏吸引力

古村、古镇、古城的特色应该重视两种形态。一种是现存的文物"固态",如作为传统文化载体的建筑,其完整独特的建筑结构和建筑形态都为后世留下了了解历史的文明财富;另一种是共存的文化"动态",如对当地非物质文化遗产、文化生态以及当地手工业、民间艺术形式和当地人民自身生活的展现。目前,大多数古村、古镇、古城旅游,其游客的参与性不高,尤其是一些偏远的古村,游客大多是走走看看,转一圈了事。如何发展自己丰富多彩的旅游产品,更多地表现本地古老气息的文化,如具有当地特色的旅游纪念品、餐饮、手工艺品、民间艺术、互动游戏等,增强游客的可参与性。有条件的可以发展吃住行游购一条龙,让游客体验纯朴的民俗民风。在古村、古镇、古城的发展过程中,需要更好地推广和传承其历史和文化,不仅可以使民间瑰宝得以发展,更能将文化资源转化成经济红利,帮助当地民众脱贫致富、改善民生,从而将特色文化代代相传,更有利于对传统文化的保护。

(二)亟须出台系统性、权威性的法律法规

目前,我们国家在保护古村、古镇、古城的举措中,虽然出台了如《中华人民共和国文物保护法》、《历史文化名城名镇名村保护条例》以及《中华人民共和国城乡规划法》等条令条例,但是一旦在古村、古镇、古城

保护中涉及具体案例及问题，依然要选择性、参照性地执行现有规定。而且，当前的现行法律法规尚未对基层政府的具体工作进行监督与职权规范①，对当地居民自发行为的约束力度不容易把握，造成了对古村、古镇、古城过度开发，破坏建筑群体，牺牲文化生态的现象。对古建筑和古文化的唯一性及稀缺性特点未加高度重视，造成了历史文化遗产永久性的毁灭性遗憾。

因此，必须快速成立相关工作组，实地展开调研，尽快制定适用于保护古村、古镇、古城的国家级权威法案，并建立相关监督监管机构，形成有法可依、有章可循的长效发展机制，相关古村、古镇、古城的工作人员要切实做到明晰保护对象、了解文化生态意义，以领导带动当地居民的自觉自发性，使其明白"为什么"、"做什么"和"怎么做"，了解历史文化对后世的珍贵，结合自己的村庄、镇子、城市，让当地民众真正地认真了解需要保护什么、如何保护和为什么保护这三个核心意义；同时，在发展过程中了解当地民生诉求，制定符合当代发展又保护历史文化的举措。以良渚古城遗址的保护为例，即便被成功列入《世界遗产名录》，也并非一劳永逸，如果保护不当，则会面临被撤销的风险。这就引发了对一系列问题的思考，比如，如何挖掘良渚文化的内涵和底蕴，以助力当代社会发展？如何将保护与发展二者相结合，以良渚古城文化生态带动当地经济转型？如何宣传良渚文化，以提高国际影响力，增强文化自信？如何打造良渚古城的文化名片，拉动旅游产业升级及文化交流增进？又比如，平遥古城在保护古建筑群时，不得已迁离了学校及医院，对当地居民的生活造成了很大影响，从而引发了一些利益和观念的冲突。②这就需要思考古村、古镇、古城的保护同当地居民生活便利的平衡关系。协调当地民生与文物保护，让二者相辅相成、和谐共存，将是国家立法与当地执法的主要目标。

---

① 刘灿姣：《对古城古镇古村立法保护的几点建议》，《人民论坛》2017 年第 30 期。
② 刘灿姣：《对古城古镇古村立法保护的几点建议》，《人民论坛》2017 年第 30 期。

（三）古村古镇古城的特色仍有待提炼

受到商业模式的影响，古村、古镇、古城或多或少给公众，尤其是游客一种"似曾相识""好像都差不多"的印象以及相差无几的商业业态。

古村、古镇、古城需要选择聚焦的特色方向。各地发展古村、古镇、古城，需要真正从文化背景、历史演变、建筑景观、民俗特色等方面引导发掘，寻找独一性及特殊性，找到文化特点和个性特色，从而坚持以文化内涵为主导的特色型资源。

目前，大部分古村、古镇、古城仍然仅限于山水风景，对其文化认知度、知识联想度等方面仍比较薄弱，与介绍民俗、传承文化和滋养生态的初衷有所偏离。很多作为旅游项目的古村、古镇、古城仍然与人文内涵的推动相差甚远，仅是作为限于山水旅游的地名标签。

因此，怎样提高古村、古镇、古城的识别度，如何在消费者心中建立稳固且独特的文化记忆点和感知符号；如何增强古村、古镇、古城的独特性和可识别性，给人们留下独特的感官体验及丰富的文化认知体系；如何创造出古村、古镇、古城与人们文化记忆更多的连接点；如何以立体多元的感官体验取代简单的信息推送等，都将是文旅融合下应该思考的议题。

文旅产业的创新和立意，就是要挖掘当地的旅游特色资源，可以结合艺术形式进行有针对性的传播，并形成有特色的文旅品牌。比如陕西紫阳县在深入挖掘其"山、水、硒、茶、歌、道"等特色资源后，借势打造了"汉江画廊"、"茶歌紫阳"的旅游品牌。歌手程璧和主持人容千用民谣的方式，借用紫阳民歌中的歌词对白，再加上打击乐、吉他与竹笛的编曲，利用听觉感官，让人们记住了一首朗朗上口的歌谣，也同时记住了紫阳的特色，无论是否到过紫阳，都对这里产生了一种文化记忆，是非常好的尝试。

四 未来趋势

（一）人文内涵使古村、古镇、古城成为热门景点类型

2018年3月，文化部和国家旅游局进行职责整合，开启了全面推进文化和旅游融合发展、统筹规划、文旅产业体制机制改革、促进文旅产业发展的新格局。2019年，文旅融合已经成为旅游消费的新亮点，历史人文类景点也成为国内游客最喜爱的景点类型之一。2019年的节假日消费数据显示，包括文化艺术场馆和博物馆在内的历史文化型景区的平均访问量增幅已超过25%，消费人次增幅和同比增幅均高于30%。① 以华中地区为例，各省区市的热门景点中，博物馆和历史人文类景点稳居前列。马蜂窝旅游研究中心负责人冯饶指出，由于人文景观在旅游淡旺季上的限制不多，再加上越来越多的年轻游客乐于在古村、古镇、古城的游玩中学习了解其历史文化内涵，在文旅融合的大背景下，古村、古镇、古城旅游要凭借自身优势，吸引更多的中外游客去了解当地的文化历史和民俗风情。②

（二）文化遗产研究推动古镇保护

学术研究，尤其是考古和文化遗产研究，都将帮助古村、古镇、古城的追溯与保护，为人类世界文明研究成果做出突出贡献。国内针对古村、古镇、古城发展的研究取得了可喜的成果，中国传统村落研究中心的表现尤为突出，不仅获得了30余项包括国家社科基金重大招标项目在内的国家级、省部级项目及国家发明专利，还创建了中国第一个针对传统村落文化研究与保护人才培养的博士点。该中心自成立至今，已发表50多篇高水平论文，

① 资料来源：中国旅游研究院和银联商务股份有限公司联合成立的"旅游消费大数据联合实验室"发布的《中国旅游消费大数据报告2019》，央广网。

② 资料来源：马蜂窝旅游网和中国旅游研究院共同发布的《毓秀华中：中国省域自由行大数据系列报告之华中地区》。

出版了20余种学术专著。

海外方面，中国越来越看重与海外名校的学术合作，同时依靠人才桥梁，促进学术研究对古村、古镇、古城发展的保护及传承。2019年，剑桥大学在其考古系、麦克唐纳考古研究院所和剑桥遗产研究中心开始具体实施一项主题为"仰韶文化：百年研究史和遗产影响"的5年研究项目。[①] 该项目研究不仅涵盖了中国当代考古史，更是对中国100年来考古学发展的一个总结，并为下一个百年发展奠定了基石，对中国十多个省（仰韶文化遗址遗产地分布）联合申遗事宜也十分有利。这与留英学者杨国华博士对仰韶文化的热爱以及对中英两国的合作促进分不开，据悉，其《中国的世界遗产》一书的英文版将于2021年出版发行。

（三）影视旅游促进古村古镇古城发展

政府支持文旅结合促进影视旅游产业商业化，因为它具有明显的经济效益。影视旅游产业的结构超越了社会结构，形成了类似其他制造业的产业结构。影视将旅游包装成"产品"的生命周期经历了不同阶段；旅游为扩大影响力，运用影视手段进行宣传并为其提供更多的优惠政策。这种互利互惠的产业协同模式在国内及海外市场都进行了有益的探索。

电影《指环王》曾对新西兰的旅游业产生了指数性影响，国内的影视剧，如《三生三世十里桃花》、《九州缥缈录》等的热播，为其拍摄地湖北恩施旅游带来了129%的涨幅。影视与旅游的结合将是促进古村、古镇、古城发展的重要手段及趋势。

针对影视旅游对古村、古镇、古城发展的鼓励政策应按不同区域进行梳理，并健全完善追踪体制。目前，各省区市为了吸引投资拉动当地旅游业发展，针对影视资源拍摄要求，陆续出台了各具特色的本地优惠政策。在接下来的工作中，应根据不同地区的税收及鼓励性政策，整理出一份详实的政策

---

① Yangshao Culture：100 Year Research History and Heritage Impact—Cambridge Heritage Research Centre；Yangshao Culture：100 Year Research History and Heritage Impact ｜ Department of Archaeology.

综述。一方面，相关机构可以通过对后续市场表现的追踪来判断其是否对旅游市场的发展起到了推动作用，是否有值得其他区域学习借鉴的经验总结，并对未来的政策调整起到有效的参考；另一方面，也可以给电影电视从业者带来便利，工作人员可以通过总览，掌握更多当地的拍摄资讯。

旅游开发确实是吸引游客、促进经济发展、拉动投资的有效途径，但鉴于古村、古镇、古城的历史独一性及文化传承性，必须采用科学手段，经过精密分析，保护为主、开发为辅地进行相应发展。不仅要在发展中更加关注对古建筑和古文化的保护，更需要保护当地居民的文化生态，不要因为过度的商业开采而失去传统村落的文化传承。

中国的古村、古镇、古城记录着中华民族的灿烂文明和悠久历史，也是丰富多彩的世界文化遗产。保护它们，是保护中华民族屹立于世界的文化支柱和丰厚贡献；传承它们，是珍惜祖先创造的文明成就，是当今中国人文发展综合实力的展现。

"绿水青山就是金山银山"已然是全社会的共识，保护文化生态已经是新发展理念重要的组成部分。古村、古镇、古城最值得被珍视保护的正是其不可复制性和唯一性，因此，应该尽力保护古村、古镇、古城的原有历史风貌。经济发展不能以破坏生态为代价，更不能为盲目追求经济效益，而让古村、古镇、古城经历置换性破坏和清洗式修整。

要坚持走可持续的发展道路，将古村、古镇、古城的生态保护落实到每一个发展举措上。在保护好生态文明的前提下，积极发展多种经营，把生态效益转化成为社会效益，这种社会效益可以是文化传承的教育效益，也可以是脱贫帮扶的经济效益，但是这一切都不能离开对历史的保护和文化的传承。

B.4

2019年乡村民宿发展报告

冯婉婷　司若*

摘　要： 在乡村旅游的大背景下，乡村民宿正在成为当下中国的新兴
业态。在政府与市场的共同参与下，2019年中国各地的乡村
民宿蓬勃发展。个性设计、产业生态、集群优势成为新时期
乡村民宿发展的突出特点。同时，建立软硬兼施的管理规范，
明确乡村民宿的品牌定位，打造乡村民宿的集群平台是产业
与时俱进的要求，也是未来中国乡村民宿的发展趋势。

关键词： 乡村旅游　民宿集群　乡村民宿

一　乡村民宿的再定义与新阶段

自2017年"乡村振兴"战略提出以来，乡村民宿成为民宿行业的一大
热点。随着乡村旅游的不断发展，乡村民宿日渐成为当下中国新兴的一种生
活方式与生活选择。各地民宿的兴起让业界与学界对当下文旅发展中的乡村
民宿有了更丰富和多元的定义，同时伴随国家有关乡村旅游和民宿业发展政
策的颁布，乡村民宿的发展进入新阶段。

---

* 冯婉婷：清华大学新闻与传播学院硕士研究生，主要研究方向为文化传播、国家形象、跨文
化传播等；司若，清华大学新闻与传播学院影视传播研究中心研究员，博士生导师，主要研
究方向为影视传媒、文化旅游等。

（一）乡村民宿再定义：乡村感与民宿性

虽然国内外对"乡村民宿"概念还没有达成统一，但回顾2019年国内各地乡村民宿的实践，可以窥见当下乡村民宿已经不再简单地体现为"村民利用空间住宅辅以不同的特色服务的小型住宿设施"，它与乡村旅游的大背景、其他民宿类型以及乡村业态有着十分密切的关联。

2019年是我国实现全面小康社会的脱贫攻坚年，也是文旅融合、旅游消费升级的关键年。随着乡村振兴的发展、环保观念的普及、城市生活压力的增大，乡村旅游在过去一年快速成为深受人们欢迎的旅游类型，成为许多城市居民倍加青睐的休闲方式。在此背景下，新的乡村民宿应运而生。之所以称为"新"，是因为在乡村旅游的热潮之前，乡村民宿原本已存在。传统的乡村民宿通常是乡村居民的家，村民得到运营许可后，以自宅的形式提供给外来游客居住。而近年来兴起的乡村民宿，在模式、主题、经营等方面都已经不再是传统意义上的乡村民宿。新乡村民宿"新"在何处，在分析具体案例之前，首先可以将它与其他民宿类型和其他乡村业态进行比较，以此观察其"乡村感"与"民宿性"。

乡村民宿区别于城市民宿的核心差异在于"乡村感"，这不仅体现为地理空间意义上的远离城市、深入乡村，也体现为乡村生活的体验感。这种乡村体验感需要了解乡村民俗文化和村民的普通生活，深入乡村生活的日常；它与城市民宿提供很多消费场景和功能性作用的特点有所区别，但同时又有所借鉴与融合。此外，乡村民宿也区别于其他乡村业态，比如乡村的客栈、农家乐等。乡村客栈更倾向于提供专业的住宿服务，农家乐更倾向于提供餐饮娱乐服务，而乡村民宿则更侧重于提供乡村生活的氛围，这意味着住宿与餐饮是其基础，但又远远不够。"民宿性"意味着民宿的主人和游客不再是单纯的商业关系，往往还有"共同生活"的体验联系，这种体验注重人情味、故事性和生活化。因此，要想打造成功的乡村民宿，不仅要维护其特有的"乡村感"，而非一味城市化；也要注重其"民宿性"，避免使之成为位于乡村的酒店。

（二）乡村民宿新阶段：政府与市场，扶持与管理

国家旅游局确定 2006 年我国旅游主题为"中国乡村游"，通过大力发展乡村旅游，打破城乡二元结构，利用民俗文化带动经济效益，催生了农家乐、家庭农场等乡村业态。随后的 10 年间，国家出台了一系列政策来助力乡村旅游与休闲农业，2015 年的《国务院办公厅关于加快发展生活性服务业促进消费结构升级的指导意见》中首次提出"积极发展客栈民宿、短租公寓、长租公寓等细分业态"，此时乡村民宿尚未从各类乡村业态中凸显出来。2015～2018 年，许多相关的政策纷纷出台，尤其是 2018 年《中共中央国务院关于实施乡村振兴战略的意见》提出"实施休闲农业和乡村旅游精品工程，建设一批设施完备、功能多样的休闲观光园区、森林人家、康养基地、乡村民宿、特色小镇"，意味着乡村民宿进入了发展的黄金期。中国文化和旅游大数据研究院《2019中国大陆民宿业发展数据报告》显示，中国大陆地区共有超过 6 万家民宿。国家信息中心发布的《中国共享住宿发展报告（2019）》显示，乡村民宿是共享住宿的新热点，主要平台上的乡村民宿业务年度增长超过3 倍。

在数量激增的同时，各类政策的出台助推了乡村民宿的发展，也就现存的问题提出了标准规范。2019 年 7 月，新版《旅游民宿基本要求与评价》发布实施，更新了旅游民宿的评价等级，首次对民宿的经营数量和面积做出规定，从国家层面对民宿的发展提出了更加细化的标准和严格的要求。而各地纷纷出台的关于乡村民宿的政策，也意味着乡村民宿规范化和可持续化是未来趋势。以海南、浙江、广东、山东、四川等省份为代表，各地陆续发布了乡村民宿的发展规划与规范文件。相比前几年的"野蛮生长"，乡村民宿逐渐进入了政府与市场共同参与、扶持与管理齐头并进的新阶段。

二 乡村民宿的发展趋势与特色

（一）始于个性设计

自乡村民宿发展以来，各地都在探索其实现可持续发展的路径。从历史发展来看，在乡村民宿正式兴起之前，中国的乡村旅游经历了农家乐、家庭旅馆、客栈等几个业态的变化，而将乡村民宿与此前这些业态相区别开来的一个显性因素，即民宿自身的个性化和文化感。当下大众对于乡村民宿的印象在很大程度上与各地兴起的"网红乡村民宿"有关，虽然业界也有一些关于乡村民宿过于高端化和城市化的批评声音，但不可否认的是，正是这部分"网红乡村民宿"的出现，让乡村民宿更快速地进入大众视野。同时，从民宿的用户画像来看，"网红乡村民宿"的遇热也有迹可循。《2019中国大陆民宿业发展数据报告》中，国内民宿的用户年龄集中于20~29岁，占比为50.1%，即"90后"是当前国内民宿的主力消费者，而民宿的个性化和文化创意性对年轻人具有较强的吸引力。

综观国内近年来大受欢迎的"网红乡村民宿"，其特点主要表现为民宿设计的个性、艺术性与居住环境的文化体验性，其中以莫干山乡村民宿较具代表性。莫干山乡村民宿的发展得益于得天独厚的自然环境等诸多因素。自2006年英国咖啡店主带来首批游客，此后，许多外国游客来这里租房买地，该地区目前已经成为乡村民宿聚集地。然而在市场如此饱和的情况下，近年来仍有新兴的乡村民宿在莫干山获得一席之地，其中一个原因便是民宿的个性化与设计感。新兴乡村民宿大多邀请了专业的建筑设计师团队，让民宿的建筑从外观到内饰别具一格，成为吸引年轻一代的"网红"元素。实际上，乡村民宿的设计近几年来一直是国内业界关注的问题，也有许多设计师参与讨论与实践。这样的趋势事实上也符合当下人们乡村旅游消费的动机，即在远离城市的乡村找到一种舒适的、独特的、原生态的生活状态，因此，个性、舒适、高审美的设计自然成为乡村民宿最易感的吸引力。而且随着各地

乡村民宿的成长与相互竞争，这种对设计的追求也在不断与时俱进，个性设计不仅体现在民宿建筑的外观上，还体现在其内部的人性化设计上；但是，随之而来的是对乡村民宿"高端化"、"城市化"的质疑声，许多设计也因此更关注如何与周边自然环境和谐共融，如何用环保的资源就地取材，如何让设计本身也体现出区域的特性。因此，国内乡村民宿对设计的关注在很长一段时间里仍将持续并值得探索，这种设计在发展历程中从最初的追求个性和艺术性逐渐转变为同时注重乡村文化体验性和自然共生性。

（二）长于产业生态

如果说个性化设计实现了乡村民宿吸引游客的第一步，那么如何将游客留下来，实现乡村民宿的可持续发展，是现阶段乡村民宿更关注的问题。即便是最初以高投资、精设计知名的莫干山乡村民宿，也在积极探索可持续发展之路。在当地政府的带领下，莫干山开发了一系列与乡村民宿匹配的旅游产品，比如健身步道、Discover 极限基地、路虎体验中心、破风骑行俱乐部等，着力打造全链式乡村旅游。莫干山的尝试与转型反映了近年来乡村民宿发展的新趋势。越来越多的乡村意识到住宿产品本身无法对用户形成持久的吸引力，只有围绕乡村民宿打造乡村产业生态，提升多方面的体验感，才是乡村民宿未来发展的持久之道。在此基础上，挖掘乡村的特色产业生态显得尤为重要。

位于长沙黑麋峰森林公园的"山居·半亩"因为远离城市、环境清幽而成为受欢迎的乡村民宿，但仅仅依托自然环境不足以形成持久的吸引力。民宿的主人喜爱瑜伽，于是将之打造成为森林里的瑜伽场所，并以此为主题开展短期夏令营，举办瑜伽培训、养生营、古琴演奏、花艺茶艺等活动，打造出属于民宿自己的养生瑜伽生态，逐渐有了稳定的客源。由此可见，形成全产业链的度假产品是未来乡村民宿发展的新路径。不同地域依据乡村原有的环境和历史文化，参考民宿主人个人的故事和爱好，可以延伸出运动、养生、艺术等多方面的相关产品，与民宿共同形成一个乡村业态和生活场景。对于乡村旅游而言，住宿产品是确定且在一段时间内保持不变的，但用户所期待的体验是多变的，因此只有在住宿产品之外，不断更新周边的配套服务与活动，才能激发新的活力。2019年，以壹心家为代表的活动策划者在乡村民宿的发展中即扮演了这个提供变化的角色，他们在西北的乡村民宿——"黄河宿集"举办影像和装置艺术展览，在秦皇岛阿那亚民宿区举办茶会，通过与音乐、建筑和艺术相关的内容活动来丰富乡村民宿的整体生态，实际上为缺乏产业生态设计经验的乡村民宿主人提供了发展思路和借鉴模式。但是类似的活动策划者在乡村民宿的发展中更多是提供阶段性变化的外来辅助力量，要想自身形成一个稳定多样的产业生态，还需要乡村民宿当地具备自身求变的思维和模式。

（三）强于集群优势

除了培育全链式的产业生态之外，乡村民宿在可持续发展的过程中还有赖于集群的优势，单纯的住宿产品很难让游客留下来，单独的一家民宿也很难让游客多起来。近年来，越来越多的乡村开始意识到集群效应所带来的优势。乡村民宿本是共享经济的一部分，而共享模式又可以反过来助力乡村民宿。2019年，政企合作推动了乡村民宿集群优势的凸显，也为打造乡村民宿平台发挥了重要作用。

2017年底，"黄河宿集新闻发布会"被认为是"中国民宿集群时代"的到来。2019年由五家知名品牌民宿共同打造的"黄河宿集"落地宁夏中卫，由此开启了西北乡村民宿集群，在国内颇受关注。为了进一步增强"黄河宿集"以及西北乡村旅游的吸引力，2019年4月，宁夏中卫市沙坡头区人民政府、宁夏中卫市旅游和文化体育广电局联合各家民宿品牌以及推动"黄河宿集"诞生的民宿服务平台"借宿"，共同打造了中卫梨花节。以集群的民宿为硬件基础，打造了一系列具有西北大漠风情的市集、展览、表演，在当地政府与企业的合作下充分发挥了民宿集群的优势。如果说在宁夏的案例中，企业发挥了更为先导、主动的作用，那么2019年海南省关于乡村民宿的规划则更凸显了政府在政企合作中扮演的角色。2018年海南旅游发展委员会与小猪短租平台达成战略协议，随后成立海南省旅游民宿协会，

由政府主管、企业运营，旨在规范民宿发展，解决实际问题。2019 年，海南省相继发布《海南省乡村民宿管理办法》和《海南省促进乡村民宿发展实施方案》，并提出了 2019～2021 年每年建设特色乡村民宿以及乡村民宿集群的规划。"政府 + 企业 + 民宿主"逐渐成为打造乡村民宿集群的黄金三角，可以预见在未来发展中，乡村民宿的集群化会日益加强，突破住宿产品的限制，发展成为乡村旅游的共同体与集群平台。

三　乡村民宿的困局与解局之道

（一）规范是基础：法规硬管理，培训软管理

随着乡村民宿的大量兴起，许多问题也逐渐显现，其中缺乏有针对性的管理规范是亟待解决的问题之一。在民宿短租兴起的早期，由于缺乏明确的准入机制和要求，民宿市场各类产品质量参差不齐，给地方管理带来了很大的阻力。2019 年修订的《旅游民宿基本要求与评价》虽然在市场准入方面提出了相关要求，但是其对民宿规范经营的要求主要以当地政府相关规定为准，因此落实到地方政府层面，许多地区依旧缺乏切实可行的法律法规，仍有许多民宿存在监管困难的问题。乡村民宿的发展更是如此，一方面缺乏全面系统的规范条例，很多地方的规范是在问题暴露后倒逼当地进行一定的监管，没有从根本上解决问题；另一方面，在"民宿热"的影响下出现了很多乡村民宿，但是经营者对如何规范健康发展却并不关心。因此，当前乡村民宿面临的一大问题是，不仅需要硬性的规范条例限定准入和退出机制，而且需要更多软性的培训指导帮助新兴的乡村民宿。

如何有效规范乡村民宿？民宿发展历史更为悠久的英国，其经验值得中国借鉴。英国的乡村民宿（农场民宿）于 20 世纪 60 年代出现，后逐渐成为英国乡村度假的主要载体。英国政府多年来针对乡村民宿颁布的法令法规不亚于标准化旅馆和酒店，具体细致到室内改装、食品卫生、消防设施、税额标准等诸多方面，并且针对不同规模的乡村民宿制定了差别化的卫生条件

要求和税收标准。此外，在不提前告知乡村民宿主人的前提下，英国观光局将乡村民宿进行分级。2019年我国修订的《旅游民宿基本要求与评价》也对乡村民宿的等级进行了更为细致的划分，其标准主要涉及环境建筑、设施设备、服务接待等方面，但总体较为笼统，相较而言，英国近年来对乡村民宿的许多软件设施，比如地毯、房间色调等规定更加细致。目前我国许多省区市也在出台的"国标"之外制定更为细致的"省标"，在相关规定的细致程度方面向英国学习。

除了提出要求之外，英国政府主动提供了经营乡村民宿的全套培训课程，涉及乡村民宿从规划到建设和运营的各个方面。同时，民间组织在促进英国乡村民宿业发展方面发挥了重要作用。从20世纪80年代的农场假日协会到2007年成立的全国民宿协会，自发的民间组织在维护经营者的权益、为经营者提供支持和服务方面发挥着巨大作用，甚至自发编撰了有关乡村民宿经营的书籍，为许多乡村民宿新进入者提供了可参考借鉴的经验。就国内来看，浙江省旅游局在2017年出版了国内首部"民宿蓝皮书"，主要介绍浙江民宿的概况、供需分析、重点话题和相关的政策法规等，在一定程度上为浙江的民宿发展提供了较为全面的参考图景。海南省于2018年成立了旅游民宿协会，这是继浙江、云南、北京和江苏等地之后的又一个省级民宿协会，可见民宿协会在国内民宿发展历程中大有可为。然而目前国内各地注册成立的民宿协会真正发挥的作用十分有限，也未能实现资源最大化，因此，成立全国性的民宿协会或全国乡村民宿协会虽然难度较大，却是更为有效的组织方式。

（二）定位是核心：乡村延伸，城市缓冲

国内乡村民宿的另一问题体现为虽然从数量来看掀起了热潮，但是真正找到确切定位和形成品牌特色的并不多见。有关乡村民宿发展路径的讨论越来越多，既有认为乡村民宿应该回归乡村本身，彰显自然本色，也有认为乡村民宿应该打造创新主题，避免同质化；既有批判当下乡村民宿过于"网红"和高端的声音，也有认为乡村民宿应该关注情怀和故事。归根究底，

找到当下乡村民宿发展的特色定位是共同的目的。中国的乡村民宿到底应该选择什么样的路径，日本民宿发展的经验可提供一定的参考。

日本是亚洲地区民宿产业发展最为成熟的国家，中文里的"民宿"一词也是来源于日文"minshuku"的音译。日本民宿形成了自己独有的特色，与欧美国家的民宿有着十分明显的差异。总体来看，日本民宿可以分为和式民宿（或日式民宿）与洋式民宿，前者体现了日本的传统特色，一般为内设榻榻米的温泉民宿，与之配套的饮食等也主要体现日式传统。后者则是更为西式的民宿，体现出欧美文化特色，其设计审美一般呈现较高的品位，经营者通常为受到西方文化影响较大的知识阶层。两类民宿的差异化经营，满足了住客的不同需求。然而，照搬日本经验固然不可行，但是国内的乡村民宿在进行品牌定位的时候，可以借鉴日本民宿的思路，因地制宜进行规划。

参考日本民宿的分类思路，笔者认为目前国内的乡村民宿大致可以分为两类：乡村延伸类与城市缓冲类。前者主要是指基于所在乡村的自然和人文资源而延伸出的民宿产业，通常出现在乡村生活保留比较完整或自身具备较丰富的旅游资源的地区；后者主要出现在大城市周边，是为了满足城市居民远离城市、释放压力的需求而发展起来的民宿产业，可能所在乡村自身并没有较为浓厚的乡村特色，但因为区位优势和后期开发规划，而形成了以乡村民宿为中心的系列配套服务。之所以进行这样的分类，是因为针对不同类型的乡村民宿，在思考其定位和品牌传播时也有所差异。以大理洱海为例，虽然其民宿不完全是乡村民宿，但民宿业的发展主要依托于原有的自然资源和旅游知名度，因此在提升民宿的个性化服务的同时，更应该注重回归环境本身。2018年，洱海民宿曾因为生态环境破坏而暂停营业，由此可见，依托于环境成长的乡村民宿只有建立在对当地自然、人文保护的基础上才可持续发展。相对地，上海周边的莫干山乡村民宿、北京周边的阿那亚民宿等都属于后者，其目的在于为城市居民提供短距离、短时间的缓冲，虽然其成长也依托于一定的自然环境，但其在发展过程中更着重打造的是一系列定制化体验，艺术、建筑、展览、健身、极限运动等都是其吸引城市游客的亮点所在，配套的服务和定期更新的体验活动是其持续发展的关键。

（三）集群是趋势：借助平台，打造平台

从近年来国内乡村民宿发展的趋势来看，集群效应在推动地区乡村民宿发展方面有着巨大作用，黄河宿集就是先行者。但在集群的过程中，企业与当地社会的角色却始终在摸索中，集群打造的是企业品牌还是地域品牌也是值得思考的问题。就目前国内现状来看，企业往往能够在乡村民宿建立的早期发挥更大作用，但如果要形成长久的吸引力，还需要打响地区的知名度，即未来乡村民宿的发展需要借助企业平台，打造地区平台。

借助企业平台不仅包括在乡村民宿领域已经积累了较丰富经验的企业，比如黄河宿集最初集结的五家民宿品牌，还包括目前为国内民宿提供发布平台的企业（如爱彼迎、小猪短租、木鸟等），也包括入住乡村的其他餐饮、运动企业，只有这些企业共同发力才能形成乡村民宿的产业链。此外，打造地区平台不仅需要企业的助力，还需要当地的政策支持和规范，需要文化产业的加入，最后形成的是一个可以呈现当地风土人情，满足住客创新需求的集住宿、餐饮、娱乐等于一体的平台。地区平台的持续发展意味着乡村民宿在其中是基础一环，地区的吸引力来源于平台中所有产业共同形成的生态，乡村民宿的收益也并非地区营收的唯一来源。从一定程度上说，企业平台提供的是硬平台，其优势在于成熟的经营模式与业已积累的相关资源，而企业融入乡村民宿后共同打造的地区平台是软平台，它将当地的人文风情融入其中，彰显乡村特色，并随着游客需求和企业发展的变化而不断调整，找到与当地其他产业链更加和谐共生的发展生态，最终打造的平台实际上是乡村传播的"名片"。

B.5
2019年影视基地旅游发展报告

刁基诺　司若*

摘　要： 影视基地旅游是影视基地创造发挥其旅游职能，使影视产业链和旅游产业范围互相衍生与拓展，其产生的互利效应为"双基因"产业的发展增加了核心竞争力和产业附加值。一方面，当地依托影视资源的影响，合理植入旅游推广；另一方面，影视基地实现园区附加值增长，继续影视作品的衍生效益，是一种双赢互利且可以附着持久的连锁发展机制。本报告将从发展概况、发展特点、问题及趋势三个方面梳理分析2019年我国影视基地旅游的相关情况。

关键词： 影视基地　影视旅游　旅游推广　影视作品衍生效益

在文旅融合的背景下，影视作为重要的传播媒介，是促进文化旅游产业发展的积极动力。如何借助影视传播的庞大力量，将影视、文化和旅游三者有机融合，是推动文旅产业发展的重要课题。

在对影视基地旅游分析之前，首先需要强调其影视产业和旅游产业双重基因融合背景下的发展轨迹，以便更好地了解影视基地旅游所处的业态环境。

---

* 刁基诺，英国圣安德鲁斯大学博士，清华大学新闻与传播学院博士后，清华大学水木学者，研究领域包括当代电影产业，文化产业，影视旅游等；司若，清华大学新闻与传播学院影视传播研究中心研究员，博士生导师，主要研究方向为影视传媒、文化旅游等。

我国影视旅游的结合主要有以下两种形式。

电影取景地旅游。电影观众因被电影拍摄地的美景所吸引而转变为游客身份，慕名来到景区，从而带动景区的游客量。这种类型是国内外影视旅游研究中最常出现的案例。20 世纪 20 年代，电影和明星对旅游流动性的影响就已经出现，人们对电影拍摄地和好莱坞明星的豪宅产生了极大的好奇和迷恋。因为与电影或电视剧有关而去某个地点或景点旅游的现象在 21 世纪急剧上升，《指环王》三部曲对新西兰旅游业的影响在学术文献中被广泛记录。[①] 新西兰旅游局的统计数据显示，6% 到新西兰旅游的国际游客表示，《指环王》是他们来新西兰旅游的主要动机之一。这部电影对新西兰旅游业产生了巨大的推动作用。[②] 另一个值得被讨论的例子是《达·芬奇密码》对巴黎卢浮宫的旅游推动，也说明了影视及旅游二者的联动基因可以达成双赢。中国近年来的电影，如《非诚勿扰》的取景地杭州西溪国家湿地公园、《九州缥缈录》的拍摄地湖北恩施、《卧虎藏龙》的拍摄地安徽宏村和浙江湖州市安吉县等，都是播映后导致游客量增长，观众被电影、电视剧的拍摄地景观所吸引而变身游客，选择当地景区作为旅行目的地，从而更近距离地感受景区的魅力。

以影视聚集群形态呈现的园区式旅游。该形态中，又可以根据旅行目的而划分为两类：一是为追求娱乐放松的影视主题公园旅游，即围绕品牌及电影、卡通人物开发出具有多功能体验式的大型游乐项目，如迪士尼主题公园、华强方特、万达主题乐园，以及华谊兄弟在苏州阳澄湖半岛旅游度假区建立的华谊兄弟电影世界。二是探究拍摄地，亲身感受其氛围的影视基地旅游。

---

① Tzanelli, R. (2004). Constructing the "Cinematic Tourist": The "Sign Industry" of the Lord of the Rings. *Tourist Studies*, 4 (1), 21 - 42; Buchmann, A., Moore, K., & Fisher, D. (2010). Experiencing Film Tourism: Authenticity and Fellowship. *Annals of Tourism Research*, 37 (1), 229 - 248; Carl, D., Kindon, S., & Smith, K. (2007). Tourists' Experience of Film Locations: New Zealand as "Middle-Earth". *Tourism Geographies*, 9 (1), 49 - 63.

② Roesch, S. (2009). The Experiences of Film Location Tourists. Bristol: Channel View Publication.

学界对影视基地的概念至今仍多有讨论。从职能和集群特征概括来看，影视基地就是影视产业功能的聚合中心，是影视产业发展的重要成果。作为产业体系建构的重要组成部分，影视基地将电影拍摄、后期制作、周边衍生、影片宣发出品等专业功能聚合在一起。

影视基地旅游就是影视基地创造发挥其旅游职能，将影视产业链和旅游产业范围互相衍生与拓展，其产生的互利效应为"双基因"产业的发展增加了核心竞争力和产业附加值。

一 发展概况

随着近年来中国影视产业的迅猛发展，影视基地在数量、规模、影响力等方面均已呈现重资产的行业现象，而这也是中国影视产业发展的重要构成，且延伸了影视项目衍生链的积极发展。截至 2019 年，全国影视基地①已达上千家，比较著名的包括：横店影视城、镇北堡西部影视城、象山影视城、中山影视基地、长影世纪城、怀柔影视基地、无锡中视影视基地、上海影视乐园、北普陀影视城、同里影视基地、焦作影视城、涿州影视城、东阿县影视城、永康石鼓寮影视城、襄阳唐城影视基地、东平水浒影视城、湖州影视城、大理天龙八部影视城、大连旅顺闯关东影视基地、中央电视台南海影视城、湖北红安影视城、海口冯小刚电影公社等。

在中国排名前十的影视拍摄基地中，获得旅游 5A 级景区认证的影视拍摄基地有：横店影视城、长影世纪城、镇北堡西部影视城。获得 4A 级景区认证的有：襄阳唐城影视基地、象山影视城。3A 级景区有：上海影视乐园。其他如北普陀影视城、中山影视基地、涿州影视城、同里影视基地。

截至 2019 年，中国几乎各个省区市都建有影视基地，其中，超全国总量一半的影视基地坐落于环渤海与东南沿海区域内。从规模来看，较大规模

---

① 影视城多为影视基地的规模化升级，在本文讨论中统称为影视基地。

的影视基地主要集中在东部沿海地区、环渤海地区、长三角、珠三角等地，以北京、浙江、江苏、山东、辽宁、黑龙江、河北等省市居多。其中，仅浙江省就有横店影视城和象山影视城两大中国颇具影响力的影视基地，再加上杭嘉湖古镇拍摄地和宁绍古迹等众多影视拍摄地，影视基地在当地发展已具产业规模。

小规模且新兴的影视基地更是遍地开花。在政府的扶持以及文旅产业发展的促进下，许多影视园区依靠影视作品或是名人效应带动了当地旅游品牌的知名度，虽然规模不及横店这样的影视基地，但其周边配套的酒店餐饮设施不断完善，为游客带来了影视周边衍生品的服务及优质体验。比如海口市的冯小刚电影公社，在拍摄《芳华》之后，依靠其知名度，在园区内设置了1942街、芳华小院、南洋街等景观，周边酒店及餐饮服务设施一应俱全，能满足不同游客的旅游期待[1]，切实把影视基地与旅游有机结合，游客因电影来到影视基地参观，又因为配套设施的完善而在影视基地停留下来，拍照、吃饭、休闲一体化深度游，让当地的旅游项目更加丰富且吸引游客，成为促进文旅结合的新尝试。

影视基地旅游是将经典影视作品和拍摄地/拍摄园区与所在的区域经济发展相结合，一方面，当地依托影视资源的影响，合理植入旅游推广；另一方面，影视基地实现园区附加值增长，继续影视作品的衍生效益，是一种双赢互利且可以附着持久的连锁效应。

根据其核心作用，大型影视基地分为三种类型。

第一，以摄影棚为主，能体现中国电影产业化/工业化体系的影视基地。此类型多以科技为特色，以摄影棚的高科技制作能力吸引更多观众前来探秘影视作品背后的故事及特色。如无锡国家数字电影产业园、青岛东方影都等影视基地。

第二，以人造景致为主的影视基地。如横店影视城，其所建造的明清宫

---

[1] 尹鸿：《培育优质体验内容，促进文旅健康持久发展》，载司若主编《中国文旅产业发展报告（2019）》，社会科学文献出版社，2019，第213、210~215页。

苑、秦王宫等，以承接古装影视作品为主，与旅游高度结合，影视为魂、旅游为体。这一模式的鼻祖是美国迪士尼和环球影城。

第三，以自然风光为特色的外景取景地式的影视基地。此类型以同里影视基地和镇北堡西部影视城原址为代表。镇北堡西部影视城在融合了历史遗迹的人文景观古城墙原址下，又与现代影视艺术相结合，在我国众多的影视基地里颇具原始粗犷的特色，其独特的地貌和苍凉古朴的西北乡镇风情使其频频出现在影视剧作中。

二 发展特点

影视基地旅游作为根植于基地园区的发展模式，非常依赖当地政府的扶持政策。2019 年 6 月，中国电影基金会就为各区域影视产业的均衡发展建立了专项基金，而影视基地成为重点关注对象。专项基金将对具有区域特色的影视产业文化及市场价值进行深入培养挖掘，从而实现对社会具有公益价值且弘扬本土文化的影视作品进行推广和扶持。[1]

影视基地在发展初期主要以自身的自然或科技资源条件为基础，但当其需要往更高层次发展、构建体系化及规模化延伸的时候，就必须依赖当地政府的助推及规划政策作为其发展的重要动力。

2019 年，中国影视基地/影视拍摄园区的发展特点呈现出企业自身发展、地方政府主导、社会各界共同推动助力等几种趋势。

以企业为发展核心的影视基地——横店影视城。横店影视城成立于 1996 年，以形成国内规模最大的影视摄影棚集群为发展目标，在"影视为表、旅游为里"的基础上，加入"文化为魂"的经营理念，将文化 IP、传统文化、集团文化等要素注入其发展规划。[2]

由政府助推实行行政管理的影视基地——象山影视城。象山影视城是通

---

① 《中国影视产业正从"做大到做强"影视基地资源亟待整合》，http://news.sina.com.cn/c/2019－11－08/doc－iicezuev8061895.shtml，2019 年 11 月 8 日。

② 《游客量等同故宫，门票收入仅占 50%，横店影视城运营核心点全公开》，搜狐网。

过文化产业区管委会管理，实现规模化发展的影视基地案例之一。

政、企、学三方助力的新型高科技影视基地——青岛东方影都。青岛东方影都在当地政府和学术界的共同助推下，成为我国新型高科技影视基地的代表。

2019年10月20日在福州举行的"中国影视基地联盟计划——研讨与倡议"活动上，中国影视联盟宣布了中国电影人将合力编撰并发布"中国电影拍摄指南"的计划。这是中国影视行业在工业化体系建立和资源整合细化的基础上，通过以区域合作加强行业体系标准、助推产业升级、共同应对行业波动的重要举措。

中国影视基地联盟是对国际先进的影视工业专业化的实践，也是求同存异、对适合中国特色的影视行业发展的积极探索。我国影视基地的未来发展需要有序竞争和资源共享，共同应对行业挑战，抱团取暖。中国影视基地联盟的方式旨在推动各个基地间互相学习借鉴、取长补短，让每个基地都找到适合自身的发展模式。联盟可以形成张力，将各自的资源整合，积极适应传统影视基地与数字化拍摄基地的相互补充，从而达到整个行业的转型升级。在包括技术、装备、置景、人才共享的需求中，不断形成制作端口和衍生端口的行业合力，推出精品巨作，打造特色旅游项目，从而保持创新并对基地的旅游发展实现可持续的吸引力。

而"中国电影拍摄指南"将成为分享影视拍摄资源的宝贵资料，为国内外的影视同行提供各地、各区域的影视基地信息和当地政府提供的拍摄扶持政策。在中国影视基地联盟框架下，这份指南将更好地为行业资源整合以及优化影视基地的资源配置做出贡献。

影视基地旅游在中国影视基地联盟的平台上将为影视产业链制作端及衍生端的体系化延伸及全产业链构建提供有意义的市场化尝试。①

---

① 《中国影视基地发展进入2.0时代，向世界呈现中国景致》，http：//baijiahao. baidu. com/s? id = 1647983443125333683&wfr = spider&for = pc，2019年10月21日。

三 现存问题及未来趋势

影视基地旅游在如火如荼发展的同时，也暴露出一系列亟待在未来发展中解决的问题。首先，影视基地在建设初期缺少规划，造成了资源浪费，景观同质化现象较为普遍。在行业热钱涌入时期，确有不少因盲目跟风而仓促打造的影视基地或影视小镇项目，但因缺少前期的缜密规划而导致后期未达到吸引游客的目的且无法增强游客黏性。再加上缺乏文化沉淀、盲目跟风，导致有些影视基地和影视小镇的同质化现象普遍，旅游项目没有特色，且无法满足游客的心理期待。又因影视基地或影视小镇的前期投入过多，后期无法收回成本，造成了较明显的资源浪费。

其次，影视基地周边配套设施不健全。尽管我国影视基地数量很多，但形成产业规模的屈指可数。这就造成很多规模较小且交通不便利的影视基地连满足剧组拍摄的日常需求都成问题，很多剧组不得不选择当天往返影视基地与休息地，这不仅耗时耗力，且浪费资金。

最后，我国影视基地的管理目前还未形成合力，行业治理和市场规范仍然比较粗放，主要原因是其所有权复杂、职能化多元，导致主管部门有时存在叠加或职责不明确的问题。此外，影视与旅游的双重属性，如何在具体工作中达到管理系统的统一有效，仍需探索，尤其是如何在影视基地旅游管理领域中健全法规体系、明确管理边界、有效治理行业乱象等，都亟待探索。

综合以上存在的问题，展望未来影视基地旅游需要从以下三方面构建发展趋势。

（一）影视及旅游发展相辅相成，促进多产业联动，凸显影视基地的文旅职能

2019年，我国经济已实现由主要依靠投资出口拉动转向依靠消费、投资、出口协同拉动；由主要依靠第二产业带动转向依靠三大产业共同带动的增长方式。在推动经济动能转化方面，旅游业已全面融入全球产业结构、生

产方式和消费模式之中，拉动效应明显，不仅带动航空、餐饮、酒店各行业蓬勃发展，更对制造业形成驱动力。在促进消费投资升级方面，中国电影产业的优势不可小觑。中国电影市场在过去10年蓬勃发展，电影屏幕总数超越北美，稳居世界第一位，票房收入居世界第二位。电影产业不仅肩负着传播民族文化、弘扬民族自信、促进多国文化交流的使命，在互联网产业融合背景下，融资渠道的丰富与观众市场的丰沛也促进了中国电影票房市场的逐年增长。然而，中国电影产业过度依赖票房增长，产业后期衍生动力不足，良好的资源优势并未被充分开发利用。

因此，在电影产业亟须延长产业链、促进其长尾甚至厚尾效应发挥、旅游业面临产业升级挑战之时，影视旅游不仅为突破影视产业和旅游产业各自的发展瓶颈，实现二者相辅相成、互利共赢的发展模式产生积极而深远的影响，也为推动中国文旅产业发展创造了机遇。

（二）构建信息分享平台，梳理中国影视基地旅游地图，健全服务

"中国电影拍摄指南"是一个积极信号，说明中国影视基地的未来发展将以更加开放的心态成就行业的资源共享，也说明未来影视基地的区域政策会更加明晰，为影视行业及旅游行业的无缝合作再添助力。未来，能为行业提供政策信息，并为当地影视基地提供服务合作的机构将是发展刚需。这将有益于架设多方合作的桥梁，健全市场资源的优化配置，为相关行业从业者提供有效服务。

（三）关注影视旅游研究，推动"双基因"联动效益

正如比顿、雷杰德斯和康奈尔所强调的，电影旅游是一个跨越多学科的研究领域，涉及心理学、媒体和观众研究、文化研究、文化地理学、文化遗产、市场营销和环境研究等内容。[①] 近年来，学界和业界在影视旅游研究上

---

① Beeton, S. （2010）. The Advance of Film Tourism. *Tourism and Hospitality Planning & Development*, 7（1），1–6. Reijnders, S. （2011）. *Places of the Imagination：Media, Tourism, Culture.* Farnham：Ashgate ublishing. Connell, J. （2012）. Film Tourism：Evolution, Progress and Prospects. *Tourism Management*, 33（5），1007–1029.

投入的时间与精力使人们对这一现象有了更好的理解。然而，根据金尚均和斯泰恩·雷杰德斯的总结，尽管学界对影视旅游这一话题的关注有了可喜的增长，但对这一领域的认识仍存在一些关键性的空白。①

第一，影视旅游与传播内容的维度关系并未被充分讨论。例如，为什么有一些电影和电视剧会导致旅游的猛增，而另一些却不会？第二，影视旅游作为政府的文化战略、政策同产业的关系以及政府对产业的影响并未被充分讨论，而且很少有研究关注电影旅游政策对媒体经济、创意产业以及涉及社区的影响。第三，现有的影视旅游的学术知识仍然高度碎片化，主要集中在目的地营销和管理的角度，往往导致研究结果不够宏观，不能提供对影视旅游产业的全面解读。第四，对游客研究的重要性未被重视。由于影视旅游的参与是以观众的体验（观看电影、参观旅游）为中心，个性化的影视旅游体验需要社会心理学的介入，以便更深入地解释影视和旅游之间的联系。然而，这一研究领域的理论还没有达到预期的程度。② 第五，对亚洲影视旅游的关注非常缺乏，绝大多数的研究目前都只关注西方国家的例子，如英国、爱尔兰、澳大利亚和美国。这导致研究的单一性，不能包含多元文化发展下的影视旅游趋势。随着亚洲国家的崛起，亚洲作为影视旅游的潜力股，应该被更加重视。这就要求对影视旅游的关注，必须考虑不同文化背景下可能存在的共性和差异。

① Kim, S., Reijnders, S. (2018). Film Tourism in Asia: Evolution, Transformation, and Trajectory. Springer Publishing.

② Connell, J. (2012). Film Tourism: Evolution, Progress and Prospects. *Tourism Management*, 33 (5), 1007–1029.

B.6
2019年研学旅行发展报告

吴飞　司若*

摘　要： 研学旅行产业融合了旅行和教育的元素，对于推广素质教育和促进旅游业发展具有重要意义，其发展受到国家重视。2019年，国内研学旅行产业稳步发展，产业的规范性进一步提高，部分企业经营状况良好，产业仍有较大发展空间。本报告梳理了研学旅行产业的政策保障，结合企业的经营情况对产业发展进行分析，并展望研学旅行产业的未来发展。研学旅行产业的健康发展需要政府、企业、学校和家庭的共同支持。

关键词： 旅游业　研学旅行　素质教育

一　研学旅行的政策保障

关于"研学旅行"的定义，时任教育部基础教育一司司长王定华于2014年4月19日在第十二届全国基础教育学习论坛上发表的题为"我国基础教育新形势与蒲公英行动计划"的主题演讲中指出，"研学旅行"是指"研究性学习和旅行体验相结合，学生集体参加的有组织、有计划、有目的

---

* 吴飞，清华大学新闻与传播学院博士研究生，主要研究方向为影视传媒、文化产业；司若，清华大学新闻与传播学院影视传播研究中心研究员，博士生导师，主要研究方向为影视传媒、文化旅游等。

的校外参观体验实践活动"。"研学要以年级为单位,以班为单位进行集体活动,同学们在老师或者辅导员的带领下,确定主题,以课程为目标,以动手做、做中学的形式,共同体验,分组活动,相互研讨,书写研学日志,形成研学总结报告。"原国家旅游局于2016年12月19日发布的《研学旅行服务规范》则将"研学旅行"定义为"以中小学生为主体对象,以集体旅行生活为载体,以提升学生素质为教学目的,依托旅游吸引物等社会资源,进行体验式教育和研究性学习的一种教育旅游活动"。

近年来,国家出台了一系列政策措施和规范以促进研学旅行产业的发展。2013年2月,国务院办公厅颁布《国民旅游休闲纲要(2013～2020年)》提出,要"逐步推行中小学生研学旅行"。2014年,《国务院关于促进旅游业改革发展的若干意见》明确指出,要"将研学旅行、夏令营、冬令营等作为青少年爱国主义和革命传统教育、国情教育的重要载体,纳入中小学生日常德育、美育、体育教育范畴",要"建立小学阶段以乡土乡情研学为主、初中阶段以县情市情研学为主、高中阶段以省情国情研学为主的研学旅行体系",而在产业方面,该意见提出,要"支持各地依托自然和文化遗产资源、大型公共设施、知名院校、工矿企业、科研机构,建设一批研学旅行基地,逐步完善接待体系,对研学旅行给予价格优惠"。2014年7月由教育部制定发布的《中小学学生赴境外研学旅行活动指南(试行)》对中小学学生寒暑假期赴境外研学旅行团体的教学内容、时空跨度和安全责任机制等做出规定。2015年,《国务院办公厅关于进一步促进旅游投资和消费的若干意见》中提出要"支持研学旅行发展"。2016年,教育部等11部门印发了《关于推进中小学生研学旅行的意见》,文件指出,研学旅行的发展要坚持教育性、实践性、安全性和公益性原则,并提出了包括"纳入中小学教育教学计划、加强研学旅行基地建设、规范研学旅行组织管理、健全经费筹措机制和建立安全责任体系"等主要任务。同年,国家旅游局发布了《研学旅行服务规范》,对服务提供方、人员配置、研学旅行产品、服务项目以及安全管理等几大类内容进行了详细规定。2017年,教育部出台的《中小学德育工作指南》要求"将研学旅行纳入学校教育教学计划,安排适合学生年龄特征的研学旅行，规范研学旅行组织管理"。在此基础上，教育部遴选了全国中小学生研学实践教育基地与营地，为培养中小学生理想信念、爱国情怀，增长知识见识、提高综合素质创造了有利条件。国家旅游局和中国旅行社协会出台了研学旅行产业的相关标准，以促进研学旅行产业的标准化发展。

学术界也为研学旅行行业的规范化做出了贡献。2019年，北京师范大学与中国教育发展战略学会联合颁布了《研学导师能力评价》《研学旅行课程开发与实施规范》《研学旅行基地建设与服务规范》，进一步推动了研学旅行产业的规范化和标准化。

二 研学旅游的产业发展

（一）产业发展基础

目前，参与研学旅行的群体以中小学生为主。根据国家统计局2020年2月28日发布的《中华人民共和国2019年国民经济和社会发展统计公报》显示，2019年，全国普通高中在校生为2414.3万人，初中在校生为4827.1万人，普通小学在校生为10561.2万人（见图1）。近年来，中小学在校生规模有一定的上升趋势，研学旅游产业的发展有较好的参与基础。

旅游市场依然保持着增长势头。2019年，全年国内游客人数和出境人数均保持了增长的势头，其中国内游客60.1亿人次，比2018年增长8.4%；国内居民出境16921万人次，增长4.5%（见图2、图3）。

随着经济的发展，人民生活水平不断提高，在教育、文化和娱乐方面的消费越来越多，为研学旅行产业的发展提供了经济基础。2019年，中国居民家庭教育、文化与娱乐消费支出为2513元，占总消费支出的11.7%（见图4）。

根据国家旅游局发布的《研学旅行服务规范》，研学旅行的产品主要分为知识科普型、自然观赏型、体验考察型、励志拓展型和文化康乐型（见表1）。

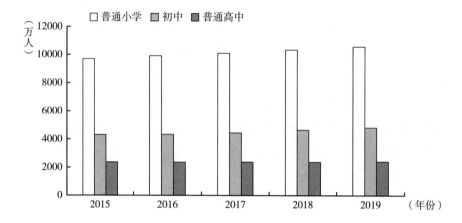

图1 2015～2019年全国中小学在校人数

资料来源：国家统计局。

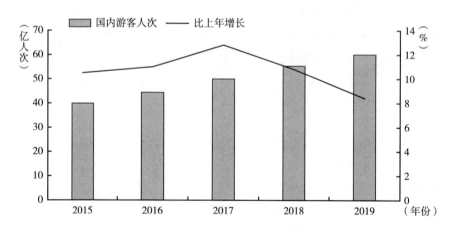

图2 2015～2019年国内游客人次及其同比增幅

资料来源：国家统计局。

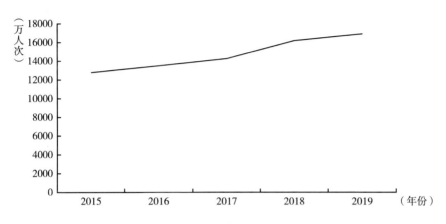

图3 国内居民出境人数

资料来源：国家统计局。

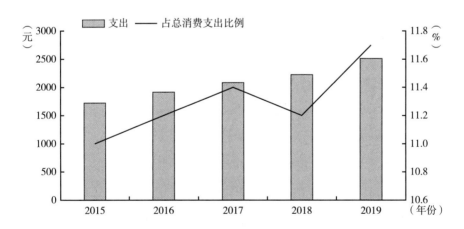

图4 2015～2019年中国居民家庭教育、文化与娱乐消费情况

资料来源：国家统计局。

表1　研学旅行产品分类

种类	涵盖范围
知识科普型	主要包括各种类型的博物馆、科技馆、主题展览、动物园、植物园、历史文化遗产、工业项目、科研场所等资源
自然观赏型	主要包括山川、江、湖、海、草原、沙漠等资源
体验考察型	主要包括农庄、实践基地、夏令营营地或团队拓展基地等资源
励志拓展型	主要包括红色教育基地、大学校园、国防教育基地、军营等资源
文化康乐型	主要包括各类主题公园、演艺影视城等资源

经过一段时间的发展，研学旅行主要包括国内研学和海外游学两大类市场。

国内研学主要面向中小学生，以自然探索、人文体验等为主题，目的地以国内旅游目的地、高等院校等为主，帮助未成年人了解自然和社会，增长见识。国内研学产品时长多为1周，也有一些时间较短的产品。

海外游学除了中小学生之外，大学生也是重要的参与群体。海外游学主要以海外名校和旅游目的地为主，帮助参与者了解海外风土人情，为其未来的留学生涯做好准备。海外游学产品时长多为1～2周。

参与研学旅行的中小学生主要来自北京、上海等国内一线大城市。根据携程亲子游学平台2018年12月20日发布的《2019寒假游学冬令营报告》数据显示，游学十大出发地分别为上海、北京、深圳、广州、杭州、成都、武汉、重庆、西安和南京。

根据新东方和上海艾瑞咨询研究院发布的《2019泛游学与营地教育白皮书》数据显示，2018年中国泛游学与营地教育用户约为3121万人次，其中参加国内研学和营地教育活动约有3016万人次，国际游学的参加人次约为105万。

根据上海艾瑞咨询研究院的调研，海外游学产品价格多在2万～5万元，国内研学产品价格多在6000元以下。艾瑞咨询估计，随着用户规模的扩大，泛游学与营地教育市场规模将会以20%以上的增长率逐年攀升。

（二）代表性企业及其发展

研学旅行既有教育的属性，也有旅游的属性。经过发展，研学旅行的商业模式已经基本成型。目前，国内从事研学旅行的企业众多，主要可以分为旅游公司、专业游学机构或平台、留学中介和培训机构等。根据上海艾瑞咨询研究院的调研，当前参与到研学旅行市场的企业有数千家，其中多数是营收规模在千万级以下的中小机构。

1. 专业游学机构或平台

专业游学机构或平台专注研学旅行这一细分市场，对行业有较深入的了解和认知，其产品专业化程序度高，资源较为集中。

此类有代表性的企业有麦淘亲子和奥德曼。麦淘亲子（上海麦亲信息科技有限公司）是一家以亲子场馆、亲子酒店、户外活动等项目为主营业务的儿童场景教育平台。"麦淘亲子"以"自营 + 平台"的模式打造产品，主要涵盖麦淘实验室（自然科学方向）、麦学游（国外游学方向）和麦童军（野外生存方向）；其供应商提供的产品有 8 个品类，包括亲子场馆、亲子酒店、亲子旅游、冬夏令营、户外活动、儿童剧和手工等。根据企业介绍，在经营方式上，麦淘亲子"用低价格、高频率的亲子活动获取大量精准用户，以高品质自营产品打造自有 IP，以高价低频的夏令营和游学产品推高销售额和利润"。同时麦淘亲子还积极与多家亲子酒店展开了"旅游 + 教育"的合作，并将进一步完善亲子产业的生态布局。

奥德曼（深圳市奥德曼教育科技股份有限公司）成立于 2007 年，是一家专注服务于 6~18 岁青少年冬/夏令营、研学旅行、周末活动的连锁教育公司，拥有国内专业的青少年户外活动师资团队及多年户外活动实践经验和产品研发经验。奥德曼是行业内首家拥有注册商标及自主专业知识产权的企业，拥有丰富的研学旅行产品。

2. 培训机构

以新东方、英孚、环球教育等为代表的语言培训机构近年来基于其产业，投身研学旅行行业，在海外研学旅行方面有一定的经营。

新东方是国内知名的综合性教育集团。2012年，新东方开始海外研学旅行业务，组织中小学生前往海外参加短期课程和各种教学活动。目前，新东方的研学旅行产品涵盖了国际和国内两个方面。

除了语言培训机构之外，还有一些培训机构也进入研学旅行领域，其中有代表性的企业有世纪明德、行动者等。

总体而言，这些培训机构较了解研学旅行消费群体的需求，但其经营内容多元，研学旅行只是其业务的一部分。

3. 旅游公司

参与研学旅行产业的旅游公司，既有以携程、去哪儿等为代表的在线旅游服务企业，也有以乐旅股份和中凯国际为代表的传统旅行社。

携程提供的研学旅行产品涵盖了出境游学、亲子游、夏令营、自然博物、公益志愿、户外挑战、历史人文、科学探索、艺术修养、军旅体验、名校励志等诸多领域，在目的地方面涵盖了国内外诸多地区。

乐旅股份（上海乐骋国际旅行社股份有限公司）的业务主要由两厘米游学、名宿—主题文化酒店研学基地和高端定制文化旅游服务、传统旅游批发等构成。其中，两厘米游学板块是上海乐骋国际旅行社股份有限公司的重点项目，定位在研学旅行，与多所知名中小学、研究机构、博物馆等开展合作，面向中小学生和大学生群体推出课余游学活动、寒暑期夏令营、国内及国际游学等素质教育产品。2015年7月31日，乐旅股份成为全国第一家成功挂牌新三板主营游学业务的旅行社。2019年，乐旅股份的企业营业收入相比2018年有所增长。乐旅股份继续加大在游学研学课程的研发、品牌宣传和安全管理方面的投入力度，并成功举办长三角研学旅行高峰论坛——长三角研学旅行联盟成立大会，成为会长单位。

中凯国际（北京中凯国际旅游股份有限公司）是国内领先的研学旅行和定制游学专业教育机构。通过长期经营，开创了一套完备的研学课程体系，满足从幼儿园到高中阶段的全学龄素质教育需求。2016年12月30日，中凯国际作为研学旅行第一股成功登陆新三板。

总体而言，这些企业深耕于传统的旅游服务业，其研学旅行业务也并非主业，而是丰富其产品链条的一部分。

三　研学旅行存在的问题和未来展望

国内研学旅行产业在快速发展的同时也面临诸多问题。马勇、徐圣认为，当前研学旅行产业存在市场缺乏规范、产品缺乏影响力、产品缺乏专业性等问题。

总体而言，研学旅行产业尚未形成高度集中的局面，考虑到我国仍有为数众多的中小学生作为参与研学旅行的目标人群，研学旅行产业仍然有较大的发展空间。曾博伟指出，研学旅行的产业转型要从"目光向外"转到"目光向内"、要从"粗放发展"转到"精耕细作"、要从"单打独斗"转到"携手并进"。在未来，研学旅行产业需要进一步加大政策扶持力度，完善市场规范，打造精品研学旅行品牌和产品，培养出一批高素质、高专业性的研学旅行企业和从业者。未来的研学旅行应当形成政府统筹、企业服务、学校组织、学生参与的局面，真正为青少年的全面发展做出贡献。

B.7
2019年红色旅游发展报告

万三敏　王远[*]

摘　要： 中国红色旅游产业在2019年呈现快速发展态势，文旅深度融合，游客体验不断提高，游客呈年轻化态势，农村红色旅游游客的比例增加，与此同时，针对红色旅游发展存在的诸多问题，如部分红色旅游景区缺乏特色、开发较为简单、缺乏服务规范、红色旅游景点规模小、投资主体单一等问题，本报告提出了开发"红色＋"旅游衍生产品、增强红色旅游的参与体验性、整合发展、规范红色旅游全程服务、规范经营行为、深挖国内市场潜力、大力拓展国外市场等建议，为红色旅游景区及各地区红色旅游产业的发展提供借鉴。

关键词： 红色旅游　红色旅游景点　红色＋

红色旅游是一种特殊的旅游活动，是在旅游活动中融入我国特有的红色文化，是文旅产业的重要组成部分。2019年我国红色旅游呈现出蓬勃发展的态势。

一　2019年红色旅游发展的有利环境

（一）红色旅游是文旅活动的重要方式

2018年文化和旅游部挂牌成立以来，旅游和文化的联系就愈发紧

---
* 万三敏，河南财政金融学院旅游管理学院副教授，硕士，研究方向为旅游经济、城市发展；王远，河南财政金融学院旅游管理学院讲师，博士，研究方向为旅游管理、酒店管理。

密，旅游活动中的文化内核显得更加重要。文化旅游和观光旅游是旅游活动的两大主题，随着社会的进步，文化旅游对旅游者的吸引力越来越大，在旅游活动中所占的比重越来越高。红色旅游资源是一种人文旅游资源，往往是为了纪念某个革命历史人物或事件，在旅游者心目中有着特殊的地位，有独特的红色文化内涵和魅力，在旅游市场中具有独特的竞争力。

（二）2019年是个特殊年份

2019年是新中国成立70周年，我国诸多的红色旅游景点格外受到旅游者的关注，尤其是国庆阅兵后，国人的爱国情怀、民族自豪感被激发出来，红色旅游更加火爆。

（三）党的主题教育活动

2019年6月开始的"不忘初心，牢记使命"主题教育活动，带动了大批党员、群众来到红色旅游景点参观学习，他们通过缅怀革命先烈的丰功伟绩，接受红色精神洗礼，对共产党员的初心有了更加清晰的认识，激发了他们为实现伟大中国梦的奋斗动力，从而坚定自身党性、继承红色基因，使得主题教育活动更加生动、具体，也有了更大的成效。在主题教育活动中，红色旅游景点发挥着不可替代的作用，寓教于游的功能非常显著。

（四）国家相关部委的大力支持

为了进一步促进红色旅游的持续快速发展，国家相关部委在2019年做了诸多有力的引导工作。

2019年7月，文化和旅游部发布首批试点单位红色旅游五好讲解员，来自江西、湖南、上海等地的75名讲解员被确定为确定了"五好讲解员"，这项活动对提高红色旅游景区讲解员的讲解能力、政治素养有非常大的帮助，可以更生动地介绍红色旅游景区，更好地帮助游客认识、理解红色旅游

资源的内涵，从而提高游客对红色旅游景点的满意程度，促进红色旅游景区的发展。

2019年9月，中宣部新公布了39个全国爱国主义教育示范基地，并提出进一步发挥这些示范基地的教育功能的相关举措。我国红色旅游资源的数量和质量得到了进一步提高，有利于发挥整体教育功能，促进红色旅游产业的发展。

2019年11月，中共中央、国务院印发《新时代爱国主义教育实施纲要》，提出要"寓爱国主义教育于游览观光之中"，为新时代红色旅游景点的发展指明了方向，同时为非红色旅游景点发展红色旅游提出了指导意见。

2019年12月，中宣部、文化和旅游部组织举办了第二届全国红色故事讲解员大赛，进一步提高了红色旅游景区讲解员的业务水平。

（五）各地对发展红色旅游的大力推动

为了大力发展本地区的红色旅游，各地区纷纷出台一些有利政策。例如，2019年3月，四川省提出了当年发展红色旅游的"九大行动"计划。2019年6月底，浙江省启动了2019年红色旅游季暨万人初心之旅活动，并陆续开展了一系列促进红色旅游产业发展的宣传推广活动。2019年10月，江西省政府与湖南省政府联合举办了2019年中国红色旅游博览会，这是首次由两个省联合举办红色旅游博览会，对于促进更多红色旅游区域性合作有重要意义。2019年12月，河南省出台《河南省旅游条例》，规定红色旅游景区将免费向公众开放，这一举措将提升红色旅游景点吸引力与市场需求，也将形成红色旅游发展的新模式。

多个省区市还在2019年推出省域红色旅游线路，方便游客选择最适合自己的红色之旅。例如，河南省于2019年7月发布了4条红色游线路，四川省于2019年8月推出8条红色旅游精品线路，安徽省在2019年12月推出了7条红色旅游线路。这些地区性的红色旅游线路的推出，将进一步促进当地红色旅游的快速发展。

二 2019年全国红色旅游产业发展的特点

（一）保持快速发展态势

2019年，在全行业的努力下，全国红色旅游不断发展。2019年上半年，全国红色旅游人次比2018年同期增长4.31%，达2.68亿人次；红色旅游收入比2018年同期增长9.57%，达1643.63亿元。[①]根据银联商务2019年数据显示，国内重点监测的红色旅游景区的游客消费金额比2018年增长25.6%，旅游人次比2018年增长31.1%。[②]

我们以延安市和韶山市这两个典型的红色旅游城市为例（见表1）。这两个城市的红色旅游资源较为丰富，知名度较高，通过分析近些年其红色旅游的发展状况，基本上可以反映出我国红色旅游整体发展状况。

从表1可以看出，2019年经典红色旅游城市的旅游人次及旅游收入均比2018年有较大幅度增长，说明我国红色旅游发展迅猛。但是比较历年增长率，两个城市2019年的增长率均比2018年有所放缓，说明2019年我国红色旅游快速发展的势头有所放缓，但是仍然保持较高的发展速度。

表1 典型红色旅游城市旅游发展状况

年份	延安市				韶山市			
	旅游人次（万人次）	增长率（%）	旅游收入（亿元）	增长率（%）	旅游人次（万人次）	增长率（%）	旅游收入（亿元）	增长率（%）
2014	3145.5	10.5	171.7	13.0	1314	25.1	35.0	30.0
2015	3500.8	11.3	192.6	12.2	1682	28.0	46.95	34.0

[①] 数据引自中国旅游研究院（文化和旅游部数据中心）发布的《2019年上半年全国旅游经济运行情况》。

[②] 数据引自中国旅游研究院线上发布的《中国旅游消费大数据报告2019》。

续表

年份	延安市				韶山市			
	旅游人次（万人次）	增长率（%）	旅游收入（亿元）	增长率（%）	旅游人次（万人次）	增长率（%）	旅游收入（亿元）	增长率（%）
2016	4025.2	15.0	228.0	18.4	1879	11.7	52.8	12.5
2017	5059.0	25.7	298.7	31.0	2052	9.2	60.3	14.1
2018	6343.98	25.4	410.7	37.5	2382	16.1	70.5	17.0
2019	7308.26	15.2	495.3	20.6	2563	7.6	76.1	7.9

资料来源：延安市、韶山市的各年度统计公报。

从各方统计数据来看，2019 年全国红色旅游获得了较大的发展，说明红色旅游这种旅游方式对游客有着较大的吸引力。《我和我的祖国》等电影的热映说明我国民众的爱国主义观念越来越浓厚，可以预见，红色旅游的吸引力还将不断攀升。

（二）文旅进一步深度融合

2019 年，多家红色旅游景点把红色资源与其他旅游资源进行了深度融合，使红色旅游景点的旅游活动内容更加丰富，增强了吸引力与竞争力。

例如，林州市将其旅游资源进行组合，向外推出"红＋绿＋蓝"综合旅游产品，信阳、黄冈等地推出"红＋绿"旅游产品，山西吕梁打造"红＋黄＋绿＋古"四色旅游产业发展道路，江西吉安以井冈山景区为核心打造出特有的"红＋绿＋古"旅游融合发展道路。

（三）不断提高游客的红色旅游体验

体验是游客对景区进行评价的重要依据，虽然众多红色旅游景区的经费比较紧张，但仍然不断努力改进景区的游览方式与活动内容，以此提高游客体验。

例如，湖南韶山景区运用高科技打造了虚拟互动情景剧《梦回韶山》，使游客获得了全新的、身临其境的旅游体验。八一起义纪念馆运用虚拟现实技术，使游客获得了参与式体验。

（四）红色旅游游客呈年轻化态势

青少年群体由于阅历不足，知识储备较少，更应该接受红色教育。对红色旅游产品的深入理解需要丰富的革命历史知识，中老年人有着更大的优势，因此红色旅游景点的游客往往以中老年人居多。但是，从2019年的游客年龄统计数据来看，红色旅游游客群体呈现年轻化趋势，这是一个好的发展趋势，说明红色旅游的吸引力正在不断增强，不断发挥其教育作用。

根据同程艺龙与同程旅游联合发布的《2019红色旅游趋势报告》中的红色旅游景点游客年龄分布（见图1），"80后"（即年龄39岁及以下）的游客占游客总量的比例达65.9%，"90后"（即年龄29岁及以下）的游客总占比高达27.3%。同时，20~49岁的中青年游客总占比高达80.7%。这些数据表明，中青年游客群体是红色旅游的主要来源，这主要得益于他们的旅游需求比老年人、未成年人要高一些，说明中青年游客参与红色旅游的意愿较为强烈。

（五）农村游客的比例增加

2019年上半年，农村居民参与红色旅游人次和消费占全国的比重分别达33.2%和31.6%，比2018年全年占比分别提升了2.6个和4.5个百分点①，参与红色旅游的农村游客比例高于参与国内旅游的农村游客比例。由此可见，在选择旅游景点时，农村居民对红色旅游有着更高的热情，这与党不断推出各项惠农政策，使农村居民的收入水平快速提高有密切联系。

---

① 数据引自中国旅游研究院线上发布的《中国旅游消费大数据报告2019》。

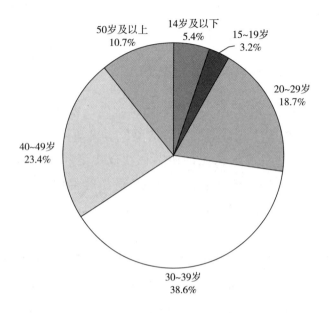

图 1　2019 年红色旅游景点游客年龄分布

资料来源：同程艺龙、同程旅游：《2019 红色旅游趋势报告》。

三　2019年全国红色旅游资源发展状况

目前全国红色旅游发展已形成 12 个"重点红色旅游景区"、30 条"红色旅游精品线路"、300 个"红色旅游经典景区"，以及 473 个重点爱国主义教育示范基地的格局。

2019 年全国红色旅游资源主要发生了以下变化。

（一）爱国主义教育示范基地

爱国主义教育示范基地是一种重要的红色旅游资源，是激发人们爱国热情的重要场所。2019 年 9 月，中宣部新确定了 39 个国家级爱国主义教育示范基地，使国家级爱国主义教育示范基地数量达到了 473 个。此外，各地区各部门还建设各级各类爱国主义教育示范基地 1.2 万余个，共有讲解员 6.6 万人，年接待观众超过 23 亿人次。[①]

（二）多个红色旅游景区晋升为5A级景区

2019 年 12 月底，文化和旅游部公示确定 22 个 5A 级旅游景区，其中有延安革命纪念地等 4 个红色旅游景区（包含红色旅游经典景区、爱国主义教育示范基地）晋升为 5A 级。区域内 5A 级旅游景区越多，越能够对游客产生较大的综合吸引力，因此，对区域内 5A 级红色旅游景区进行梳理，有助于分析各区域红色旅游资源竞争力的高低。

截至 2019 年底，全国共有 5A 级旅游景区 280 个，其中红色旅游景区有 40 个。从数量上来看，5A 级红色旅游景区数量从 2007 年的 14 家增长到 2019 年的 40 家，增长了 186%，增长速度比较迅猛。非红色旅游 5A 级旅游景区的数量从 2007 年的 52 家增长到 2019 年的 240 家，增长幅度为 362%。

从历年 5A 级红色旅游景区占全部 5A 级旅游景区的比例来看（见图 2），有逐渐下降的趋势，但是 2019 年又出现了回升。可见，红色旅游景区需要加强资源建设，增强自身吸引力，才能不断促进红色旅游产业的发展。

再分析 5A 级红色旅游资源在全国各省级地区的空间分布，5A 级红色景点主要分布于湖南、四川等 17 个省区市，而其他省区市区域则没有一家 5A 级红色旅游景区，说明需要进一步加强开发 5A 级红色旅游资源，例如遵义、上海、沈阳等地知名红色旅游景点，需要积极准备各项条件，尽快成为 5A 级旅游景区，使区域内红色旅游产业得到更好的发展。湖南、四川等地红色旅游景区分布较为密集，应该充分利用这种优势，将省域内的高级别红色旅游景区与其他旅游景区共同进行宣传，可以进一步延伸产业链，提升在产业发展中的地位。

[①] 数据来自《南京日报》2019 年 9 月 17 日。

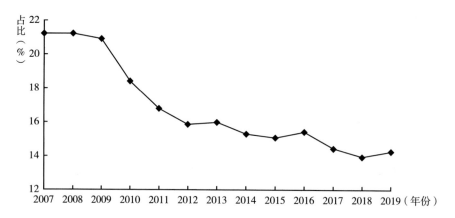

图2　2007～2019年各年份全国5A级红色旅游景点占全国5A级旅游景点比例

（三）红色旅游城市及景区的受欢迎程度在不断变化

根据马蜂窝网络平台发布的数据显示，2018年和2019年的红色旅游目的地及红色旅游景区的受欢迎程度有变动（见表2）。

表2　2018年和2019年最受游客欢迎的红色旅游目的地和景区

排名	旅游目的地		红色旅游经典景区	
	2018年	2019年	2018年	2019年
1	嘉兴	嘉兴	侵华日军南京大屠杀遇难同胞纪念馆	侵华日军南京大屠杀遇难同胞纪念馆
2	徐州	徐州	黄埔军校旧址	天安门广场
3	延安	延安	陆军讲武堂旧址	黄埔军校旧址
4	遵义	安顺	毛泽东故居	渣滓洞监狱旧址
5	安顺	遵义	"九一八"历史博物馆	毛主席纪念堂
6	抚顺	锦州	卢沟桥	中山纪念堂
7	吉安	赣州	鲁迅故居及纪念馆	中国人民革命军事博物馆
8	信阳	枣庄	遵义会议纪念馆	毛泽东故居
9	枣庄	信阳	刘公岛甲午海战纪念地	嘉兴南湖
10	湘潭	抚顺	孙中山故居和纪念地	二七纪念塔

资料来源：马蜂窝网络平台。

最受游客欢迎的红色旅游城市的前5名保持不变，说明这几个红色旅游城市保持了较高的吸引力，吉安、湘潭退出了前10名，而锦州、赣州则进入前10名。最受游客欢迎的红色旅游经典景区变化较大，只有毛泽东故居等3家景区仍位居排行榜前10名，7家红色旅游经典景区掉出了排行榜前10名，天安门广场、二七纪念塔等7家红色旅游经典景区则荣登榜上。

红色旅游城市与景区需要不断努力，做好自身的旅游服务工作，要不断进行市场推广活动，提高或保持自己的市场地位。

四 2019年红色旅游发展存在的问题

（一）部分红色旅游景区缺乏特色

对于红色旅游景区来说，特色鲜明是其吸引游客的重要因素，如果红色文化内容雷同或相似，游客容易审美疲劳。发展红色旅游产业、为游客打造完整的爱国主义教育基地，绝不是单独几家红色旅游景区就能够完成的，需要所有的红色旅游景区共同努力。因此，对于大多数知名度不高的红色旅游景区来说，如何挖掘红色旅游景区的特色，使参观过其他红色旅游景区的游客能兴致盎然地参观本景区，是所有红色旅游景区都需要思考的问题。

（二）部分红色旅游景区开发较为粗浅

少数红色旅游景区采用实景演出、歌舞剧、VR、全息投影等方式，更生动地展示本景区的红色文化内涵，大多数规模较小、实力较弱的红色旅游景点仍然以文字、图片、实物等进行展示，形式单调，互动性较差，教育效果有限。

（三）缺乏对红色旅游全程服务进行规范

虽然原国家旅游局于2017年出台了《红色旅游经典景区服务规范》，

湖南省、上海市等也出台了地方性的红色旅游服务、讲解服务规范,这些服务规范对红色旅游景区内部的游览、讲解、购物等服务可以起到规范作用,但是难以约束旅途中的旅游服务,某些导游在旅途讲解过程中出现"三俗"现象,影响了革命伟人、英雄烈士的光辉形象。

(四)红色旅游景区规模小

大多数红色旅游景区规模较小,几间房屋、几百平方米的面积,可供游览的内容较少,容易使游客产生不值一游的感觉。而且这些红色旅游景区分布往往比较分散,对游客的吸引力较小。

(五)投资主体单一

目前我国大多数红色旅游景区发展所需的各项投资来源于政府拨款,在景区规划、开发、宣传、活动设计等方面资金投入有限,在提高游客体验方面缺乏紧迫感。

五 2019年红色旅游发展建议

(一)开发"红色 +"旅游衍生产品

单一的红色旅游资源吸引力有限,受众面过于狭窄,竞争力不强,红色旅游景区可以走融合发展的道路,例如,发展"红色 + 观光""红色 + 民俗""红色 + 美食""红色 + 农业""红色 + 工业""红色 + 度假""红色 + 疗养""红色 + 古建筑""红色 + 运动"……甚至可以"红色 + N",形成以红色旅游景区为主导的多样化旅游产品,以此增强吸引力。

在开发"红色 +"综合产品的过程中,不同的红色旅游景区采用不同的开发模式。对于"红色"特征非常鲜明、具有全国性知名度的景区,可以"红色"为核心竞争力,以"绿色""疗养""美食""运动"等其他衍生产品为留住游客、争取回头客的重要方式。对于知名度不高、特色不鲜明的红色旅游景区，则可以用"绿色"等其他衍生产品作为吸引游客的核心要素，而将"红色"作为其文化内核，使其成为游客游览过程中最难以忘记的感动要素。

（二）增强红色旅游的参与体验性

红色旅游景区可以采用更活泼的表现形式来寓教于游，尽量减少冷冰冰的文字、图片、展物的观赏方式，增强参与性、体验性，使游客在富有乐趣的参与活动中真正理解红色文化的真谛，得到更大的收获。

（三）小规模红色旅游景区整合为旅游景区

改变红色旅游景区各自为战的状态，打破它们之间的行政壁垒，将空间距离、红色主题较近的多个红色旅游景区进行整合，实现"1+1>2"的效果。要改变僵化的地域思想，可以学习各省区市博物馆将各县市的文物集中起来进行展示的模式，红色旅游景区同样可以将本地区的红色旅游资源整合起来，甚至可以采用易地搬迁的方式，将多个规模较小的红色旅游景区整合到一起，形成规模较大的红色旅游景区，从而增加旅游活动的内容，增强自身的吸引力。

（四）出台红色旅游全程服务规范

可以由国家统一出台红色旅游的全程服务规范，对红色旅游的线路设计、旅游合同、领队服务规范、全陪服务规范、景点讲解服务规范等进行统一规定，从而避免全陪、地陪、景区陪同等不同导游的重复讲解、讲解不一致等问题，可以避免导游的政治素养不够而出现的政治错误，增强红色旅游的教育效果。

（五）规范经营行为

随着红色旅游产业的蓬勃发展，有些红色旅游景区出现了过度商业化的状况，如纪念品商店售卖与红色文化不相符的商品，过多的餐饮、娱乐、购

物等设施嘈杂不堪，极度影响红色旅游景区的游览体验，因此，需要对红色旅游景区的经营行为进行规范，对景区内住宿、餐饮、购物等要进行质量、价格上的严格管理，对纪念品商店的商品类别要进行严格甄选，使红色旅游景区不受商业污染。

（六）深挖国内市场潜力

我国目前参加红色旅游的游客还不算太多，没有达到发展的顶峰，还有非常大的潜力可以挖掘。例如红色研学旅行目前还没有在大、中、小学全面展开，只有少数家长主动带领孩子参加假期红色研学旅行，因此，在鼓励、宣传红色研学旅行方面还大有可为之处，可以鼓励更多的旅行社推广红色旅游线路。

（七）非红色旅游景区也要积极发展红色旅游

在旅游中融入爱国主义教育不只是红色旅游景区的责任，非红色景区也有责任，也应该积极挖掘景区内及景区周边的红色文化，并将其融入已经成熟的旅游产品中，开发寓教于游的有效方式。例如四川海螺沟充分挖掘甘孜州的红色文化，建造了红军纪念馆，为景区注入了新的文化内核，使游客的旅游活动更加丰富，旅游记忆更加深刻。

B.8
2019年创意旅游全球学术概览

尹 鸿 黄 莺*

摘　要： 创意旅游是对文化旅游的深化和升级，其概念和形式经历多年的演进，不仅成为旅游产业中重要的一个分支，而且在学术领域也涌现了众多研究成果，学者们主要关注的是与后现代式的旅游文化消费、创意产业以及与信息通信技术相吻合的消费者选择变化趋势。本文对创意旅游研究成果进行梳理，从创意旅游的起源和概念进化、创意与旅游的关系、文化消费与体验发展、发展模式总结、未来趋势几方面进行论述。

关键词： 创意旅游　文化旅游　体验经济

创意旅游是对文化旅游的深化和升级，其概念和形式经历多年的演进，不仅成为旅游产业中重要的一个分支，而且在学术领域也涌现了众多研究成果。详细梳理创意旅游的主要学术成果可以发现，学者们主要关注的是与后现代式的[1]旅游文化消费、创意产业以及与信息通信技术相吻合的消费者选择变化趋势。具体研究方向包括：共同创造（cocreation）[2]；创意旅游和创

---

* 尹鸿，清华大学教授，澳门科技大学特聘教授；黄莺，澳门科技大学电影学院2017级博士生，主要研究方向为影视旅游、文化产业。

① Thompson，C，J.（2000）. Postmodern consumer goals made easy. In S. Ratneshwar，D. G. Mick，& C. Huffmann（eds.），*The Why of Consumption Contemporary Perspectives on Consumer Motives，Goals，and Desires*（pp. 118 – 137）. New York：Routledge.

② Binkhorst，E.，& Den Dekker，T.（2009）. Agenda for Co-Creation Tourism Experience Research. Journal of Hospitality Marketing & Management，18（2 – 3），311 – 327. http：//doi. org/10. 1080/19368620802594193.

意产业[①]，产品、服务和体验设计[②]；创意活动中的真实性和当地独特性[③]；供应和需求端可发展文化资本的所需技能[④]；旅游对文化产业的影响和创意旅游中的新中介机构[⑤]等。本文对创意旅游研究成果进行梳理，从创意旅游的起源和概念进化、创意与旅游的关系、文化消费与体验的发展、发展模式总结、未来趋势几方面进行论述。

一 创意旅游的起源和概念进化

创意旅游概念的起源要追溯至 20 世纪 90 年代中叶，一群学者和旅游产业人士希望能够提高销售给游客的工艺品价格，于是创新式地提出了让游客近距离参观工艺品制作流程，并让游客学习一些工艺品制作技能的方案。[⑥]这一阶段的创意旅游是作为文化旅游的辅助消费产品。进入 21 世纪的第一

① Campbell, P. (2011). You Say "Creative", and I Say "Creative." Journal of Policy Research in Tourism, Leisure and Events, 3 (1), 18 – 30. http://doi.org/10.1080/19407963. 2011.539379；Marques, L., & Borba, C. (2017). Co-creating the City: Digital Technology and Creative Tourism. Tourism Management Perspectives, 24, 86 – 93. http://doi.org/10.1016/j.tmp.2017.07.007.

② Richards, G., & Wilson, J. (2006). Developing Creativity in Tourist Experiences: A solution to the Serial Reproduction of Culture?. *Tourism Management*, 27 (6), 1209 – 1223. http://doi.org/10.1016/j.tourman.2005.06.002.

③ Carvalho, R., Costa, C. and Ferreira, A. (2015). Community-based Tourism Festivals in the Médio Tejo Region, Portugal-A potential for the Specialized Cultural Consumption of Creative Tourism. In: Costa, V. (eds.) Tourism for the 21st Century-Proceedings of the CIT 2015. [online] Guimarães: IPCA, pp. 291 – 310. Available at: http://bravo.ipca.pt/cit2015/files/ATAS_ CIT_ 2015_ FINAL.pdf [Accessed 18 Jul. 2017].

④ Richards, G. (2012). *Tourism, Creativity and Creative Industries*. Paper presented at the conference Creativity and Creative Industries in Challenging Times, NHTV Breda, November 2012.

⑤ Carvalho, R., Costa, C., & Ferreira, A. (2018). New Cultural Mediators, Cocreation, and the Cultural Consumption of Creative Tourism Experiences. In C. H. C. Ramos, P. Cardoso (Ed.), Handbook of Research on Technological Developments for Cultural Heritage and eTourism Applications (pp. 264 – 283). IGI Global. http://doi.org/10.4018/978 – 1 – 5225 – 2927 – 9.ch013.

⑥ Richards, G. (2011). Creativity and Tourism. The State of the Art. *Annals of Tourism Research*, 38 (4), 1225 – 1253. http://doi.org/10.1016/j.annals.2011.07.008.

个10年后，格雷格·理查兹（Greg Richards）建构起了创意旅游的理论框架，更多国家和地区开始发展创意旅游产业，游客对活动的参与度也不断提升。2010年之后，创意旅游迅猛发展，创造了更多的盈利，拥有了更广泛的消费者，生成了众多旅游地项目，从文化旅游的辅助消费产品转变为极具经济价值的旅游产业之一。

通过对创意旅游文献的追踪我们可以看到，创意旅游是作为文化旅游的延伸而兴起的。最早提及创意旅游发展潜力的是皮尔斯和巴特勒（Pearce and Butler，1993）的文章，但并未对其进行定义。① 从多位学者的学术文献中我们可以看出，"创意旅游"的概念从20世纪90年代至今，随着社会、经济和文化的发展，人们旅游行为发生了较大变化，游客在旅游地进行创意旅游项目时，从感受当地文化扩散至体验与旅游地相关的影视、时尚、建筑等多方面创意文化（见表1）。

表1 创意旅游概念进化

年份	"创意旅游"概念的变化
1993	学者们基于旅游发展前、后在当地产生的心理影响的评估模型,为旅游动机研究奠定了主要基础,突出了开展活动创造力的重要性
2000	旅游为游客提供了通过参与活动、课程的体验来开发自身创意潜力的机会,这也是旅游度假目的地所拥有的特征
2006	创意旅游包括更强的互动性,游客从教育、情感、社交和参与方式等几方面与旅游地、文化、当地人进行互动,在这一过程中产生一种生活在其中的真实感
2007	创意旅游是一种更具可持续发展的旅游形式,以非正式的工作坊和创意体验提供给游客真实之感。工作坊形式一般是指一小群人在当地导师的家中或工作的地方挖掘自身的创造能力,并且能与当地人进行更近距离的交流
2009	创意旅游是指游客参与能感受到当地人平时的文化生活,具有真实体验的艺术、文化遗产或当地特殊文化活动的旅游形式

---

① Richards, G. (2011). Creativity and Tourism. The State of the Art. *Annals of Tourism Research*, 38 (4)：1225 – 1253. http：//doi. org/10. 1016/j. annals. 2011. 07. 008.

年份	"创意旅游"概念的变化
2016	"创意旅游"被定义为"在休闲度假中探索和表现个人创意潜力的行为。个体的活动是主要关注点,背景或者场景是次要的"。创意旅游与创意产业有紧密关系:欣赏与创意产业(电影、电视、时尚、设计或者建筑)相关的景点或参与活动。

资料来源: Maldonado-Erazo, C. P. , Álvarez-Garcia, J. , & del Río-Rama, M. C. (2016). Investigación Académica Internacional En Turismo Creativo. Tourism and Hospitality International Journal, 7 (2), 80 – 106. Richards, G. , & Raymond, C. (2000). Creative tourism. *ATLAS News*, 23, 16 – 20. UNESCO. (2006). *Discussion Report of the Planning Meeting for 2008 International Conference on Creative Tourism*. Santa Fe, New Mexico. DuBru, N. (2009). Creative Tourism: A Look at Its Origins, Its Definitions, and the Creative Tourism Movement. In R. Wurzburguer, T. Aageson, A. Pattakos, & S. Pratt (eds.), A global conversation. How to provide unique creative experiences for travelers worldwide (pp. 229 –237). Santa Fe: Sunstone Press. Smith, M. (2016). Issues in Cultural Tourism Studies. New York: Routledge.

从梳理创意旅游的学术研究可知,其概念界定经历了时间的洗礼而发生了变化,其研究内容逐渐定型为创意与旅游的关系、创意旅游中的文化消费与体验,从这两方面可以总结出第三个方面:创意旅游发展模式以及未来趋势。

二 创意与旅游的关系

创意旅游虽然是从文化旅游中延展而出,但两者差异很大。文化根植于过去已有的,是技能、才艺和探索知识产权价值的同义词,根据法兰克福学派的界定,欣赏文化不需要消费者进行具有挑战脑力的活动。[1] 创意则拥有四大特征:创意产品,指新的不同的原创元素;创意流程,指构建新想法的步骤;创意人才,指拥有执行创意的能力和个性;创意环境,一个适合创意诞生的空间。[2] 创意一方面意味着形成新的想法,将它们加入艺术和文化产

---

[1] Richards, G. (2011). Creativity and tourism. The state of the art. Annals of Tourism Research, 38 (4): 1225 – 1253. http://doi.org/10.1016/j.annals.2011.07.008.

[2] Rhodes, M. (1961). Analysis of Creativity Can It be Taught?. *The Phi Delta Kappan*, 42: 305 – 310.

品、功能、科学发明和技术创新的原创工作流程中；另一方面，指的是个体特征，即想象力和经验在知识产权中被表现出来。[1] 简而言之，创意是多层次的，可以根据应用领域的不同而变化。它可以被作为解决问题的流程或策略，或者在管理中改进产品、流程、服务或体验质量。社会科学中的"创意转向"是从更早阶段的"文化转向"中发展而来的，当文化加强社会团体、经济阶层和地方特色的能力被削弱之后，创意的重要性就凸显出来了。[2] 这一转向也体现在旅游产业中，传统文化旅游已经无法支撑消费的持续增长，创意旅游的发展成为持续给予旅游产业新鲜生命力的方向。

首先，创意解决了旅游现存的诸多问题。旅游中加入创意，既可以解决如何将旅游地各种自然资源和文化资源相结合的问题，又促进了差异化体验、更大限度细分游客市场，活化已有的产品和文化资源，为旅游地提供更好地对外传播内容，迎合了后现代消费者的阶段特色。

其次，有关创意旅游研究兴起的原因的问题。因为旅游中特指的创意术语与文化和创意产业、创意城市、创意阶层、创意经济都相关联。法兰克福学派代表人物阿多诺和霍克海默认为，文化产业影响着文化和创意的产出，是城市发展的方式。[3] 人类创意是经济优势和经济增长的关键因素，影响着文化政策制定、游客和劳动人口的迁移以及全球化背景下城市旅游差异化的发展。所以，对旅游和创意产业研究的增长实属正常。

最后，创意旅游产业和学术研究兴起后，创意与旅游的关系也发生了变化。（1）成为文化经济的基础，从资助文化发展政策、支持文化传播发展为对创意产业和共创文化模式的支持；（2）从对文化遗产的体验发展为对无形的、象征性的文化成功的体验；（3）从个体创意进化为更具有集体智

① Ravar, A. S., & Iorgulescu, M. (2014). Analyzing Managers' Perception of Creativity in Tourism. Network Intelligence Studies, Ⅱ (2), 255–262.

② Richards, G., & Wilson, J. (2007). *Tourism, Creativity and Development*. London：Routledge. http：//doi. org/10. 4324/9780203933695.

③ Adorno, T. (2002). Indústria Cultural e Sociedade (5o edição). São Paulo, Brasil：Paz e Terra. Retrieved from http：//hugoribeiro. com. br/biblioteca – digital/Industria – Cultural – eSociedade – Adorno. pdf.

慧性质的知识创造形式；（4）文化与创意元素不仅被纳入旅游产品，而且逐渐深植于城市日常生活中；（5）城市中新创意区域、环境和新创意集群的发展。①

上述第五方面是当创意和旅游在当地进行成熟结合以后的成果。在那些将创意旅游作为主要旅游产业的旅游地里，美食、绘画、摄影、手工、音乐、舞蹈和美酒品尝是常见的体验和活动②，为了营销和发展这些体验，出现了众多集中区域，创意产业会有集群式发展的趋势。这些区域主要由文化团体促成，文化团体可以在其中交换知识、体验和进行实践，并具有增强社会发展和促进本地经济发展的作用。③组成互通互联的专门区域，可以为商业企业节省空间上的相互联系，获得空间集中的劳动力市场的多重优势。每当许多具有不同和互补特色的生产者聚集在一起时，丰富的信息流和潜在的创新就会联系起来。④旅游管理的最新研究发现，因为旅游业的各个利益相关者之间存在差距，特定的联系区域是一种新的、积极的协调手段⑤，有助于支持创新和知识共享、提高竞争力、促进可持续发展以及所涉利益相关者的经济发展。

在旅游地设立特定创意旅游区，可以有效地组织与整合旅游和目的地，提高目的地的性能和质量，使旅游公司受益，并为游客提供独特体验。⑥ 特

① Richards, G. (2013). *Creating relational tourism through exchange*. Paper presented at the ATLAS Annual Conference, Malta, November 2013.

② Smith, M. K. (2009), *Issues in Cultural Tourism Studies*, London: Routledge.

③ Itaú Cultural (2012), *Relatório de Economia Criativa 2010: Economia criativa uma opção de desenvolvi mento*, São Paulo: Secretaria da Economia Criativa, http://unctad.org/pt/docs/ditctab20103_pt.pdf. 获取时间 2020 年 4 月 8 日。

④ Itaú Cultural (2012), *Relatório de Economia Criativa 2010: Economia criativa uma opção de desenvolvi mento*, São Paulo: Secretaria da Economia Criativa, http://unctad.org/pt/docs/ditctab20103_pt.pdf.

⑤ Van der Zee, E. and D. Vanneste (2015), "Tourism Networks Unravelled: a Review of the Literature on Networks in Tourism Management Studies", Tourism Management Perspectives, 15, 46 – 56.

⑥ Zach, F. and P. Racherla (2011), "Assessing the Value of Collaborations in Tourism Networks: a Case Study of Elkhart County, Indiana", *Journal of Travel and Tourism Marketing*, 28 (1), 97 – 110.

定区域可以将当地人、创意的环境和氛围融合在一起，使创意活动在不同地方得以发展。例如，在曼谷学习传统美食，在葡萄牙、芬兰、希腊和新西兰学习用木头或骨头制作雕塑，在巴塞罗那、塞维利亚跳舞，在法国里维埃拉吹玻璃，在伊维萨岛制作放松音乐等。因为设定了特定创意区域，游客可以很容易接触到这些独特而真实的体验，并易于进行回忆和标记自己的行程。

三　创意旅游中文化消费与体验的发展

为了更好地理解创意旅游，就需要将文化作为一种旅游消费而兴起进行阐述。旅游的现有消费主要有三种形式：专业式消费（prosumption）、体验经济和利基消费。[①] 专业式消费指的是因新技能的发展，引发消费者前往挑战、体验、学习，并在这个过程中产生的旅游消费，其中又包含两个重要方面：（1）制作者和所制作之物（在旅游视域中是旅游产品、服务或体验）关系的变化，从艺术家创作艺术品转变为工匠制作出标准化、平庸化、大批量的产品；（2）消费者通过共创或"专业式消费"的过程而成为产品制造者，制作过程也是消费和体验的过程。

法兰克福学派对标准化生产的文化工业及产出有众多研究成果，可以用来阐释专业式消费中制作者与制作产品之间的关系。本雅明（Benjamin）在《机械复制时代的艺术作品》一书中指出：重复生产的文化产品失去了艺术品本应有的光韵（aura）。艺术品具有即时即地性，构成了其原真性，这是艺术复制品所缺少的成分。[②] 本雅明、德波（Debord）、马尔库塞（Marcuse）等法兰克福学派的代表学者指出了工业复制产品减弱了艺术作品的社会意义，成为平庸的大众消费对象。具体到创意旅游中，创意与大众旅游相结合所带来的反复文化生产，导致创意的平庸化趋势，原本的创意成分

---

① Richards, G. (2016). *Co-designing Experiences with Consumers: the Case of Creative Tourism. Input for a Workshop on Experience Design*, Tromsø, 27 May 2016.

② 〔德〕瓦尔特·本雅明：《机械复制时代的艺术作品》，王才勇译，中国城市出版社，2002，第8页。

最终会在机械复制中被消解。

文化产品的大众化、信息通信技术的发展、互联网的普及和全球市场的兴起，放大了市场营销和宣传等外部刺激以及后现代个人主义等内部刺激的作用。很多学者很快发现了消费和消费者特点的变化，出现了更专注、需求更高的"专业消费者"（prosumer）。这一类消费者能接触到供应方并影响新产品设计，使制作和消费两方面的关系不再简单。通过个性化和享乐主义的消费，后现代情境下的特点和后现代消费者尝试对大众产品与文化产品消费做出反应，从而在旅游中出现了新形式的消费和分支。①

此外，专业式消费还指在对创意和旅游有影响力的休闲环境中，人们对自我创造的需求。② 可以说，学者们将自我发展、身份建构或自我叙述的需求③与过去旅游研究中关于"自我"和"他者"的哲学存在主义理论相联系。当前社会中的专业式消费包括可以发展个体技能和创意的教育、自我发展和创意等活动。在这些活动中，有技能的消费者将会比提供活动者更了解这些活动，也将会逐渐成为体验产品过程中的主导者。④

专业式消费的兴起，意味着人们不仅关注对产品的拥有和积累，而且希望自己与他人能在消费中发展出一定的专业技能。在旅游消费中表现为人们不仅有欣赏与日常生活不一样的风景，更希望有提升自我的项目。原先在文化旅游中，游客进行的是对文化的外在参观欣赏，而在创意旅游中，游客进行的是对文化的深层次体验和技能学习。1998 年提出的体验经济理论可以很好地解释文化旅游向创意旅游的转变。⑤ 在这个转变过程中，因为消费者的专

① Poon, A. (1993). Tourism, technology and competitive strategies. Wallingford: CABI.

② Richards, G. (2003). Turismo creativo: una nueva strategia? In Ortega, E. (ed), *Investigación y estrategias turísticas* (pp. 107 – 122). Madrid: Thomson.

③ Giddens, A. (1991). As Consequências da Modernidade, 2ª edição, Ed. UNESP, São Paulo, 1991.

④ Richards, G. (2013). Tourism development trajectories: From culture to creativity? In M. Smith & G. Richards (Eds.), *The Routledge Handbook of Cultural Tourism* (1st ed., pp. 330 – 331). London: Routledge.

⑤ Pine, J., & Gilmore, J. (1998). Welcome to the Experience Economy. Harvard Business Review, (July-August), 97 – 105.

业化倾向，消费产品和体验也从提供方单方向制造变成供需双方共同创造。

1998 年，派恩和吉尔摩（Pine and Gilmore）提出了体验经济理论，这一阶段的体验仍强调产品或服务提供方的重要性，由提供方构建出"舞台式"的、商业化的、人为的体验。第一阶段的体验运用于创意旅游中，主要表现在美食、艺术、手工艺品、舞蹈等创意旅游分支中强调绘画、雕刻、手工制作等工作坊式活动的举行。体验经济的描述虽然具有开创性，但是其具体原则已经不适用于千禧年之后的游客。[①] 第二阶段的体验经济以消费者为导向，重视供需双方对体验的共同创造。这一阶段的创意旅游出现了"像当地人一样生活"的概念，游客进行创意旅游不仅是进行一些刻意提供给他们的活动，更要带着他们自己的专业知识，参与真正的创意过程，以专业消费者身份影响体验结果。

四 创意旅游发展模式和未来趋势

根据多位创意旅游研究者对创意旅游概念和内涵的界定[②]，我们可以确定创意旅游是文化旅游发展到一定阶段的产物。文化旅游的文化资源以纪念碑、剧院、博物馆、艺术展览馆等有形资产为主，游客的主要动机是接受知

---

① Boswijk. A. , Thijssen, J. P. T. and Peelen, E. (2005). A New Perspective on the Experience Economy: Meaningful Experiences. Pearson Education, Amsterdam.

② Binkhorst, E. (2007). Creativity in Tourism Experiences. In Richards, G. & Wilson (Ed.), Tourism, Creativity and Development (pp. 125 – 144). London, Routledge, Taylor and Francis Group; Binkhorst, E. , & Den Dekker, T. (2009). Agenda for Co-Creation Tourism Experience Research. Journal of Hospitality Marketing & Management, 18 (2 – 3), 311 – 327. http: // doi. org/10. 1080/19368620802594193; Korez-Vide, R. (2013). Promoting Sustainability of Tourism By Creative Tourism Development: How Far Is Slovenia? Innovative Issues and Approaches in Social Sciences, 6 (1), str. 77 – 102. http: //doi. org/10. 12959/issn. 1855 – 0541. IIASS – 2013 – no1 – art05; Messineo, E. (2012). Tourist creative processes and experiences in the European Cultural Itinerary "The Phoenicians"; Ohridska-Olson, R. V. , & Ivanov, S. H. (2010). Creative Tourism Business Model And Its Application In Bulgaria. Cultural Realms, 1 – 17. Retrieved from http: //papers. ssrn. com/sol3/papers. cfm? abstract_ id = 1690425% 0Ahtt p: //culturalrealms. typepad. com/files/creativetourismbm _ article _ 1 _ lr. pdf% 0Ahttp: // www. culturalrealms. com/2010/07/the – creativetourism – business – model. html.

识，消费行为较为被动，所消费的文化形式以经典文化为主。创意旅游的资源主要是传说、习俗、故事、分为、想象物、创意思路等无形资产，消费者的主要动机是为了个人发展和自我提升，消费行为较为主动积极，所消费的文化包含传统和流行文化。发展创意旅游的主要方式包括：（1）定期在旅游地举行创意性质的活动和节展，并构建出有创意的标志性奇观，以此为连接创意产业、旅游和整体旅游地经济的桥梁；（2）在旅游地规划出适合发展创意集群的地方，让创意阶层可以聚集在那里，促进创意产业成熟；（3）在网上公布旅游地创意旅游攻略，使尽可能多的人详细了解旅游当地的创意旅游项目。

经过近 30 年的发展，创意旅游已经有了较为固定的形态。未来，在已有研究和实践的基础上，仍有很多问题有待解决，其中一个就是我们对创意旅游的目标消费者的画像仍不清晰。什么样的人会被创意旅游体验所吸引？为什么他们会愿意参与？他们在体验中得到了什么？他们主要是国内游客吗？国际游客是否会越来越重要？参加创意旅游的游客是依靠哪些信息资源得知特定旅游地的创意旅游产业的？解答这些问题，可以帮助我们理解创意旅游和其他形式旅游之间的关系。例如，欧洲所吸引的庞大数量游客中，创意旅游如何吸引传统游客参与到新型体验中？什么样的体验可以帮助创意旅游在同一个旅游地实现差异化竞争？

理解参加创意旅游的游客画像以及创意旅游与文化旅游之间的关系，是今后对新区域发展创意旅游非常重要的信息。例如，创意旅游如何吸引游客到非城市地区，创意旅游是否可以成为一些不知名地区具有竞争优势的旅游产业类型？

对创意旅游体验服务提供者的画像、技能、活动的理解同样重要。什么让人们成为创意旅游服务提供者？服务提供者会从游客身上学到什么？创意游客在多大程度上能帮助服务提供者继续他们的创意活动？

最后，还需要进一步研究创意旅游网络和平台的开发与管理方法，使其成为高效、成熟的营销中心，能力构建和知识共享实体。此外，对有效传播、分享创意旅游体验的方法仍未得到充分研究。

B.9
2019年影视＋新文旅年度观察

冯婉婷 司 若*

摘 要： 2019年影视＋新文旅产业进一步发展。随着各省区市纷纷规划文旅项目，影视产业持续发展，影视＋新文旅逐步趋向全方位联动，无论是传统景区升级还是全新主题景区打造都离不开IP生产。在此基础上，影视＋新文旅产业布局的差异开始凸显，规模与内容都发挥着重要作用，但产业发展缺乏可持续性和平衡性仍是当前面临的主要挑战。未来影视＋新文旅融合发展将在"泛影视"的生态中更注重"时、地、人"的全方位联动，各地政府进一步助力景区升级，相关投资也会更加谨慎，科技与文化交融仍将持续发挥重要作用，中国影视＋新文旅也会在国际交流中不断进步，走向世界。

关键词： 影视文旅 影视＋新文旅 文旅融合

一 产业环境：文旅融合新阶段，影视跨界泛生态

继2018年文化部与国家旅游局合并以后，以文促旅、以旅载文渐成趋势。2019年，随着各省区市文化和旅游厅（局、委）完成挂牌，文旅融合

* 冯婉婷：清华大学新闻与传播学院硕士研究生，主要研究方向为文化传播、国家形象、跨文化传播等；司若，清华大学新闻与传播学院影视传播研究中心研究员，博士生导师，主要研究方向为影视传媒、文化旅游等。

进入新的阶段。同时，伴随消费者需求的升级与智能技术的更新，与影视领域相关的跨界合作在 2019 年层出不穷。"影视 + 新文旅"不断融合的产业环境呈现多元化、多层次、多角度的特点。

（一）各省市纷纷规划文旅项目，多元化文旅业态显现

从 2019 年全国省级行政单位的重点项目规划来看，以北京、上海、江苏、山东、陕西、四川等省市为代表，各省区市均将文旅项目作为本年度发展的重要项目，包含主题乐园、文化创意园区、特色小镇、综合休闲度假区等多种形态。其中不乏因高投资额、多领域融合而广受关注的投资项目，比如北京环球影城、广州融创文旅城、延安万达城等。而在国家多次出台规范主题乐园发展相关文件的背景下，关于此类投资项目未来发展路径的讨论自项目公布之初就吸引了大量关注，体现出当前文旅业态中的热点所在。具体到各个省区市，文旅项目规划也凸显了因地制宜的特点。陕西省超过一半的项目充分融合了当地的历史文化与红色精神。四川省则主要利用自然条件发展健康疗养和亲子旅游方面的文旅项目。值得一提的是，北京市在 2019 年底出台了全国首个省级文旅融合总揽性规划，其中对北京市的文旅空间布局、公共服务、产品体系和国际影响力、市场监管等都提出了明确的要求与规划，可以预见这将为全国其他省区市的文旅融合发展提供示范和引导作用。相较于 2018 年，2019 年各省区市对于文旅布局的积极响应和参与为影视 + 新文旅的发展进一步提供了落地的沃土。

（二）影视产业持续发展，多层次推动跨领域合作

2018 年底，国家电影局印发《关于加快电影院建设促进电影市场繁荣发展的意见》，2019 年多方面政策与机制的落实促进了影视产业的持续发展。多个省区市通过制订文化产业相关的计划来促进当地文化产业的发展，并且规划大多以 2020 年为一个重点节点，因此各地为了发展以影视行业为代表的文化产业推出了多角度的支持政策。譬如，北京市在《关于推动北京影视业繁荣发展的实施意见》中提出，"到 2020 年，推动北京成为具有

国际影响力和首都特色的影视之都"；上海市制定了打响"上海文化"品牌的三年行动计划，着力建设全球影视创制中心；浙江省也依托已有的横店影视城等原有优势，提出到 2020 年打造成全球影视产业副中心。除此之外，许多省区市开始在影视领域发力，希望借助影视名片提升城市知名度，青岛、厦门、长沙、重庆等地都提出了相关的目标与规划。各地争相出台影视产业的相关政策规划，为影视领域与其他领域的跨界合作提供了动力，其中以文旅为首的相关业态更是成为各地布局的首选。但是跨领域合作也面临诸多未知，影视产业的活力在多大程度上能被激发和延续已成为发展中的难题。

（三）新热点、新业态崭露头角，多角度激发新活力

从文旅领域来看，许多新兴热点崭露头角：第一批国家全域旅游示范区的公布意味着文旅发展的多层导向；夜游经济的快速增长反映出大众消费的需求所指；工信部向各大运营商发放 5G 商用牌照。文旅发展原有的智能化尝试触及更广范围，实现更多场景，满足更个性化的需求。从影视领域来看，短视频的蓬勃发展、各类综艺的不断上线实际上拓展了原有的"影视"概念。影视已经不局限于固有的电影、电视剧形式，多样的视听形式逐步催生了"泛影视"业态，从而促使与影视相融合的领域也有了更广阔的发展空间。在新热点和新业态的激发下，"影视＋新文旅"一方面体现影视为文旅注入内容、增强吸引力，另一方面也体现文旅为影视拓展传播渠道、提升影响力。

二 产业热点：全方位、核心 IP、双驱动

（一）以点带面，"影视＋新文旅"趋向全方位合作

自文旅融合开启以来，影视与文旅的协同发展逐步出现新的转向。纵观过去几十年，早在文旅融合之前，便已经出现影视带动旅游产业发展的现

象，最常见的形式便是通过在影视作品中出现地域景观，从而带动拍摄地的旅游产业发展，但这一形式总体而言较为被动，实际效果也往往难以预估。近年来，尤其是 2018 年以来，影视与文旅的融合表现出更强的主动性，一个突出表现就是影视基地、主题乐园和特色小镇的建设。通过有规划地将影视内容与文旅产业相融合，同时拉动二者的发展。

2019 年，一方面，影视＋新文旅的融合发展继续围绕"点"进一步深入，主题乐园、特色小镇等的投资与筹建依旧有所增加，并且在竞争日益激烈的情况下形成差异化竞争优势，成为各主题乐园和特色小镇发展的着力点。在地方政策的支持下，横店影视城 2019 年率先实行一系列优惠政策，涉及影棚租赁、酒店服务、道具制景等多方面；上海提出在松江建设新型影视园区，将原有的影视产业园进行优势重组，旨在形成集群效应；青岛东方影都借助《流浪地球》《疯狂外星人》等大热电影乘胜追击，力图打造科技化、数字化、标准化的新产业园；华谊实景娱乐园区进一步扩大规模，2019 年开放了郑州园区……总体而言，老牌影视基地力求升级，新型影视园区打造特色，各地都希望将区域之"点"打造成为带动多产业发展的"核心亮点"。

另一方面，影视与文旅的融合发展更加注重"以点带面"，发掘影视全方位的文旅联动效应，主要体现为对影视内涵的丰富和外延的发掘，比如影视文化、节庆、活动等。从国外的经验来看，举办具有影响力的艺术影视类节庆活动，比如法国的戛纳电影节、威尼斯的双年展等，往往可以定期规模化地带动一定区域的文旅发展，并逐渐打造持久吸引力。虽然国内在这方面的开发较为迟缓，但是从 2019 年部分省区市的布局可看出这已逐渐成为影视＋新文旅发展的一个转向。上海利用国际电影节的契机，开始着力提高与之相关联的博物馆、影视基地的质量和内容；厦门作为国内已经较为知名的旅游城市，利用金鸡百花电影节落户的机会，在 2019 年 7 月提出了以"影视＋"为核心概念的一系列政策规划。此外，"乌镇模式"的成功也说明可以戏剧节等形式来帮助原有的文旅热点转变方向，在大众渴望文化窗口的今天尤其具有可行性。由此来看，既挖掘亮点又推动以点带面是 2019 年影视＋新文旅融合发展的新转向。

（二）打造文旅景区特色，IP 仍是核心竞争力

IP 赋能文旅一直是被国内外认可的模式，也有许多成功案例。近年来国内许多主题乐园和特色小镇都借鉴了迪士尼的商业模式，力图通过 IP 来增强实景娱乐的吸引力。2019 年，IP 在影视文旅的跨界融合中更受关注与重视，不仅体现为借助较为成熟的 IP 来打造新的主题景区，也体现为传统景区为了与时俱进而挖掘相关 IP 中的文化契合点。

传统景区的 IP 进化以云南为代表，作为一个有着丰富自然资源的旅游大省，苍山洱海、丽江大理等一直是云南为人所知的文化特色。然而，随着快餐式旅游变得普遍，各大网红城市一夜爆红，要想在新文旅时代继续保持既有优势，打造新的文化符号、开辟新的 IP 道路成为云南旅游的着力方向。传统景区在 IP 化的道路中往往需要较长的适应时间，一个较为直接的思路便是与影视有效结合。2019 年，借助电视剧《我们的西南联大》在云南开拍的契机，云南省联合腾讯影业前置研发了近 60 个联大 IP 体验产品。通过与电视剧开机同步开启旅游线路的模式，充分推动了影视与文旅的相互促进。一方面，影视的拍摄过程推动了当地的文旅发展，相较于影视播出后观众"重游"景点的后置模式，这种前置模式实际上让景点本身"活"了起来；另一方面，文旅也为电视剧的前期传播起到了正向作用，激发了一批潜在的影视受众。

除了传统景区的 IP 转型之外，借助成熟 IP 打造全新景区也是新的亮点。2019 年 9 月，在杭州市临安区政府的支持下，腾讯动漫与杭州宏逸投资集团有限公司正式签约打造中国首个自创动漫主题旅游景区，这可视为迪士尼"上游开发影视 IP，下游建造主题景区"模式的本土化尝试。这个景区所依托的 IP《狐妖小红娘》是国内漫画家的原创漫画作品，2015 年在腾讯动漫的支持下实现动画化，并在播出后获得超过 55 亿的点击量，甚至在出口日本后创下国产动画 IP 的最佳成绩，在过去几年里积累了良好的粉丝基础。为了预估粉丝在多大程度上可能转化成文旅消费者，在正式签约之前，杭州政府通过"动漫公交形象使者"等方式了解动漫形象融入城市生活所带来的反响，收到了许多正向反馈。将已经成熟的长线 IP 投入实体景

区的建设中，在实际落地过程中固然面临许多挑战，但无疑是影视＋新文旅发展的一次全新尝试。

（三）文旅布局差异凸显，规模与内容双驱动

近年来，面对影视行业的下行压力，许多影视公司纷纷布局文旅产业，极大地推动了影视＋新文旅的发展，从 IP 内容开发到线下建设，各大影视公司都希望通过"影视＋新文旅"实现"1＋1＞2"成效。早在 2011 年，华谊兄弟即开始布局影视文旅版图，目前已经完成 20 个项目的布局；光线传媒也在 2014 年进军实景文娱，并在 2019 年启动江苏扬州的江都影视文旅项目招标；北京文化在 2019 年 10 月并购东方山水度假村，计划在密云建设国际电影文旅小镇。与此同时，许多以地产为核心主业的公司开始进行文旅布局，并在此过程中积极与影视企业合作。随着去地产化的深入，影视＋新文旅的发展从"重资产"向"重内容"转变，但是原来拥有"内容"优势的影视公司与拥有"资产优势"的地产公司，在影视＋新文旅领域的博弈结果似乎并不完全符合这一转变趋势。

融创中国控股有限公司起初发家于物业项目，后一直以地产为核心主业，近年来在影视＋新文旅方面的表现不可忽视。2017 年，其收购了万达旗下 91％的文旅项目股权，2018 年接连组建了融创文化集团与融创文旅集团，截至 2019 年底，融创文旅集团已布局 10 座文旅城、4 个旅游度假区、26 个文旅小镇，其中涵盖 41 个主题乐园、46 个商业及近 100 家高端酒店。与此同时，融创文化集团在"内容＋平台＋实景"的战略下，目前已有融创影视、乐创文娱、东方影都融创影视产业园、乐融、梦之城文化、Base 等业务板块。[1] 从表现来看，2019 年许多在影视方向表现优秀的作品与其有关：春节档两部票房大卖的重工业影片《流浪地球》《疯狂的外星人》均拍摄于东方影都，《封神三部曲》也在此拍摄；梦之城文化下的知名 IP 阿狸与 2019 年上映的《罗小黑战记》都成为其强有力的 IP 资源；国庆档累计票房排名第一的

---

① 《中国控股有限公司》，http：//www.sunac.com.cn/index.aspx。

《我和我的祖国》，融创影视也在其联合出品公司之中。融创影视在影视＋新文旅领域的敏锐布局与重拳出击使其在2019年迅速获得优势与先机，说明在影视＋新文旅的竞争中，布局上扩大规模和生产中提升内容同等重要，二者共同发力才能实现影视和文旅跨界融合的真正优势，这也正是目前国内许多公司布局文旅时的挑战所在。

三　产业难题：如何突破偶然性与不平衡

2019年，"影视＋新文旅"的发展相较前一年有了更强的主动性与系统性，不论是地方政府的支持力度还是多方资本的参与程度都有明显的增强，但影视＋新文旅的热潮之下，一些固有问题依旧没有解决，还有一些新的问题开始显露。

一方面，影视与文旅融合发展中内容/IP的关键性作用已经受到广泛的重视，2019年也不乏一些优质影视内容掀起文旅热潮的实例。《长安十二时辰》的热播带动了西安文化旅游的发展，与剧中内容相关的陕西历史博物馆、大唐芙蓉园、大明宫国家遗址公园等景点在2019年暑期一度迎来人气高峰。据马蜂窝旅游网大数据显示，该剧播出一周后，西安旅游热度上涨22%。[1] 携程机票数据显示，7月3～11日，飞往西安的机票搜索量同比上涨130%，峰值时段同比增幅超过200%。不仅如此，由这部剧带来的"各地十二时辰"的热潮更是彰显了影视剧对文化旅游的有力带动作用。但与此同时也暴露了我国影视文旅融合发展一直以来都存在的问题，即偶然性。国内影视带动文旅发展往往依靠某一部突然爆红的电影和电视剧而实现，这样的爆红固然能够带来一定的影视文旅热潮，但是很难形成持久的吸引力，也很难进行有效的学习与借鉴。长线IP、有再生力的内容生产一直是国内影视文旅融合发展的难题，打造系列化、集群化的优质IP在未来很长时间里依旧是需要探索和努力的方向。

---

[1]　中国青年网、马蜂窝大数据：《〈长安十二时辰〉热播，西安旅游热度上涨22%》，https://baijiahao.baidu.com/s？id＝1638292653682555027&wfr＝spider&for＝pc，2019年7月6日。

另一方面，传统影视基地亏损的局面尚存在，新布局的众多主题乐园、特色小镇也面临潜在的供需不平衡问题。目前大多数国内传统影视基地尚处于亏损状态，虽然以横店影视城为代表的各老牌影视基地已经开始通过政策扶持和重新规划来进行产业升级，但是多数影视基地依旧缺乏规范的运作模式和标准的工业流程等。2019年10月，第六届丝绸之路国际电影节期间，中国电影基金会提出成立中国影视基地联盟的倡议。倡议中提及成立联盟、编撰指南、整合资源等措施，旨在推动中国影视基地标准化和体系化。这充分说明了目前国内影视基地难题的普遍性。此倡议固然十分应景，但是如何真正落实到各影视基地的未来发展中仍有待观望。探究传统影视基地遭遇难题的原因，亦不可忽视2018年文化和旅游融合发展后各类特色小镇、主题园区的兴起，掀起了文旅项目立项的高潮。中国主题公园研究院统计的数据显示：我国已建成且正在经营的337座主题公园中，总占地面积在6000亩及以上或总投资15亿元及以上的大型主题公园就有92家。其中在2018年暑期盈利的占53%，盈亏平衡的占22%，亏损的占25%。① 各类特色小镇的建设也出现类似情况，数量飙升的背后隐藏着诸多问题，比如小镇定位不明、缺乏文化内核支撑、可持续发展能力弱等。

如果说2019年以前是各类主题公园和特色小镇立项的蓬勃期，那么2020年开始则将进入其后期运营的考察期。从2019年暴露的问题来看，许多盲目展开的项目面临着难以持续发展、无法契合消费者需求甚至供大于求的潜在挑战。

四　前景展望：更全面、更慎重、更智能、更国际

（一）"泛影视"概念下的全方位联动

2018年以来，影视与文旅融合的趋势日渐加强，2019年成为各地政府、

---

① 中国主题乐园研究院：《2019中国主题公园竞争力指数报告》，http：//www. ctpi. hk/cgView. asp？ProdId＝1354，2019年11月22日。

各类集团布局影视文旅项目的积累期，可以预见2020年之后的未来几年里，影视＋新文旅依旧是跨界融合的热点，并且会逐步进入更加落地和务实的阶段，也会进入竞争筛选的关键时期。随着短视频等新视听形态的飞速发展，影视的概念已经不局限于传统的电影电视剧，其内涵和外延的丰富也会极大地促进影视＋新文旅的发展。在此基础上，影视与文旅的融合发展将迎来"时、地、人"都大有可为的全方位联动阶段。

"时"强调的是各类影视节庆，尤其是国际化的电影节、颁奖典礼等将为城市发展新文旅产业提供良机，通过重要的时机展示城市形象是文旅业发展的难得机会。"地"强调的是影视文化所发生的目的地，可以是一个景区也可以是一座城市。需要注意的是，影视文化所在地的传播已经不再是被动地等待影视作品的热度升温，而将会体现为更主动地在影视生产的全过程中发挥地方的参与与互动。"人"则指的是优质的IP，无论是影视故事还是动漫人物，唯有培育长线可持续的优质IP，才能真正助力文旅发展。发展成熟的IP一定要经过反复的打磨与实践，而非仅是吉祥物设计或景区/城市虚拟化那么简单，也需要有好的故事和成长路径蕴含其中。实现"时、地、人"三者融合的全方位联动是发展趋势，也是未来目标。

（二）政府助力景区升级，文旅投资更加谨慎

无论是从影视产业政策还是文旅发展规划来看，各地政府都更加重视影视＋新文旅的融合发展，也更主动地协同企业开辟影视文旅的新局面。在现有的经济大环境下，政府对于传统景区，尤其是革命老区、陆地边境地区和少数民族地区的扶持力度将进一步加大。2019年11月，文化和旅游部复核A级旅游景区，是对现有传统景区的一场大考，意味着景区改革迫在眉睫，因此各地政府帮助传统景区走出困境、实现升级，也是未来文旅工作的重点之一，此外，需要对之前出现的大批特色小镇、主题乐园和田园综合体进行更加有效的政策扶持和规范监管。与此同时，在国家出台关于主题乐园的指导意见后，各路资本对于影视文旅综合体的投资也更加谨慎。尤其是2018年大量资本注入后，许多公司的营收情况并不如预期，因此在接下来一段时

间里，盲目跟风投资的情况会有所改善。投资主体一方面需要密切关注相关的政策动向，另一方面也要深入思考市场需求。

（三）科技助力数字文旅与沉浸影娱，夜游项目释放潜力

2019年，政府工作报告提出"智能＋"的号召，在此引领下，通过多种新科技手段提升影视文旅的体验将是大趋势。文旅行业在未来几年里会进入更加智能联动的时期，通过5G与人工智能、云计算、大数据、视觉技术、AR/VR等形成多技术合力，共同推动智慧交通、影视文娱、文化旅游等应用场景的发展，从而使"影视＋新文旅"的融合拥有更优质的内容和更吸引人的体验感。此外，2019年被称为夜游经济元年，各类夜游项目蕴藏着巨大潜力，而好的夜游体验同样离不开文化与科技的融合。不论是沉浸式文娱体验（如2019年开始涌现的沉浸式戏剧、沉浸式艺术展览等），还是各类城市主题灯光秀，都离不开新的科技手段和经典的文化内容。借助夜游经济的契机，影视文旅也可大放异彩，将成熟的影视文化艺术与科技创新手段相结合，可以打造出具有优势的夜游项目，不仅可让已有的内容再生和创新，也可为新科技体验注入更多的文化内涵。

（四）影视文旅国际交互，标准化与个性化并行

从开年的中国科幻电影海外上映到李子柒的田园生活引发海外热议，从北京环球影城建设启动到乐高主题度假区选址上海，2019年影视＋新文旅方面的国际交往互动更加频繁。虽然与此同时也面临贸易摩擦等挑战，但是中国与海外在此方面的交流仍将是大势所趋。一方面，在流量IP的自我生产以及文旅产业标准化方面，国内还有较大的进步空间，引进成熟经验对于影视文旅产业的未来发展十分重要。随着迪士尼、环球影城、Discovery主题乐园进入中国，国内的相关产业有了更好的学习成熟经验的机会。与此同时，近年来越来越多国外知名文博机构，也印证了中国文化与市场的特色与潜力。另一方面，中国短视频在国外引起的巨大反响说明影视＋新文旅"走出去"，不仅要关注代表性的中国传统文化，更要打造具有吸引力的当

代文化，如电影、综艺、短视频等影视内容，国际电影节/艺术节等影视节庆在传播当代中国文化方面大有可为。在影视文旅的发展中既要学习成熟的经验与先进的标准，也要锤炼自身的个性与当代的特色。

理 论 思 考

Theoretical Thinking

B.10

文创理念：当代文化发展的新观念

胡　钰*

摘　要： 文创理念是在当代文化发展实践中逐渐形成的新观念，也是
　　　　　新时代的新发展理念在文化发展中的具体体现，其根基在
　　　　　"文"，即文化；其关键在"创"，即创意；其目标在"新"，
　　　　　即基于文化传承与文化融合的文化创新创造。本文分析了文
　　　　　创理念形成的时代背景和基本内涵，阐释了文创理念的文化
　　　　　主体意识，分析了运用文创理念观察文化发展的创意视角、
　　　　　科技视角和生活视角，运用文创理念进行文创赋能，打造新
　　　　　型文化业态的故事、体验与授权三个着力点，提出用文创理
　　　　　念加快推动中国文化发展。

---

* 胡钰，清华大学新闻与传播学院教授，博士生导师，主要研究方向为文化创意、影视旅游。

关键词： 文创产业　文创理念　文化融合　创意产业

当代中国的发展面临两个重要的冲突：一是中国与世界的冲突。当中国从一个贫弱的远东国家逐渐走近世界舞台中央，如何让世界认识真实而美好的中国？二是物质与精神的冲突。在温饱实现、技术进步的社会里，如何让大众获得身心安定，过上充实而美好的生活？这两个问题对当代中国的文化发展提出了紧迫的要求，换言之，文化发展不再是一个补充性、附带性的战术问题，而是一个全局性、关键性的战略问题。与此同时，对文化发展的思维也提出了全新要求，即文化发展不能仅是传统性、重复性的思路，而需要时代性、创新性的思路。

一　文创理念的内涵与形成

文创理念凸显了对文化创造力与文化多样性的追求，是在当代文化产业与文化事业快速发展的实践中逐渐形成的，也是与当代日趋青年化的时代文化特征相适应的。

（一）文创理念的内涵

中国的文化发展主要由两部分组成：一部分是非商业性的文化事业发展，另一部分是商业性的文化产业发展。在这两部分中，前者由政府主导，新中国成立70年来一直处于稳步发展的状态；后者由市场主导，改革开放40余年来逐渐兴起并快速发展。值得注意的是，近年来，包括企业、非商业性社会组织、个人等在内的各种社会力量进入文化领域，推动了大量公益性或半公益性的文化发展。

文化发展的多主体参与带来了文化发展的多样性视角。政府视角、企业视角和社会视角在看待文化发展上各自拥有不同的理解。与此同时，在全球化深度推进的条件下，各种异文化视角、文化工业视角、创意产业视角、版

权产业视角、内容产业视角的引入，更是让当代中国的文化发展突破了单一视角和单一形态，呈现出愈发多彩的形态。

整体来看，对当代中国文化发展发挥影响的有四种重要力量：一是政府力量，文化自信成为新时代中国特色社会主义思想的重要内容，公共文化服务水平不断提高，国家文化安全和文化软实力受到政府高度重视；二是市场力量，文创产业成为资本关注的热点领域之一，通过文化获取商业利润、打造新商业模式成为新的经济增长点；三是技术力量，新媒介、新技术等改变了文化产品的呈现形式，也改变了人们获取文化内容的接触方式；四是国际力量，国际经验、国际元素和国际市场日益成为国内文化发展看重的因素，全球视野下的文化发展意识日益增强。

在这种新的环境中，围绕文化发展的理念也在逐渐发生改变，向着更加开放性、创新性的方向转变。2016 年，有学者首次提出了"文创理念"的概念，认为"其核心特征是创新与跨界，以一个更广阔、更多维的视角推动文化发展"①。2017 年初，中共中央办公厅和国务院办公厅印发了《关于实施中华优秀传统文化传承发展工程的意见》，这是第一次以中央文件形式专题阐述中华优秀传统文化传承发展工作，文件中提出"坚持创造性转化和创新性发展"和"坚持交流互鉴、开放包容"的核心原则。同年，党的十九大报告提出"激发全民族文化创新创造活力，建设社会主义文化强国"。

文创理念是在当代文化发展实践中逐渐形成的新观念，也是新时代的新发展理念在文化发展中的具体体现，其根基在"文"，即文化；其关键在"创"，即创意；其目标在"新"，即基于文化传承与文化融合的文化创新创造。文创理念作为当代文化创新发展的指导理念，以积极的姿态吸纳、鼓励多主体参与文化发展，推动政府力量、市场力量、技术力量和国际力量在文化发展中形成合力，探索当代中国文化发展的新内容、新机制和新业态，在实践创造中进行文化创造，在历史进步中实现文化进步。

---

① 胡钰：《文创理念与文创产业》，《中国文化报》2016 年 10 月 26 日。

（二）后喻文化是文创理念形成的时代文化特征

文化发展是为了文化传递，让文化在一代代族群中传递，成为身份认同、安身立命的根本依据。但当代文化传递的代际间沟通出现了崭新的现象，即全球化、技术化、信息化的社会趋势已使年轻一代可以轻易知晓老一代的世界，但老一代却并不完全知晓年轻一代正在经历的和可能经历的一切。美国人类学家玛格丽特·米德认为，"代与代之间的这次决裂是全新的、跨时代的：它是全球性的、普遍性的"。过去，老一代训斥年轻一代："在这个世界上我曾年轻过，而你却未老过"，但现在的年轻一代说："在今天的这个世界上，我是年轻的，而你却从未年轻过，并且永远不可能再年轻。"①

玛格丽特·米德对人类代与代之间交流的前喻（prefigurative）、并喻（co figurative）和后喻（postfigurative）三种文化类型进行了极富洞察力的描述："前喻是指晚辈主要向长辈学习；并喻是指晚辈和长辈的学习都发生在同辈之间；后喻则是指长辈反过来向晚辈学习。"她明确提出："我们今天进入了历史上的一个全新时代，年轻一代在对神奇的未来的后喻型理解中获得了新的权威。"②

在这个后喻文化类型凸显的时代里，大众传媒与社交媒体已经成为全新的教育传播手段，全球化生产、数字化生存和城市化生活已经成为全新的青年存在状态，让年轻一代重复老一代的文化内容与形式，显然已经无法大规模、持久性地打动年轻人的心。换言之，在代际的文化传递中，仅展示单一文化而没有多样文化的比较，仅固守传统形式而没有现代创意与技术的介入，其效果都是有限的。

文创理念关注文化创新创造，是与进入后喻文化类型时代的当代文化特征相适应的。这一理念强调的正是适应年轻一代文化接收与接受行为的新规

---

① 玛格丽特·米德：《文化与承诺》，周晓虹、周怡译，河北人民出版社，1987，第74~75页。
② 玛格丽特·米德：《文化与承诺》，周晓虹、周怡译，河北人民出版社，1987，第27页。

律，推动传统文化与年轻一代文化需求的代际间对话，最大限度地吸收年轻一代的热情和创意，并将其融入当代中国文化的创新创造中，让传统文化与新媒介、新技术积极融合，让中国文化在广泛吸收不同文化的过程中形成具有时代特征、世界意义的当代人类文化中的引领性内容之一，让中国年轻一代成为中国文化的坚定传承者与有力创造者。

（三）文化产业与创意产业是文创理念形成的产业实践

观察人类的文化产品创造有两个维度：一是生产者的维度，二是使用者的维度。早期阶段，不论是中世纪的欧洲还是封建时代的中国，文化产品都是"小众生产、小众消费"的格局，此时的文化生产是以个体性的资助和定制行为为主。进入工业化时代，大规模生产成为可能，文化产品形成"小众生产、大众消费"的格局，此时的文化生产是以文化商品化和规模化生产行为为主。进入后工业化时代和信息化时代，文化产品出现"大众生产、大众消费"的格局，此时的文化生产愈发强调以文化创意化和创意文化化行为为主。

"以创意和文化理念为基础的发展战略于20世纪90年代末和21世纪初在全球繁荣起来。"随着创意在现代新经济中发挥的作用越来越大，"创意"成为一个热词、好词，成为学术界、产业界和政策界中具有普遍搭配功能的流行词，如创意产业、创意城市、创意集群、创意劳动等都成为新术语。用英国著名的文化研究学者雷蒙德·威廉斯的话来说，"没有一个词能像创意这个词一样，自始至终都受到正面的评价"[1]。

对文化产业发展来说，更重要的是形成了当代的"文化创意产业"的概念和产业形态。2015年12月，联合国教科文组织推出了首个全球文化创意产业发展报告——《文化时代：第一张文化创意产业全球地图》，时任联合国教科文组织总干事博科娃提出，文化创意产业部门已经成为发达国家与发展中国家经济增长的重要引擎，对收入、就业与出口产生影响，

---

① 大卫·赫斯蒙德夫：《文化产业》，张菲娜译，中国人民大学出版社，2016，第131页。

有助于为全球创造美好的未来。报告中的数据显示，亚太、欧洲和北美成为全球文创产业的前三大市场，亚太占据全球文创市场收入的33%、就业的43%。报告中还特别提到了一些文创领域的领军企业，其中包括腾讯和CCTV。

中国的文化创意产业持续快速发展。国家统计局的数据显示，2012～2017年，我国文化产业年均增长13%以上，文化产业增加值达34722亿元，占GDP的4.2%。引人注目的是，北京、上海、深圳等城市的文化创意产业高速发展，产业增加值占地区生产总值比重超过10%，且增速远高于GDP增速，成为城市经济的重要支柱产业，助推经济高质量发展和城市转型，而地方政府围绕文化创意产业的新兴业态制定的发展规划与政策体系也具有很强的引导性。①

在文创产业实践的蓬勃发展中，围绕如何有效推动文创产业发展的观念逐渐清晰。文创产业不是标准化、规模化的工业生产，需要个性化、多样性的创意引领；不是单纯的文化传播，需要金融工具和市场机制支撑；不是狭义的文化内容，需要与互联网、大数据、人工智能等新技术手段融合。这些理念的形成逐渐体现在各地出台的支持文创产业发展的政策内容中，从近些年的各地文创政策来看，对文创产业发展规律的认识愈发深入。2018年，北京市发布《关于推进文化创意产业创新发展的意见》，该意见明确"两个聚焦"：聚焦高端、高新和高附加值，推动文化创意产业结构升级、业态创新、链条优化；聚焦文化创意产业体系构建中的九个新兴业态，即创意设计、媒体融合、广播影视、出版发行、动漫游戏、演艺娱乐、文博非遗、艺术品交易和文创智库。

二 文创理念的文化主体意识

文创理念的根基在文化，这种文化是由文化基因决定的，是基于民族历

---

① 张贺：《文化建设，持续释放创新创造活力》，《人民日报》2019年1月4日。

史传统形成的文化共识，尽管"日用而不知"，但深刻地决定了文化选择与文化意识，也成为文化创新创造的深层营养与根本动力。

（一）文创理念与文化自信

提出文创理念的目的是推动当代中国文化发展，进而为世界文化发展和人类新文明建设做出中国的贡献。这一理念具有鲜明的文化主体意识，文化创新创造的根基是民族文化和传统文化，其内在逻辑是文化自觉基础上的文化自信，并通过自主性的文化创新创造实现文化自强。

楼宇烈认为："所谓自觉的文化主体意识，就是对传统的认同、尊重，对自己的传统文化有自信，我们才有可能平等地跟其他的文化比较、交流，才能比较清楚地看到自己文化的不足和其他文化的长处，反之亦然。"[1] 这种文化主体意识对于当代全球化条件下的文化交流与发展至关重要，换言之，这是一种身份的主体意识、能力的主体意识、方向的主体意识，有了这种意识，才能进行文化建设上的主动选择。

文创理念作为当代中国文化发展的新观念，强调不忘本来、吸收外来、面向未来。中国的深厚文化底蕴要在新形势下进行大力度地转化与发展，才能释放出其对内的凝聚力和对外的吸引力，才能让国人更加具有文化自信。培养并运用文创理念，中国优秀传统文化和当代中国文化发展都将展现出全新的面貌。

（二）文创理念与新轴心时代

近代科技革命和工业革命以来，西方文明以武力、科技、宗教为依托，一统天下，"文明"一词具有很强的欧洲中心主义色彩。二战以后，西方殖民体系解体，各民族独立身份逐步确立。汤一介认为，"自己民族的独立文化正是其确认自己独立身份的最重要的因素。因此，我们可以说21世纪将

---

① 楼宇烈：《中国文化的根本精神》，中华书局，2016，第167页。

形成一个文化上的新的轴心时代"①。

"新轴心时代"是一个战略性的判断。这一时代能否出现，取决于各种文化能否找到自己的本源，实现自主发展。单一文化的强大不可能形成一个"新轴心时代"，只有像公元前 500 年那样，欧美文化、东亚文化、南亚文化等共同而自主发展，再加上当代的拉美文化、非洲文化也同样自主发展，才能形成人类文化异彩纷呈的新局面，才能出现一个新轴心时代，构建体现文化多样性、平等性和开放性的人类新文明。汤一介认为，在新轴心时代，"各种文化将由其吸收他种文化的某些因素和更新自身文化的能力决定其对人类文化贡献的大小"②。从这点上看，中国文化无疑具有极强的优势。中华文化有很强的内敛性和包容性，历史上鲜有对外族布道传教的意识，但吸收外族文化的能力很强，所谓"杂取种种、自成一家"。对当代中国文化发展来说，在坚持包容性的基础上广泛吸收各种异文化的内容是必需的，同时，还要强调坚持自主性基础上的创新创造。在当代中国文化发展中，文化是土壤，创意是种子；本土文化是土壤，外来文化是种子，只有充分吸收本土文化和传统文化的营养，多样性的创意种子才能扎根、开花。

从建设文化上的"新轴心时代"的角度看，中国文化面临难得的发展机遇和巨大挑战，既要融入文化多样性的时代，又要保持文化独特性的发展，以全新观念加快文化创新创造，目标是形成新的中国文化，同时，也形成新的世界文化。

三　文创理念的观察视角

以文创理念观察当代文化发展可以发现，文创发展的实质是把大众的无形需求有形化、个性需求共性化。为此，就要敏锐地把握当代文化的特征，以多视角来推动发展。从当代中国文化来看，经过 40 多年的改革开放，其

---

① 汤一介：《瞩望新轴心时代——在新世纪的哲学思考》，中央编译出版社，2014，第 29 页。
② 汤一介：《瞩望新轴心时代——在新世纪的哲学思考》，中央编译出版社，2014，第 29～30 页。

表现出很强的现代性与后现代性并存的特点。法国批评家波德莱尔把现代性描绘为现代城市生活的碎片化体验，人们追求"当下的新"与"稍纵即逝的时刻"；后现代哲学家利奥塔则把后现代简单定义为"对元叙事的不信任"。① 在这样的社会形态下，推动当代文化发展，可以从创意视角、科技视角和生活视角来观察，如此，当代中国文化发展会更加活跃与多样，更加贴近时代与青年，更重要的是，在全球范围内更加具有吸引力。

（一）创意视角

创意视角是一种个性化视角，没有创意的文化是重复的，没有文化的创意是单薄的。当代社会的文化生态是"超市型"的存在，即多样性的文化产品与自主性的个体选择并存。在后喻文化类型时代，引领"文化超市"消费方向的是年轻一代，因而标准化、重复性的文化产品缺乏魅力，而个性化、差异性的文创产品才能吸引关注。传统的文化发展是一种精英主义的、前喻文化类型的视角，由少数人创作、多数人接受，但是，"在许多作家看来，后现代意味着转向民主和开放的文化的真正倾向，并最终结束精英主义和封闭的现代性"②。

当代中国的经济结构正在从劳动密集型、低附加值、大批量生产的传统产业结构转向智力密集型、高附加值、定制性生产的现代产业结构，由此带来公众素质结构与文化需求结构的转变，被动地、规模化地接受单一文化内容被排斥，主动地、个体地选择多元文化产品成为普遍。与此同时，越来越多的人不仅是文化的消费者，也成为文化的生产者，比如中国网络文学的兴盛就是鲜活的体现，数以千万计的网络写手已经成为网络文学蓬勃发展的不竭推动力量。

从中国文化的传播来看，特别是从非物质文化遗产的当代传播来看，让

---

① 阿兰·斯威伍德：《文化理论与现代性问题》，黄世权、桂琳译，中国人民大学出版社，2013，第146、161、164页。

② Dan Schiler, Digital Capitalism: Networking the Global Marketing System. Massachusetts：MIT Press，2000：14.

"传统"成为"时尚"，让"中国的"成为"世界的"，真正流行起来，需要很强的创意能力。从21世纪初开始流行的"女子十二乐坊"，因以二胡、琵琶、扬琴、古筝、笛子等中国民乐乐器为演奏乐器而走红东南亚乃至世界，其创意组合与设计是成功的重要因素。同样，青年摄影师陈漫，聚焦当代中国背景、当代中国人物以及五行、四大天王等中国传统文化题材，拍摄了许多流行时尚的摄影作品，屡获国际大奖，其个人创意无疑起到了关键作用。博科娃认为："非物质文化遗产是我们通过创新与创意实现包容性可持续发展的重要一环，也是去直接体验其他/活态遗产的机会，从而感知人类无限的多样性、生命力和创造力。"

（二）科技视角

科技视角是一种现代化视角，没有科技的文化是边缘的，没有文化的科技是乏味的。在描述当代社会行为的普遍特征时，互联网与手机使用无疑成为最具典型性的存在。从一定意义上说，互联网已经与空气一样重要，成为各种公共场所的"标配"；而手机已经成为"人体的器官"，侵入人们所有的私人空间，从接触程度上看，其也成为每个人"最好的朋友"。媒介化社会和数字化内容对当代文化发展已基本成为时代背景，换言之，没有进入现代媒介进行数字化呈现的文化内容，严重缺乏时代气息与传播能力。

早在1948年，梁思成曾在清华大学作过一个题为"半个人的时代"的讲演，谈的就是文、理分家导致人的片面成长问题。当代文化要融入当代社会，必须融入已经高度科技化的当代社会。从文创产业中最具显示度的电影来看，随着后期制作技术、数字特效技术、智能影棚等的普及，对先进影像技术的使用要求越来越高。媒介技术的改变带来文创产业形态的改变，在互联网普及的条件下，传统电视式微，而各类网络音乐、网络剧、网络电影等大规模兴起。同样，在各类主题公园、实景演出和舞台表演秀中，虚拟现实、人工智能、全息成像、人机交互等先进的娱乐设备和技术的使用更是迅速而自觉的。这些先进科技手段在文创产业中的运用，得益于最重要的推手——资本。资本为了打造具有盈利可能的文创项目，具有强烈的引进先进

科技手段进入文创产业的冲动，而这种科技与资本的结合也成为好莱坞、迪士尼等发达文化工业产品体系得以全球扩张的重要力量。用美国批判学者丹·席勒的话说，"互联网构成了跨国程度日益提高的市场体系的核心生产和控制工具"。科技手段的引入不仅带来了文创产品物质形态和表现手段的变化，也形成了文创产品内容中的科技意识，近些年来经常出现的科幻题材、未来题材等不断在文学、电影等领域成为热点。

（三）生活视角

生活视角是一种社会化视角，没有文化的生活是无趣的，没有生活的文化是无力的。当代中国社会的一个突出特点是大众在物质丰富之后的精神需求上升，换言之，文化需求已经不是大众日常生活的奢侈品，而是必需品，文化消费成为消费热点，文化选择成为情感需要与身份认同。

与物质匮乏时代不同，当代人对生活的审美意识愈发凸显，对饮食、穿衣、日常用品、活动空间等的文化特征要求愈发提升，这种日常生活审美化可被视为唯美主义和消费主义的叠加。尽管大众对审美感与文化感理解的角度不一、深度不一，但"诗意栖居""快乐生活"愈发成为一种共同趋势。文旅小镇是当代中国文创发展中的典型形态，本地化、生活化、艺术化成为普遍特征，就地取材、渗入日常的设计理念让接触者充满亲近感。国内首个以戏剧为主题的文旅小镇是坐落在中国女子越剧诞生地浙江嵊州的"越剧小镇"，该小镇在保持天然山水田园风貌的基础上，打造集戏剧、文化、生活于一体的生态园区，以越剧为核心，以包含戏曲、话剧、舞蹈、曲艺、音乐剧等在内的常态演出为支撑，以剧场、戏剧工坊、艺术教育、非遗体验馆、工匠艺术村落等为板块。① 从文创理念看文旅产业发展的内涵，可以树立"好好生活"的理念，推动城市再生、乡村再生和心灵再生。

同样，从文创产品开发比较活跃的博物馆行业来看，与日常生活用品结合，让文物"活"起来成为共同特征。故宫博物院、国家博物馆等的馆藏

---

① 梅生：《越剧小镇：戏剧之魅与生活之美》，《人民日报》2019年1月17日。

文物主题设计与笔记本、手机壳、马克杯等产品紧密结合，获得了很好的市场反响，故宫日历等成为常销、热销产品，故宫博物院也成为博物馆文创发展的引领者之一。

四 文创理念与文创赋能

文创理念对于以文创赋能各个传统行业、打造新型文化业态具有指导意义。按照这一理念，可以形成包括"文创＋旅游""文创＋乡村""文创＋制造"等"文创＋"的生态体系，有效引领产业升级，推动乡村振兴，助力城市转型。文创理念以文化为根基、以创意为关键，这就要求在文创赋能的过程中以创意来推动赋能对象文化内涵的挖掘、呈现与转化，其着力点在于故事、体验与授权。

（一）着力点之一 —— 故事（story）

好莱坞著名电影人塞西尔·德米尔曾说过，"世界上最伟大的艺术是讲故事的艺术"。讲故事是人类的重要能力，其原因在于，听故事是人类的基本需求。在一定意义上，人类的历史与文化正是靠故事传递的，《圣经》《论语》等人类经典历史文化文本中都充满了生动的故事。从实质上看，故事是文创理念的最好体现，好故事是文化内涵与创意表达的紧密结合。

旅游产业中的文创赋能最能体现挖掘故事的重要性。梳理旅游地点的历史文化、再现知名人物的足迹以及凸显文化象征意义等，都能让观光式的旅游成为文化式的旅游，增强旅游的文化感与获得感。同样，在制造业的文创赋能中，挖掘产品的文化意义就更具有提升产品品牌附加值的特殊作用。瑞士 IWC 万国表业在推出其新款产品 TOP GUN 时就借用了汤姆·克鲁斯主演的电影《壮志凌云》的故事，将产品与顶级飞行员的卓越成长历程和"壮志凌云"的气质联系在一起。情境故事法是文创产品设计中经常使用的方法。与传统的设计师导向的产品设计理念不同，"情境故事法则是在产品开发过程中，通过一个想象的故事，包括使用者的特性、事件、产品与环境的关系，

仿真未来产品的使用情境，通过使用情境的模拟，探讨分析人与产品之间的互动关系"①。在文创赋能中，这一方法突出的是文创产品设计中使用者的中心位置，重点在产品使用过程中的文化环境营造和使用者文化心理接受。

（二）着力点之二 —— 体验（experience）

体验经济是一种新的经济形态，与关注功能性的产品开发不同，强调的是通过设计与服务，让使用者获得好的感受。体验产业与文创产业有着天然的联系，共同点在于都强调使用者的非功能性的主观感受。"所谓体验产业，是指那些设计、创作、生产、加工或除了具备一般性功能之外，能够给人们带来体验感受的产品或服务的生产部门，主要代表部门可以包括如旅游、体育、音乐、互联网、电影、广告设计等部门。"② 因此，在文创赋能中，体验感的设计也成为重要的着力点。体验感设计要考虑主客观两方面的因素：一方面是场景的真实性，任何场景的设计都要符合该场景自然存在的状态；另一方面是主体的参与性，让进入场景的使用者具有沉浸感和互动感。前文提到的瑞士 IWC 万国表业于 2012 年在日内瓦推出其新款产品 TOP GUN 时，将展台布置成 1∶1 大小的航空母舰模型，配置指挥中心岛、飞行甲板、蒸汽弹射器、机库、飞行控制器和飞行员更衣室，现场也是由身穿白色制服的地勤人员负责办理嘉宾登记手续，加之持续播放海军空战部队精英飞行学校的训练短片，整个现场营造出接近真实的航母场景，带给参与者极为特殊的心理体验。

在中国，文创赋能乡村振兴促使大批年轻高学历的乡村创客群体的出现，促使"热气腾腾"的"乡创"实践的兴起。围绕新乡村建设，以"不旁观、不破坏"的姿态沉浸在乡村中，成为有机融入的"外来原住民"，通过自己的深度体验，打造出具有良好体验感的乡村文创空间和文创活动，成为当代乡村文创的重中之重。

---

① 李雪松：《在产品设计中讲故事——浅析情境故事法》，《美苑》2014 年第 6 期。
② 赵放、王淑华：《体验经济与中国体验型产业发展的研究》，《社会科学战线》2013 年第 11 期。

（三）着力点之三 —— 授权（authorization）

从国际经验看，要培育"文创＋"的新型文化业态，核心是基于文化IP的品牌授权业发展。要注重挖掘各类文化品的核心情感元素和价值元素，将其名称、形象等形成IP，并进行创造性转化与创新性发展。从全球范围看，品牌授权业的市场规模已经超过2400亿美元，而中国的文化资源正在成为越来越重要的授权资源，中国市场更是具有巨大的增长潜力。中国的授权市场以年均9.2%的速度增长，成为世界上发展最快的品牌授权市场，远高于美欧年均1%~7%的增速。近年来，包括国家博物馆和故宫博物院在内的中国博物馆行业越来越重视创造文物IP，开发周边创意产品，吸引了大量年轻粉丝。在今后的中国文化发展中，不但要进一步发掘文物等中华优秀传统文化中的"老IP"，还要善于通过当代文学、动漫、电影等创造"新IP"。更重要的是，要善于将这些IP进行更广泛、更多样的商品转化，形成新型文化业态，比如国产动漫电影《大鱼海棠》、国产原创动漫形象阿狸等通过IP开发与转化，都取得了不错的成绩。

国际品牌授权业协会前主席赛丹杰认为，品牌授权业务本质上是一个跨界的过程，通过商品，将娱乐内容、生活方式、企业品牌和零售融为一体。它凝结了包括市场营销、会计学、法学、电影学、工业设计、心理学、建筑学和计算科学等多个学科的集体智慧，是一种差异化、交叉型、移植性的创新思维结晶。他认为，中国在游戏、电影等内容产业方面已经超过美国，成为最大的市场，中国的文化元素和文化品牌也在进入美国等国家，从某种意义上说，品牌授权将成为文创行业内的天花板。在中国，品牌授权业有着巨大的空间，对现在和未来的文创产业发展都非常重要。①

推动文创发展，从根本上看，还是要培养具有文化使命感和文化创造力的文创人才。文创理念的核心特征是创新与跨界，对文创人才的素质要求也是复合型的和交叉型的。2001年，澳大利亚昆士兰科技大学成立了世界上

---

① 赛丹杰等：《品牌授权原理》，吴尘、朱晓梅译注，清华大学出版社，2016，第1页。

第一个"创意产业学院",旨在整合表演艺术与创意艺术、媒体与传播、设计等不同学科,为新知识经济中的创意产业培养人才。从文创人才培养的专业上看,有三个专业成为重要支撑:媒体(media)、艺术(art)和设计(design),恰巧,这三个单词首字母合起来就是 MAD(着迷的),这也暗合了文创发展给人带来的喜悦感和冲击力。①

文创理念对于当代的中国文化发展和国家形象塑造都具有重要作用,既能通过创意性传播来展示中国的文化形象,又能打造新型文化业态来推动文化事业和文化产业繁荣,更重要的是,具有文创理念的年轻一代将成为全民族文化创新创造活力的重要体现。运用这一理念,中国的经济增长、文化自信、社会和谐及生命质量都将持续改善,具有鲜明人文精神特质和深厚历史底蕴的中华文化也将在当代世界多样性文化表达中更具魅力与活力。

---

① 约翰·哈特利编著《创意产业读本》,曹书乐、包建女、李慧译,清华大学出版社,2007,第5页。

案 例 研 究

Case Study

B.11

2019年中国旅游线上平台营销案例研究

刘佳杰 钱 婧*

摘 要： 旅游线上平台作为一种新兴的信息传播媒介和营销方式，深刻改变着人们的旅游消费模式和企业的旅游经营策略。在旅游线上平台上，游客可以对产品进行了解，还可以在平台上进行互动，以增加对旅游产品的认知。本文从旅游线上平台的营销入手，以小猪短租住宿平台和故宫博物院官方微博为案例进行研究，探究其传播路径和受众范围，并对评论进行深入分析。由此发现，旅游线上平台营销中可以通过提升美誉度、加深文化和旅游融合、丰富营销手段来促进旅游业优质发展。基于此，本文提出了对旅游线上平台营销的展望和未来研究方向。

* 刘佳杰，博士，澳门城市大学国际旅游与管理专业，河北对外经贸职业学院教师，研究方向为旅游管理、旅游创新和智慧旅游；钱婧，澳门城市大学国际旅游与管理专业博士研究生，主要研究方向为旅游目的地营销、旅游文化创意和产品营销。

关键词： 旅游线上平台　小猪短租　故宫博物院官方微博

一　引言

互联网技术和共享 WiFi 技术的快速发展深刻而广泛地影响着人们的旅游消费模式和企业的旅游经营策略。线上主要指依托于网络，线上平台是指依托于网络平台采用的各种行为，如产品的营销、推广、展示、交易等。在旅游领域，线上平台以其在信息传播上具有的较低成本和较快速度的优势，成为大多数旅游企业和旅游目的地进行产品宣传推广的主要平台。[①] 游客利用互联网搜索信息方便快捷，不受时间、地域和语言等限制，使线上平台被视为获取旅游信息的常见筛查方式。游客不仅能借助网络平台了解最新的旅游资讯，还可以浏览别人的旅游体验文章，同时对比价格，分析不同旅游产品的优势和劣势。在现实生活中，部分游客通过线上平台了解旅游产品，从而进行在线预订，完成消费决策。因此，线上旅游平台的传播大大地促进了消费者对相关旅游产品的理解，线上平台的用心经营有利于旅游企业和旅游目的地制定更精准的定位策略，对潜在旅游者进行更精准的营销方式。[②] 以下将以小猪短租住宿平台和故宫博物院官方微博为案例进行分析，探讨 2019 年旅游线上平台的变化及发展趋势。

二　案例分析

（一）小猪短租：用人情味提高美誉度

分享经济是指利用互联网等现代信息技术，以使用权分享为主要特征，

---

① Law R., Qi S., Buhalis D., A Review of Website Evaluation in Tourism Research. *Tourism Management*, 2010, 31（3）：297–313.

② 涂红伟、郭功星：《在线旅游消费者是积极主动还是消极逃避？——认知需要对困惑与满意度的影响》，《旅游学刊》2018 年第 7 期。

整合海量分散化资源，满足多样化需求的经济活动的总和。[①] 分享经济的进入点比较低，游客和服务提供者在没有经验的情况下也可以参与，是信息革命发展到一定阶段后出现的新型经济形态。[②] 2019年分享经济中的房屋交易市场规模数量以及融资均保持稳步增长，其中小猪短租住宿平台表现不俗。小猪短租住宿平台于2012年8月正式上线，是分享经济旅游住宿的典型代表，小猪短租住宿平台是以出售闲置房屋资源，搭建诚信、安全的在线沟通和预订为目的的平台。平台为用户提供有别于传统酒店的，且更具人文情怀、更有家庭氛围、更高性价比的住宿选择，帮助游客结交更多兴趣相同的朋友。目前，小猪短租住宿平台拥有30多万套房源，遍布全球300多座城市。平台上房源丰富多样，既有普通民宿，也有隐于都市的四合院、花园坊和百年老建筑，还有布局别具匠心的绿皮火车、森林木屋、星空房等。小猪短租住宿平台能广受游客喜爱，特别是受到年轻人的追捧，主要有以下几个因素。

1. 切实保障住宿安全，建立基础信任

小猪短租平台高度重视产品的安全性，积极投入住宿的安全体系建设，与公安机关合作的在线验证，保障了住宿安全。平台提供和保存信用记录，为游客和房东提供了自由选择交易的依据。双向评价体系覆盖了选房、交易、预约登记、入住、退租的全过程，相对透明，为其他游客提供了参考意见和实践经验。同时，小猪短租住宿平台还积极通过智能硬件设备提高安全性，一方面应用新一代智能门锁镶入智能芯片，用于识别人脸，确保入住与预定为同一人；另一方面在室内安装智能烟感器与燃气探测器等设备，从而降低安全隐患。一系列的安全举措使游客与房东在陌生的情况下，建立了基础信任，也更加依赖平台进行交易。

2. 积极拓展新产品和服务，充满人情味

小猪短租住宿平台推出了针对不同消费者的产品，既有度假高端别墅

---

① 国家信息中心课题组：中国分享经济发展报告，2016。
② 刘佳杰、陈希：《分享经济对旅游业的影响研究——以秦皇岛旅游住宿业为例》，《天津商务职业学院学报》2019年第4期。

住宿，也有休闲快捷住宿，降低了游客参与住宿共享的门槛，满足了游客越来越追求个性化的需求。多元化的需求不但体现在消费者方面，还体现在房东方面。由于小猪短租住宿平台的很多房屋是闲置资源，房东也多为兼职，因此平台为没有时间打理房间的房东提供了个性化的管家服务，包括专业保洁、房间复原、房屋专业摄影、绿植修剪浇水等定制服务。小猪短租住宿平台的个性化服务颇具人情味，并建立了良好的口碑，让游客和房东主动为其线上平台的产品和服务做宣传，最终达到企业扩大营业额的目标。

3. 助力美丽乡村建设，提高美誉度

当前，城市游已经不能满足人们的需要，在热闹、繁华的都市生活与工作的人更向往恬静与悠闲的乡村美景。小猪短租住宿平台在 2019 年把目光转向深度乡村游，制定了房屋改造项目。此项目不断盘活更多的农村闲置房屋，给农民带去了新思想和新观念，更带动了城市游客住宿乡村。这些助力美丽乡村建设项目打造了小猪短租住宿平台有社会责任感的企业形象，其节约资源、热心公益、帮助乡村脱贫的理念和行为深得公众好感与欢迎。这些举措扩大了小猪短租住宿平台的品牌知名度，提升了美誉度，达到了提高企业整体效益的营销目的。

（二）故宫博物院官方微博：用文化积淀构建焦点网红

微博作为新兴媒介已成为人们获取信息的重要来源，一条微博引发关注而影响事件发展已成为当下社会传播中常见的"新鲜事"。[①] 从传播史来看，一种传播媒介普及 5000 万人，收音机用了 38 年，电视机用了 14 年，互联网用了 4 年，而微博只用了 14 个月。[②] 这说明新媒体发展受众的速度极其惊人。不管是国外 Twitter 还是国内新浪微博，各企业、政府机构纷纷入驻，

---

① 周欣琪、郝小斐：《故宫的雪：官方微博传播路径与旅游吸引物建构研究》，《旅游学刊》2018 年第 10 期。
② 许晔：《微博——正在改变世界的创新应用》，《中国科技论坛》2012 年第 8 期。

不仅将其作为与民众沟通的工具，更作为发布正式信息的重要渠道。① 各旅游运营管理方也非常重视借助微博进行宣传，向平台中的大量用户传播旅游产品的相关信息。在互联网时代，越来越多的潜在旅游者和年轻人通过微博平台对景点进行搜索②并分享旅游体验。旅游目的地或旅游产品成为"网红"，这种在网络媒介环境下被关注、在网络世界被追捧，已成为各旅游运营商注重的重要因素之一。近几年来，600年的故宫以其独特的魅力成为"网红"旅游目的地，而故宫博物院官方微博在其中起到了重要的作用。它的多年努力让大家看到，故宫不再是高傲威严的紫禁城，而是一座富有生活气息的博物馆，时光千年一瞬，故宫不再隐秘遥远。

1. 诗词提高文化吸引力，打造"故宫的雪"

"故宫的雪"让许多人领略到故宫阳春白雪的美妙绝伦，也让更多人乐于去了解故宫和探究故宫，走进传统文化。故宫博物院官方微博在2019年底一场瑞雪后发布"#紫禁城的瑞雪#，落在枝杈角落，让人心生欢喜"并配以多张美图，截至2020年1月17日，得到59506个赞，20169次转发，5233条留言。很多用户通过诗词来进行评论，例如"琼芳人间金阙玉阑，琉璃世界白雪朱墙""雪落枝头皆玉色，万树犹似梨花开""绿蚁新醅酒，红泥小火炉。晚来天欲雪，能饮一杯无?""故宫的雪，轻舞婆娑，落在流年的画卷上，洁白，宁静，幽深，婉约了世界"等，这些寄情于诗的作品将下雪的感悟写进诗里。平仄、对仗、押韵的诗词配以故宫下雪的美景，相互映耀、相得益彰，使人们对"故宫的雪"有更多的向往和憧憬。微博的不断转发、点赞和留言，让"故宫的雪"成为一种传承、传播中华传统

---

① Bernard J. Jansen, Mimi Zhang, Kate Sobel et al., Twitter Power: Tweets as Electronic Word of Mouth. *Journal of the American Society for Information Science & Technology*, 2009, 60 (11): 2169 - 2188.; Shamma, D. A., Kennedy, L., Churchill, E. F., Tweet the debates: Understanding community annotation of uncollected sources, Proceedings of the First SIGMM Workshop on Social Media. Savannah, DBLP, ACM, 2009: 3 - 10; 张跣:《微博与公共领域》,《文艺研究》2010年第12期。

② 贾衍菊:《社交媒体时代旅游者行为研究进展——基于境外文献的梳理》,《旅游学刊》2017年第4期。

文化、咏怀古今的符号。当这些评论和转发形成一定规模时，就会产生社会共鸣，使其更符合当代社会发展的趋势，被更多人所接受。而且，这些古今诗词增添了故宫博物院独特的文艺气息。诗词与美图辉映，让故宫在这个四合院变高楼、老胡同变马路的时代变迁中更具鲜明特色，更具往日情怀。

2. 官方美图打造最美古建筑

2019 年，故宫博物院官方微博在不同季节都会发出该季节独具特色的故宫美图。这些美图制作精良，内容包含"春日的阳光""雨中的朦胧""静谧的落叶""皑皑的白雪""悦耳的鸟鸣""慵懒的猫咪"……很多网友在浏览故宫博物院官方微博时，看到其发布的故宫美图，无不发出这样的感叹："故宫的一砖一瓦，一草一木，都不知不觉地浸染了四季的色彩""碧瓦飞甍，雕梁画栋，都能感受到一种穿越数百年的厚重与静美""这一年四季的故宫真是：春有百花秋有月，夏有凉风冬有雪"等。一张张美图都是故宫中最突出、最具特色的景观，具有强烈的冲击力和吸引力，塑造了故宫良好的形象。

3. 提高话题度，打造流量宣传

如今，旅游景点都在大力进行宣传，有时候投入很多宣传费用却达不到预期效果。如何能在各种经典旅游项目中成为佼佼者，吸引更多的关注，故宫为我们提供了经典案例。2019 年 11 月故宫启动了第二季文化创新类真人秀节目《上新了！故宫》，这季节目邀请了很多优秀的影视明星，崭新的视角和时尚的表达满足了年轻人对故宫的好奇。一身现代装的明星手拿故宫地图，与古代帝王（明星扮相）相遇，引发全民猜想，甚至上演"穿越戏"，打造不一样的破次元壁之旅。节目一经上线，不断制造话题、引领热度，甚至打造出了故宫另一个高关注度的官方微博："上新了！故宫"。这个活动不但提高了故宫的知名度，带动了流量，吸引了游客，还引发了年轻人购买故宫文创衍生品的欲望。

4. 评论和留言透露旅游动机与意向

很多用户在看到微博后会产生共鸣，常常会进行评论或留言。评论或留言的内容表现出用户对旅游景点的认知，也体现出用户参观游览故宫的旅游动机与意向。例如，有些用户的留言是这样写的，"我现在所能想到的最浪漫的事，就是和你一起去故宫看雪""好想明天就请假去故宫观赏美景"。这些留言大都体现出对故宫的赞美与向往，体现出较强的潜在出游意向。根据学者周欣琪和郝小斐的《故宫的雪：官方微博传播路径与旅游吸引物建构研究》一文中提出的微博平台中旅游吸引物的建构过程可以看出，旅游景点在微博平台上的营销是一个闭环式双向过程，会潜移默化地影响社会价值与理想（见图1）。

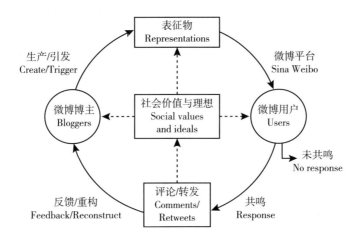

图1　微博平台中旅游吸引物的建构过程

资料来源：周欣琪、郝小斐：《故宫的雪：官方微博传播路径与旅游吸引物建构研究》，《旅游学刊》2018年第10期。

三　研究结论

（一）提升美誉度，增加游客认知

旅游线上平台美誉度，不仅反映了消费者在综合自己的使用经验和所接触到的多种品牌信息后对平台的认可程度，也大大影响着消费者的使用程度。

美誉度强调的是消费者的心理感受，是形成消费者忠诚度的重要因素。一个好的旅游线上平台通过良好的美誉度体现社会责任，并全方位塑造其公益形象。

（二）加强文旅深度融合，促进旅游业优质发展

旅游产业是服务产业的重要一环，承担传承和创新文化的重要使命。充分发挥文化在旅游中的多元化功能，可以促进消费升级，实现旅游优质发展。融入文化因素有助于旅游消费体验的升级。游客可以在追求品质和个性的道路上不断享受人文艺术。通过一系列对美学、对情怀的回归，将文化艺术的沉淀和对生活的精彩体验融入旅游目的地中，文化和旅游的融合发展不是简单地相加，而是二者有机融合，进而促进新的业态升级和质量发展。认识到文化对旅游优质发展的重要性，以文化和旅游融合发展为立足点，利用文化因素为自然赋能，使旅游成为传承展示和体验优秀文化，增强文化软实力，彰显文化自信的重要载体。

（三）丰富营销手段，创造情怀消费溢价

新消费时代的游客在旅游中更注重内容的情感化、空间的场景化和渠道的便捷化等特征。因此，在旅游营销上应该运用"全时空""全渠道"理念，将旅游消费变成生活方式的过程和体验。具体而言，从消费内容上要依托主题焦点或主题印象，给游客带来难以复制的体验。从消费空间上，通过智慧化、人性化、服务性等的产品和服务将功能与生活有机融通。在消费渠道上，利用线上与线下的虚拟化技术，打造人情味儿，创造情怀，赢得更大范围的消费客群。

四　展望与未来研究

近年来，旅游线上平台的数量增长迅猛，已成为互联网旅游行业的盈利点。从市场环境来看，各个线上平台之间的竞争激烈，各种优惠手段和宣传相继推出。在这个"百家争鸣"的时代，旅游线上平台的使用和消费与游

客的参与、体验和信任是密不可分的。未来，谁能得到更多游客的参与、谁能更注重用户的体验、谁能更获得游客的信任，谁就将赢得市场、赢得竞争。未来进一步的研究可以从参与、体验与信任方面深入探讨和分析。

B.12
四川省苍溪县三会村旅游扶贫经验探讨

邱琳懿 *

摘　要： 乡村贫困集中表现在人力流失、土地荒废、教育落后、产业衰退、文化失传和生计困难六个方面。同时，发展乡村旅游作为推动乡村振兴的产业手段，因其汇聚农村人气、盘活农村土地、激活市场活力、改善农民教育环境、传承乡土文化、增强农户生计能力等积极因素，逐渐被各级政府提上日程。

在诸多利好环境下，四川省苍溪县三会村转变发展理念，积极引入文创、农创和旅创机制，将扶贫开发的有效模式应用到旅游发展工作中，并带动相关产业融合发展和农民群众脱贫致富，盘活乡村产业，共享"扶贫＋旅游"的发展成果，取得了一定成效。本文分析了三会村旅游业发展情况，简要介绍了独具三会村特色的乡村旅游扶贫新形态，希望能为其他地区乡村振兴、开展"扶贫＋旅游"的模式提供借鉴和参考。

关键词： 三会村　乡村旅游　"扶贫＋旅游"

三会村地处四川省苍溪县五龙镇北部，距五龙镇政府所在地 4.5 公里，距兰海高速公路永宁出口 8 公里，国道 212 线、兰海高速 G75 和兰渝

---

* 邱琳懿，北京第二外国语学院 MTA 研究生，四川省自贡市口岸与物流办公室口岸与通道科副科长。

高速穿境而过，交通便利。该村辖区面积5.8平方公里，耕地面积2346亩，林地面积5246亩，森林覆盖率60.3%，平均海拔750米，属于典型的深丘地形地貌，全年阳光和降水量充沛，动植物资源种类丰富，生态环境优越。

近年来，随着国家精准扶贫的深入推进，以"政府引导，群众主导，市场运作，规模发展，服务完善，滚动实施"为旅游项目实施的运行机制，三会村的旅游扶贫取得了较好成效，促进了当地社会经济良好发展，但仍存在较明显的短板和劣势。本文通过考察苍溪县三会村"扶贫＋旅游"发展的现状，深入剖析了该村在精准扶贫和乡村振兴背景下的旅游扶贫动力与障碍，为该村的未来发展以及正在进行旅游扶贫或准备进行旅游扶贫的地区提供借鉴和参考。

一 我国旅游扶贫的研究综述

国内对旅游扶贫的定义是"开发利用贫困地区旅游资源，属于以贫困地区为对象的反贫困战略，在实施过程中主要追求贫困地区旅游产业发展和区域整体经济增长，使旅游产业变成贫困地区的支柱产业，从而让当地民众的收入增加，达到脱贫致富"。随着社会经济的不断发展和创新，我国大力推行"精准扶贫"政策，"乡村旅游致富"这一概念越来越为人所知，学者们开始围绕"旅游扶贫"从多个方面展开论述和研究。

20世纪末，高舜礼、刘向明等学者通过对我国扶贫相关政策的深入了解以及对开展扶贫项目的村落重点研究，认为"旅游扶贫不仅要使贫困地区在物质上脱贫，还要实现精神理念上的脱贫，从而一步一步提高生活品质"。[1] 蔡雄等提出："研究'旅游乘数'的概念，对比产出、收入、就业和政府税收的变化与旅游支出的初期变化，包括交易销售乘数、产出乘数、

---

[1] 高舜礼：《对旅游扶贫的初步探讨》，《中国行政管理》1997年第7期；刘向明、杨智敏：《对我国"旅游扶贫"的几点思考》，《经济地理》2002年第2期。

收入乘数、就业乘数和政府税收乘数等。"① 郭清霞提出："旅游扶贫应当坚持走可持续发展道路。"②

21世纪初，国内对旅游扶贫的研究逐渐深入。胡柳认为："实现乡村旅游精准扶贫的多条路径，需要构建外部多元扶贫与内部自我脱贫的互动机制、农民增权提升贫困人口旅游发展获利能力实现精准扶贫、打造'互联网＋乡村旅游＋社会扶贫'等模式。"③赵荣以安徽省砀山县光明村扶贫效果为例，提出了旅游扶贫是解决旅游资源富集地区贫困问题的有效途径。④杨凯和陈丽军将生态文明、乡村旅游、文化小镇、产业融合等新思想和新业态应用到红色旅游的发展中，实现了把乡村建设成为人们向往的精神高地。⑤李俊杰和吴宜财认为，民族地区产业扶贫需精准选择产业发展与益贫减贫相兼容的实施路径，提高产业精准度，打造产业核心竞争力；健全机制、跟踪管理，拧紧扶贫绩效责任链。⑥乌日吉木斯以内蒙古旅游精准扶贫政策为例，讲解"三到村三到户""金融扶贫富民工程"等金融帮扶以及旅游创新项目的意义，提出增加民族干部人数、培育少数民族人才、提升群众素质、加大宣传力度等有效举措。⑦马斌斌和鲁小波借助问卷调查和半结构式访谈，以海棠山乡村旅游发展为例，提出了以海棠山景区为依托，将乡村旅游融入精准扶贫工作中的开发策略。⑧张鸣峰和胡永进提出休闲观光农业行业

---

① 蔡雄、连漪、程道品、白丁、蓝雄现：《旅游扶贫的乘数效应与对策研究》，《社会科学家》1997年第3期。

② 郭清霞：《湖北省贫困地区旅游可持续发展研究》，《湖北大学成人教育学院学报》2004年第5期。

③ 胡柳：《乡村旅游精准扶贫研究》，武汉大学博士学位论文，2016。

④ 赵荣：《农村贫困地区旅游扶贫效益研究》，福建师范大学硕士学位论文，2015。

⑤ 杨凯、陈丽军：《乡村振兴背景下红色旅游扶贫的创新模式和路径》，《三峡大学学报》（人文社会科学版）2019年第5期。

⑥ 李俊杰、吴宜财：《民族地区产业扶贫的经验教训及发展对策》，《中南民族大学学报》（人文社会科学版）2019年第5期。

⑦ 乌日吉木斯：《内蒙古旅游精准扶贫中的县级政府政策执行研究》，西南大学硕士学位论文，2017。

⑧ 马斌斌、鲁小波：《基于精准扶贫视角的海棠山乡村旅游研究》，《辽宁农业科学》2016年第2期。

发展和营销推广中存在的问题，支持利用"互联网＋"的技术和手段扩宽销路，提升影响力。[①]

国内庞大的旅游市场供给群体的产生离不开有效的市场需求和迅猛发展的旅游业作支撑，目前激烈的区域旅游竞争正是由于旅游产业供给能力远超过客源市场的开发速度和增长速度。而乡村旅游的发展尤其依赖农村自然资源、历史文化资源、农居环境的禀赋吸引力，多种因素决定了乡村旅游发展需要区分不同区域间的资源禀赋和时间维度以及差异化的精准旅游扶贫模式，这需要研究者们对发展中的实际情况给予极大关注。

二　三会村旅游扶贫现状

2014 年以前，三会村由于基础设施建设滞后、产业发展动力不足、劳动力缺乏支撑等，长期处于贫困落后状态，全村当年的人均纯收入为 4650元，其中 62 户贫困户的人均纯收入仅为 2736 元。2015 年 8 月，省委组织部、中石油、中石化等单位部门向苍溪县派驻精准扶贫工作组，对口联系指导三会村的精准扶贫工作，全力推进该村的基础建设、产业布局、基层党建等工作。先后协调重大项目 33 个，争取到位资金 9894 万元，道路、水利、住房及配套设施建设全面升级，村里建立起了以猕猴桃为主导产业，以涵盖乡村旅游、罗汉果等种植业、家禽畜牧养殖业为支撑的长短结合的多层次产业结构体系，打造出符合四川省乡村旅游精品村寨要求的特色乡村旅游度假区，旅游扶贫产业格局初见成效。2017 年，三会村全村 387 户 1237 人，其中建卡贫困户 62 户 218 人，贫困户人均年纯收入 4130 元，全村人均年纯收入 6000 元。2018 年，三会村参与旅游扶贫项目的贫困户人均年纯收入达到6000 元以上，年均增收幅度高于全省农民人均年纯收入 2 个百分点。

三会村现已完成三会现代农业产业园区、新村聚居点、道路管网等基础

---

① 张鸣峰、胡永进：《"互联网＋"在休闲观光农业中的应用》，《安徽农业科学》2015 年第 30 期。

设施建设，并结合乡村旅游发展，建成了龙吟谷景区、树尖上的餐厅、乡村主题民宿等旅游项目和服务配套设施，尤其是在道路系统建设上，完成了车行环线、步游环线、绿道等40余公里建设。此外，该村立足于现有的地形地貌和新建的产业配套、基础服务设施，按照游客集散线路、游憩方式和项目关联性，建成了以"康养+户外+游学"为主题，"一心五基地"的乡村旅游格局。

（一）三会村乡村旅游基础情况

1. 旅游阵地基础雄厚

三会村整合项目和资金，完善水、电、路及电视线路等基础硬件设施，并配套完善了其他如娱乐、体育及文化设施，通过旅游阵地，拓宽本村村民的收入渠道，助农增收。

一是三会村党群服务中心充实游客接待。建立了1460平方米的三会村党群服务中心，按照国家4A级景区标准进行内容完善和功能扩充，重点围绕游客接待和旅游管理两大功能，进行旅游咨询、换乘管理、信息化建设、特色旅游订制、集中培训和会务接待等。服务中心包括超市和图书阅览室，可容纳120人的大会议室1间、可容纳50人的小会议室1间、可容纳20余人的讨论室4间，大小会议室均配有音响、投影等设备。

二是西部旅游人才培训基地融合游学经济与乡村旅游的二重发展途径。依托政府干部教育培训资源，以苍溪县红军渡干部学院为主体，建立了西部旅游人才现场教学示范基地，2018年1月正式运营。该基地以三会村为中心，向周边地区辐射，开发了红军渡、黄猫垭、木门会议遗址、广元红军公园和阆中红军公园5个党性教育基地，师资队伍既包括省、市、县委党校和高校、行业领域的专家学者，也包括在脱贫奔康进程中受到中央、省、市表彰（表扬）的领导干部、先进典型、模范带头人，以及在脱贫奔康进程中具有代表性的当地党员、群众等，构建了"组织振兴、产业振兴、人才振兴、乡村治理（乡风文明）、文化振兴、生态振兴"六大教学模块，并通过课堂式教学、现场式教学、体验式教学、访谈式教学、激情式教学等多元化办学方式，让来此培训的学员们感受到"吃在树尖、住在农家、学在田野、论在庭院"的教学特色。

三是三会村村史馆传承村落历史文化。村史馆坐落在游客聚散中心的南边，馆内展示着三会村建村以来的百余件老物件、老照片和村史资料等，既是珍藏过去、记录村庄发展的历史馆，又是小型的脱贫攻坚博物馆。通过收藏和展览，使村庄的文化得以更好地传承，极具历史价值和文化意义，让游客在游乐的同时，对三会村的文化有更深入的理解，加深游客印象。

2. 乡村旅游类项目多元化

近年来，苍溪县大力发展生态休闲旅游，三会村借势而上，结合地方特色的旅游"双创"，大力发展乡村旅游项目，以"户外健身、康养休闲"为旅游吸引招牌，打造出一批具有乡村特色的旅游板块。

2016 年和 2017 年，三会村先后被评为四川省旅游扶贫示范村和四川省传统村落。通过旅游扶贫，2018 年，其乡村旅游业持续向好发展，已初步形成了以三会园区综合服务集散中心为核心，围绕三会岭树尖主题接待区、龙鸣谷森林营地拓展区、猕猴桃创意农业休闲区、樱花湾花海乡居体验区连片融合发展的乡村旅游路线。项目连片发展，形成了龙鸣谷徒步健身基地、虎跳崖极限运动基地、狮吼岭户外拓展基地、象鸣山健康骑游基地和红光湖水上运动基地，逐渐建立起以自然风景资源（康养、旅居）和现代农业采摘（猕猴桃、罗汉果等种植业）为支撑的长短结合的多层次乡村旅游产业结构体系。

3. 乡村旅游产品初入市场

三会村在旅游商品开发过程中，一方面深挖本地资源，充分利用猕猴桃与罗汉果的农产品特色资源，开发出猕猴桃和罗汉果系列的果酱、果粉、保健产品等，创造了独具特色的猕猴桃宴席餐饮文化，丰富了本地饮食、手工技艺等项目；另一方面拓宽营销渠道，借助"互联网＋"的模式，利用"拼多多""微店"这类新型电商平台，与邮政快递等物流进行合作，做到线上、线下经营同步，不断扩大销售渠道，提高三会村旅游商品的市场竞争力。此外，三会村支持社会资本投资农业开发项目，充分利用较为先进的农

业科学技术和当地赋闲的劳动力，种植特色农业产品，提供当地特色餐饮等。

（二）现有的旅游资源特点

1. 自然资源丰富，生态环境优质

三会村属亚热带季风湿润气候，降水量充沛、四季分明，全村自然资源丰富，有松树、柏树多种植被，有金钱豹、锦鸡、麂子、猕猴、野猪等珍稀野生动物，有灵芝、党参、川芎、白芨、薏仁等珍贵药材，森林覆盖率高，呈现出天蓝山青、空气清新、氧气充足的特色。

村内大部分区域除农业设置、行政用房与居民住房外，自然环境保存完好，生态环境资源保护良好。2018 年 3 月，在"全域旅游与绿色发展论坛"上，因其自然资源丰富、空气质量优越，苍溪县被评为"全国百佳深呼吸小城"，而三会村更是处于苍溪县整个县域自然生态环境的极佳位置。

2. 基础设施完善，发展后劲充足

三会村按乡村旅游道路标准建设的有效路面为 4.5 米宽的沥青主干线12.6 公里，硬化 3.5 米宽的混凝土次干线 17 公里，村组道路路面（4.5 米宽的沥青主干道）硬化全面实现，建设 3 米宽的混凝土支线 14 公里，布局交通网络化、内联外通的村节点交通枢纽基本形成。

采取"统规自主统建"的方式建聚居点 4 个，建房 135 套；按川北民居特色，高标准维修加固农房 186 户。铺设自来水管网 10 公里；建成移动信号基站 2 座；实施"雪亮工程"覆盖全村，实现村内户户通电视广播和互联网，GPRS 和 3G 网络可覆盖全村 100% 的区域；安全用水、用电，住房保障均达标。通过乡村旅游项目，带动贫困户就业和增收，发展后劲充足。

3. 乡村旅游初成格局，市场潜力很大

现已建成观景台、景云台、樱花湾、海棠园和蜡梅园，骑游道 3.2 公里、游步道 7 公里，打造了 3 个乡村民宿酒店、4 个"树尖上的餐厅"、1个户外拓展基地，文昌书院、牛王广场、村史馆等均已顺利完工，形成了乡村旅游的雏形。

4. 历史文化深厚，节庆活动众多

2016 年，苍溪县委和县政府提出了全域旅游战略，按照全城、全景、全时、全业、全民的"全域旅游"发展理念，深度挖掘自然生态、历史文化和人文科技资源，推动科技、文化、农业、康养与旅游相结合。据了解，三会村已成功举办了 2017 年和 2018 年的欧美国际职业篮球联谊赛、苍溪县"游龙吟·赏樱花"职工徒步健身赛、苍溪县卫计系统太极拳交流展示会、牛王会等各种节庆活动，并通过组织各种形式的采摘节、赏花节、美食节、民俗风情节、文化艺术节、体验康养节、特色农产品和旅游产品展销、休闲运动等主题活动，形成了"大节三六九、小节月月有"的节庆活动氛围。

（三）三会村旅游扶贫模式和经验成效

国内旅游扶贫模式可以按照管理运作机制和旅游产品这两大板块进行分类。

按照管理运行机制，国内旅游扶贫模式可以分为"政府投入/集体资产＋农户"、"政府投入/集体资产＋社会资本＋农户"及"社会资本＋农户"三种模式。其中，"政府投入/集体资产＋农户"模式主要是指利用政策支持或专项资金扶持，以乡镇政府或村集体资产投入为主，推动当地项目建设，从而助农增收；"政府投入/集体资产＋社会资本＋农户"模式主要是指具有政府背景或村集体的平台公司与社会资本通过合作或合资的方式，推动当地项目建设或提升村居基础设施环境，由此助农增收或改善当地环境；"社会资本＋农户"模式主要是社会资本在当地进行投资，从而达到助农增收的效果，一般以私人业主居多，且容易带动当地农户必要就业，该模式在国内往往以"归雁经济"为主。

按照旅游产品，国内旅游扶贫模式可以分为"民宿"、"旅游养老"及"特色景区"3 种模式。这三种模式均依托当地资源禀赋，以发展经济为总目标，带动劳动力就业，改善村容村貌和提升生活品质，但它们之间又有不同之处，民宿模式重在推动乡土情怀，旅游养老模式重在构建医疗康养体系，特色景区模式则重在讲好当地故事。

三会村的扶贫模式主要依托旅游扶贫，以民宿和培训基地为载体，带动周边农户就业，促农增收。按照旅游产品的内容分类，其具体经营模式有两种：一是"康养旅游＋民宿"的经营模式，二是"培训基地＋游学"的经营模式，这两种经营模式均以财政转移支付、打造整村风貌建设、完善基础设施为前提。

三会村的旅游扶贫模式与大量文献中的旅游扶贫所不同的是，多数文献案例中的旅游扶贫收益集中在少数人手中，而三会村由于众多项目涉及土地流转、食品供应的本地采购，所以收益多与该村的本地原材料生产者（即本地村民）发生关系，使本地村民收益大幅度提高。

1. "康养旅游＋民宿"的经营模式

主要由私营老板投资经营，属于"社会资本＋农户"的模式。业主利用较为先进的农业技术和闲置的农村劳动力，种植和销售经济作物或提供餐饮、垂钓休闲等服务项目，招徕游客。这种模式以民宿、主题餐吧、户外拓展训练基地等为代表，是三会村乡村旅游发展的主要模式，2018年，这些项目共接待游客近3万人次，带动周边农户就业40多人。该经营模式对当地产生的正面影响有以下三方面。

一是带动乡村旅游度假产品的成型。基于三会村夏季气候凉爽、空气质量优良、富含氧离子、森林覆盖率高等自然资源优势，形成了树尖上的民宿、须度民宿等特色酒店，吸引了大批来此疗养、避暑、休闲、度假的游客，单成都、广元、南充、重庆和遂宁5个城市，就有3000多人次，其中夏季居住半个月以上的达100余人。

二是带动周围农户脱贫增收。自民宿、树尖上的餐厅等旅游项目开业以来，该村大力完善景点的各类配套设施，满足游客吃、住宿等需求，发展农家乐、聚居点住宿等，床位近180张，长期康养度假的游客每人每天消费80元左右。

三是带动产业融合发展。乡村旅游的发展不仅带动了周边农村水、电、路等基础设施和吃、住、行、游、购、娱等要素配套的逐渐完善，更深层次地延伸了现代休闲农业产业链和服务链。

2. "培训基地 + 游学" 的经营模式

主要是政府投入与村集体资产组成，属于 "政府投入/集体资产 + 农户" 的管理模式：由当地居民组成村集体公司，农户土地或闲置农房入股，共同合力经营，统一管理，既能壮大生产实力、减少农资成本、增加土地收益，入股农户还可以定期和不定期地获得盈利分红。

这种模式在三会村以 "西部乡村旅游人才培训基地（又名四川省脱贫奔康乡村振兴现场教学基地）" 为代表，其经营者是当地村干部，大部分学员主要来自政府机关，定期举行如红色文化培训、乡村振兴文化培训等课程，授课教师多以四川省内高校或党校的著名专家教授。自 2018 年 2 月开班以来，通过 "农户出房 + 统一租赁" 的形式，改建了当地聚居点农户的闲置用房共 104 间，升级为 "宜家风" 学员培训住宿点及康养项目用房，盘活村内闲置资产。基地建造期间，当地政府倒排工期、狠抓项目推进和工程建设，保障了 "三会脱贫奔康乡村振兴基地" 挂牌工作的顺利落地及培训基地首期培训班的圆满开班。截至 2019 年 6 月，基地已开办课程 24 期，共计培训乡土人才约 3200 名，带动增加当地群众年收入 37.8 万元，通过村集体收入再分配，全村每户均可增收约 1027 元。四川省首个脱贫奔康乡村振兴教学基地的建成，为进一步丰富干部培训层次、创新干部培训方式提供了有力借鉴，对推进脱贫攻坚具有重大战略意义。

一是强化内生式发展。通过游学项目平台，增强村内人员与村外的联系，尤其是通过 "课堂学习 + 现场教学" 的模式，村民可以进行旁听，当涉及本村历史文化介绍时，由本地村民当老师进行现场讲解，使乡村民众感受到平等与尊重，对培养村民的文化自觉和文化自信具有极大的推动作用，从而增大内生式发展的动力。

二是推动项目间的联结联动发展。在游学培训的同时，结合拓展基地、龙鸣谷徒步区等野外训练，提高项目间的联系度。各项目景点的服务和管理人员均从当地村民中挑选，带动了当地就业。此外，西部旅游人才培训基地二期项目（景云台民宿）对农户承包经营的荒地荒坡进行了流转，便于生态保护和集中建设管理，流转农户家庭得到了 400 元/亩的平均补偿收入。

三 三会村旅游扶贫过程中困境和劣势

（一）品牌不鲜明，市场辐射有待加强

从三会村旅游景区的质量评定等级可以看出，三会村 A 级以上的景区数量较少，主要是起步较晚、旅游发展层次较低的原因。以乡村旅游为主，现有农家民宿、树尖上的餐厅、拓展基地等 7 个旅游项目，1 条主题旅游线，需采取多种方式提高旅游产业的档次。同时，三会村乡村旅游的品牌知名度不高，其公众号推送的"三会人家"等系列产品（如须度民宿、龙吟谷）虽为三会村的旅游名片，但游客的体验提升不够，旅游市场的营销推广力度不大、覆盖面不广、持续性不强，旅游目的地的营销体系建设较弱，对三会村的地脉和文脉缺少深入挖掘，仅对旅游项目进行宣传营销，弱化了三会村的形象营销，而通过动车广告植入、线上宣传等市场推广，往往又存在"重活动举办、轻动态分析"的现象，市场跟踪反馈较少，缺乏旅游营销的高端专业人才等众多原因，使"三会人家"的乡村旅游难以作为一个整体品牌出现在市场上。

（二）开发较浅粗、产业联动能力弱

从旅游产业结构来看，三会村的乡村旅游产业开发项目并不完善。旅游产业结构（structure of tourism industry）是指"旅游产业各部门、各地区以及各种经济成分和经济活动各环节的组成及其相互占比的联系"。三会村现存产业的存在形态和原始环境的开发利用等方面表明了三会村目前虽然具备了乡村旅游发展的基础条件，但与广大游客心中所期盼的乡村旅游还存在一定差距，处于一种尚待深入开发的初级发展阶段。

一方面，游客的深度体验性不强，难以留住游客进一步消费。除了培训基地的留宿时间较长，大多集中在 3 ~ 4 天，长期的康养旅游客源一般是在夏季最炎热的 6 月、7 月，其他的主要客源为散客，大多待 1 ~ 2 天或当天离开。

另一方面，三会村的三大产业之间互动较弱、产业结构有待优化。三会村没有第二产业支撑，第一产业与第三产业之间缺乏有效联结，现存的旅游项目"小、散、弱"，市场竞争力不强。三会村的第一产业主要包括猕猴桃、罗汉果、黄金梨、雪莲果等经济作物，农户直接参与种植，由市场运营途径以公司或私人承包、收购，对外买卖为主，导致当地的农业和旅游业并未发挥产业聚集和联动的效应。

（三）专业人才缺乏，劳动力素质偏低

据 2018 年底统计显示，全村 18 岁以上的成年人口共 508 人，其中文盲 55 人，小学水平的 308 人，初中水平的 106 人，高中水平的 33 人，大专及以上水平的 6 人，文化程度在小学及以下的人口占 18 岁以上人口比重高达 71.4%，而高中、大专及以上的人口仅占 7.7%。这表明三会村绝大部分人员的文化程度偏低，接受新事物和新技术的能力有限，增大了技术培训和发展现代产业的难度。

从三会村旅游业现状调查中的旅游人才来看，具有高学历的比例很小，尤其缺乏中高级旅游专业人才。三会村旅游业的大部分从业人员是在当地从事生产的种植农户，服务和管理人员多为低廉的劳动力或经营者的亲友，缺乏专业技能，不仅无法提供高质量的旅游服务享受，还造成了诸多管理问题，亟须加强规范。

（四）人口空心化，劳动力有效程度低

据 2018 年年底统计显示，全村人口年龄中位数为 55 岁，18 岁以下未成年人 34 人，占比 6.3%，60 岁以上老人 235 人，占比 43.4%，二者合计 49.7%。18~59 岁的成年人口占比仅为 50.3%，且主要集中于 45~59 岁，45 岁以下的青壮年劳动人口仅有 109 人，占比 20.1%，能供给的劳动人口有限。

在村的 542 人中，女性 294 人，占比 54.2%；男性 248 人，占比 45.8%，女性人口占比高出男性近 10 个百分点。结合全村人口的年龄结构

特点，三会村常住人口符合一般农村"386199部队"的特点，即村中留守的主要是妇女、儿童和老人。

（五）同质化严重，区域竞争日益激烈

苍溪县位于川东北经济区，自2016年开始打造"川东北旅游区"，主要在广元、南充、广安、巴中等地开展秦巴旅游和休闲度假旅游，以国内客源市场为重点，抓住脱贫攻坚的机遇，大力发展乡村旅游和红色旅游，推动蜀道申遗和三国历史文化、民俗文化等旅游品牌。此后，横向对比三会村周围区域，竞争日益激烈，不少地区充分利用比较优势，大力发展乡村旅游业及休闲观光农业，且旅游产品同质化现象较为突出。一方面是苍溪县域内的乡村旅游业同质化严重，表现为大部分旅游项目走康养休闲路线，采取传统的农家乐模式，形式单一、项目单一、特色不突出；另一方面是县域外的周围地区的乡村旅游业同质化严重，多是立足山地特色，发展采摘、垂钓等休闲观光农业，乡村旅游业态的项目类型和模式趋同化，知名度和辨识度不高。

四　三会村旅游扶贫的经验和提升策略

（一）创新体验旅游与传统旅游相结合，强化"三会人家"的旅游品牌

体验式旅游对旅游景点的景观依赖程度低于传统式旅游，有助于在今天千篇一律的观光性旅游景区的大环境下走出新的道路。体验式旅游大致可以分为4类，称为"4E"，即娱乐（entertainment）、教育（education）、逃避（escape）和审美（estheticism）。游客离开日常居住的环境（逃避现实），接受不同文化与异域风情的洗涤（审美），尽情享受休闲时光（娱乐），并通过一系列感官刺激和心灵感受，获取精神的成长（教育）。

对三会村而言，要想将创新体验旅游与传统乡村资源相结合，一是增加

体验式旅游项目。体验式旅游方式对很多人来说是一种非常新颖的感受，对景点的依赖程度非常低，而且比传统的旅游模式成本更低。因此三会村充分利用其丰富的自然资源，因地制宜地开发自助旅游项目，游客可以自驾游，并体验烧烤、露营、丛林探险等旅游项目，与自然近距离接触，而后，村里还会根据游客的喜好及时做出调整，如猕猴桃创意农业休闲区、狮吼岭户外拓展基地、三会运动餐吧等。二是就地取材，打造本地文化项目。每个自然村落都有自己独一无二的人文景观，民俗旅游管理者在开发当地旅游项目时，应注重现实，尊重现有村民的生活方式，宣传古村落文化和故事，弘扬正能量的民俗文化。三会村充分挖掘年猪会、牛王会等各类民俗文化的内涵延伸，举办多种类似梨花节、冰雪文化节等旅游节庆活动，以强化该村的旅游品牌。

（二）多措并举扩大宣传，拓展营销渠道

强化与各类媒体的深入合作，通过制造有特色、有创意的宣传文案，持续不断吸引公众目光，强化公众对三会村的形象认知。

一是拓宽新媒体渠道。伴随着互联网技术的不断发展，通过制作一些有趣、正能量的风趣幽默类型或是当地特色类视频，利用微博、微信公众号等新媒体手段推送给更多的人，借助微博、微信、微电影、搜索引擎、移动电视、网络电视等在线的旅游品牌大佬，如去哪儿、携程、驴妈妈等，增大宣传推广力度。三会村通过不断建立完善具有特色的"三会人家"旅游资讯网站和官方微信平台，扩大了三会村的旅游影响力和地方知名度。

二是有效利用传统媒体。虽然移动网络、手机等新科技（如4G、5G）广泛普及，新媒体成为主要的传播途径，但年龄层较大的人还是习惯使用报纸、电视等传统媒体途径来获取信息。所以，三会村在抓住新媒体的同时，不放松对传统媒体的有效利用，进一步加深与《四川日报》、《华西都市报》、四川卫视、《广元日报》等省、市传统媒体的交流合作，适时推出"三会人家"的专栏旅游节目。

三是开展当地形象创作。制定相应的激励政策，利用文化专业队伍、专

家名人、科研院校、民间艺人等，对三会村的历史、生态、名人、民俗、宗教等文化资源进行认真挖掘整理、研究提升，鼓励接地气的作品创作。此外，还可以充分激发广大人民群众的热情，通过文艺作品、影视作品等不同形式，创作一批群众喜闻乐见、内容健康、内涵丰富的作品，通过节会、公益演出、公益广告等群众性活动展演，不断提升民众参加主题文化建设的参与度，提升百姓对三会村的认知度，如2018年首部四川同屏共建大型原创话剧《高腔》就是以川北扶贫第一书记的事迹为蓝本创作出来的，其成为具有思想性、艺术性和观赏性的剧作，深受观众喜爱。

四是采用"协作营销"战略。建立旅游宣传营销联席会议制度，积极借鉴学习沿海地区的先进经验并结合自身发展，制定出台能有效推进"三会人家"多元化旅游的激励政策，目前，三会村正在积极探索建立跨区域协同的"旅游联盟"和"乡村旅游人才协会"，积极争取跨区域间旅游协同合作，共享资源、扩大宣传、共同推介，构建一体化营销格局。

（三）重视人力资源开发，改善人文综合环境

以旅游业来说，任何一种旅游都是一种文化的衍生，旅游行业则属于服务型以及劳务型的第三产业，从广义的角度上来说，乡村文化旅游是以一个国家或地区的农业民俗事象和农业民俗活动为资源，所以要利用好这一资源的根源在于充分把握旅游业从业人员的服务水平，也就是我们常说的人力资源管理。三会村的经营管理、产业服务等软件方面是发展短板，主要制约瓶颈因素体现在人才引进和利用上，所以，充分发挥地方政府人力资源配置、统筹人才发展就显得极其重要。

一是建立人力资源数据库。对三会村的旅游工作者实施实名制管理，重点关注导游、司机、厨师、保洁人员等服务类人员的学历情况、再教育程度及健康情况，将其工作期间的成绩记录在案，实行奖励激励与处罚并重的管理政策，提高从业人员的专业水平。

二是提高村民的"主人翁"意识。村民是乡村旅游项目是否能够又好又快发展的关键因素之一，针对于此，五龙镇人民政府及三会村村委干部通

过日常沟通及村民活动日对村民的乡村文化旅游知识点的进行普及和教育，并结合实际的例子和成功经验耐心向村民们介绍，让当地村民们更加直观和全面地了解到乡村文化旅游对自身生活的改变。

三是拓宽选人用人机制。旅游服务质量在很大程度上取决于人的服务，因此，旅游管理和经营中的关键岗位显得尤为重要。三会村应该继续建立完善"引进来，留得住"的人才方案，提高外地旅游人才来此工作的待遇（尤其是住房保障和尊重认可），利用互联网等各种新媒体进行人才选聘信息发布或本地旅游规划、方案采集，科学培育旅游人才市场，吸引专业高端人才为本地区乡村旅游建设做出更大的贡献。

（四）强化扶贫力度，增大政策和资金支持

苍溪县是国家级贫困县，三会村又是四川省委组织部定点联系帮扶村落，因此，三会村借助省直部门的帮扶契机，向上争取增加政策、专项资金、人才帮扶等方面的支持，深化旅游扶贫，助力三会村旅游业又好又快地发展。

一是通过西部旅游人才培训基地项目，在全省范围内邀请研究旅游扶贫的专家和学者对当地从事乡村旅游的村民进行远程或面对面的帮扶课程培训，提升村民作为旅游从业人员的职业道德、服务水平、经营理念，进一步完善管理机制，并因地制宜地形成了乡村旅游发展规划。

二是强化资金扶持力度。对部分有经营乡村旅游项目意愿和能力的贫困户或电商扶贫网络平台建设的项目加大资金扶持力度，或者以奖代补，或者联合银行等金融机构，率先支持小额扶贫贷款的发放、酌情考虑调整还款时间或降低相关利息手续费用，多措并举，支持当地旅游事业的发展。

三是提高专项扶贫资金的使用效率。增加扶贫资金靶向扶持绝大多数贫困户参与的旅游扶贫项目，在合理合规的原则内，多元化盈利渠道，将这些旅游项目收益进行再投资、再循环利用。例如，如果没有更好的投资选择，那么可以利用盈利，以村集体的名义在附近城市购买商铺进行租赁以升值、保值、增值，或作为三会村农特产品在城区的直销"窗口"，确保专项扶贫

资金在开发乡村旅游扶贫项目中的效益最大化。

四是重点完善基础配套设施。一个好的旅游项目不仅拥有美丽的自然风光，而且需要完善客房、公共区域等一系列基础配套设施，这样才能给游客留下一个良好印象。

（五）因地制宜，增强区域竞争

对我国现行的乡村旅游行业而言，社会的快速发展不仅大大提高了人们的收入水平，同时也增大了人们的生活压力，这就导致了越来越多的人倾向城市周边的短途旅行。然而，各地乡村旅游的同质性竞争日益严重，单纯的民宿和农家乐已经难以成为核心竞争力。因此，创新乡村旅游的体验元素、丰富项目业态极其重要。

三会村年平均气温较低、年降水量少，其土壤皆为黄红紫泥土，质地为中壤土，相对含水量67%，土壤pH值偏碱性、容重高、有机质含量低，适宜栽种根系发达、耐低温、耐瘠薄的落叶果树，如梨子、桃子、李子、猕猴桃等。因此，可以在民宿和"树尖上的餐厅"周围增设亲子采摘园游、家庭果园等项目，游客自行采摘后可以就近烹饪，还可以"认养"果蔬园。

此外，三会村自2016年起提出"康养+户外"发展路线，目前村内各种旅游功能初步完善，由于村落距离县城近、交通便利，且距离阆中古城近而客源丰富，环境亦持续优化，康养产业的部分功能皆可以由县城进行补充，客源市场从阆中古城进行分流。三会村针对这一特点，增加体育活动、养生等项目，以延长消费者在此停留时间，增强来村游客的体验度，三会村"康养+户外"初成格局。

（六）借力打力，夯实自身建设

2018年，三会村所在的五龙镇人民政府与四川大学和西南科技大学达成校地合作，可以帮助该村借力打力，不断夯实自身建设。

一是进一步借助高等学校、旅游院校、品牌旅游企业等专家教授的力量，为三会村发展规划、旅游项目建设、产业转型与升级、产业管理模式与创新等方面提供决策咨询、制度创新和产业诊断等服务支持，以提升当地管理部门的决策水平、强化产业管理。

二是创新科研技术平台，推动科学成果转化。三会村与高校共建科技成果运用转化机制，畅通转化通道，优化转化保障机制，支持科技成果转化平台建设、科技成果项目在三会村落地建设，提高科技成果转化数量和质量。

三是促进人才交流培训，提高基层干部素养。五龙镇内的企事业单位和学校可以优先聘请合作高校的专家和学者，以任职或挂职的方式担任顾问或专家，灵活运用"订单式培养"等多种方式，推动"四川三会省脱贫奔康乡村振兴现场教学点"（即西部旅游人才培训基地）的发展建设。还可以邀请高校专家和学者到教学点进行有计划、有步骤、有针对性的人才培训，提高基层干部人才的政策理论水平和专业技能。

B.13

黄河口生态旅游区文旅开发与
生态保护融合发展研究

王远　阙超凡*

摘　要： 黄河口生态旅游区具有众多文旅开发资源与生态保护资源，研究其文旅开发与生态保护的关系具有典型意义。本文从黄河口生态旅游区文化旅游与生态保护深度融合发展的视角出发，分析其背景和现状，探讨融合发展的可行性和价值作用，进而搭建文化开发与生态保护可持续发展系统。通过系统分析，为黄河口生态旅游区文旅开发与生态保护融合发展提出措施建议。

关键词： 黄河口生态旅游区　文化旅游　生态保护　融合发展

黄河口生态旅游区总面积大约为 1530 平方公里，是在山东黄河三角洲国家级自然保护区的基础上建设而成的，并于 2020 年 1 月 7 日被文化和旅游部确定为国家 5A 级旅游景区。旅游区内拥有生态湿地、滨海滩涂、河海交汇、濒危鸟类等自然资源①，其中湿地生态系统在国际生态保护上占有重要地位，有着独特的旅游资源禀赋。

---

* 王远，河南财政金融学院旅游管理学院讲师，博士，研究方向为文化旅游、酒店与旅游企业管理；阙超凡，河南财政金融学院旅游管理学院。
① 蒋东：《黄河口生态旅游区》，《农业知识：科技与三农》2010 年第 2 期。

一 黄河口生态旅游区文旅开发与生态保护融合发展的背景和现状

（一）黄河口生态旅游区文旅开发与生态保护的背景

1. 黄河口生态旅游区具有丰富的自然资源

一是独特的地理位置。黄河水的泥沙受到海水的顶托作用，流速下降沉淀，逐渐在黄河入海口处慢慢堆积形成了黄河三角洲，构成了充满神奇魅力的黄河三角洲自然保护区。在堆积作用下，黄河三角洲每年陆地面积大约扩大13.8平方公里，陆地边缘向大海内大约延伸2公里，不断孕育出新生土地，形成绝妙的景观资源。二是保存完整的生态系统。黄河口生态旅游区有丰富的野生动植物资源，是暖温带地区最完整的湿地生态系统。内有野生动物共计1500余种，种子植物近400种，为发展生态旅游提供了天然的资源优势。三是气势壮观的石油景观。1961年，胜利油田给东营铺了一条路。20多年后，勤劳的东营人为保障石油生产，筑起了孤东海堤这道"海上长城"。大堤恢宏磅礴，形成屏障，处处展现着石油工业景观独特的魅力。

2. 黄河口生态旅游区具有深厚的文化内涵

黄河口凭借其入海之地的象征，形成了独特的黄河口文化。一是思想文化。黄河口地区文化历史久远，其萌芽可追溯到道家思想与东夷文化的融合时期，壮大于齐国时期，形成齐文化。由于黄河口地区紧邻齐文化中心临淄，受齐文化影响颇深。黄河口丰富的文化积淀造就了许多声名显赫的历史人物。二是民俗文化。发源于黄河口地区的吕剧是我国八大戏曲剧种之一，至今已有120余年的悠久历史。民俗文化的发展不仅充实了人们与日俱增的物质与文化需求，更在很大程度上推进了黄河口文化和黄河精神的传播与宣扬，对保护及传承我国黄河文化具有重大战略意义。三是红色文化。黄河口地区在抗日战争和解放战争的胜利中

发挥了重要作用①,至今仍保留着爱国青年留下的宝贵财富,开拓奉献的垦区精神培育了一个中国革命者和接班人。四是石油文化。位于黄河口地区的东营是一座因石油开采而建的资源型城市,这就使黄河口逐渐形成了"团结奋斗,艰苦创业"的石油文化,成为黄河口文化中的重要组成部分。

3. 黄河口生态旅游区文旅开发与生态保护的结合日益紧密

持续开发黄河口生态旅游区丰富的自然和文化资源,对优化当地的旅游产业结构、促进当地经济发展、打造具有国际影响力的黄河文化旅游带、推动黄河流域高质量发展具有重要的现实意义。但文旅开发又无法避免地会对自然环境造成影响,进而影响旅游资源的可持续性。因此,文旅开发中对自然生态环境的保护就显得十分重要。在文旅开发与生态保护中,既要深挖黄河文化价值,还要坚定生态优先、绿色发展的理念,让黄河成为哺育世代中华儿女的母亲河。

(二)黄河口生态旅游区文旅开发与生态保护融合发展的现状

1. 形成了独具特色的文化旅游路线

黄河口生态旅游区文旅开发依赖于其区域内丰富的自然资源和优秀文化内涵,当地近年来坚持"一核、两带、三区"的旅游发展布局,把黄河口生态旅游区作为文化旅游目的地的核心,不断挖掘"新生湿地、野生鸟类、河海交汇"这三大世界级旅游产品的内涵,将黄海与滨海的休闲产业集聚发展,打造产业集聚带,提升区域内旅游度假区质量,并通过旅游带辐射周边区县旅游发展,实现旅游富民。② 以旅游资源为基础,根据北、中、西部特点,规划出 3 条旅游精品路线。同时,黄河口生态旅游区筹备建立了国内首家生态旅游基地,实现了"文化、生态、康养"一体化发展。黄河口生态旅游景区以游客主体消费需求为引导,对自身的旅游资源进行精细管理和规划,不仅在旅游活动中彰显了区域文化特色,还为游客对不同文化的体验

---

① 张爱美:《"黄河口文化"内涵及发展刍议》,《中国石油大学胜利学院学报》2011 年第 1 期。

② 郑代玉:《向着新的目标进发》,《东营日报》2019 年 9 月。

提供了更多选择。

2. 打造了黄河入海品牌的旅游精品

"黄河入海，我们回家"使东营文化旅游形象跃然纸上，突出了东营独特地理条件带来的发展优势，形成了富有亲和力的旅游形象。"我们回家"扣合"黄河入海"，让游客感受到优秀传统文化的博大精深。此外，为在归属感上做足功课，东营市在提升旅游产品质量的基础上改善文旅综合服务设施、构建主客共享文旅新空间，大力提升全市旅游服务能力和水平，打造黄河入海品牌旅游精品。

3. 依托"文旅+"形成了生态旅游新模式

东营是山东首批全域旅游示范市创建单位，近年来大力发展文化旅游，着力打造黄河生态旅游区等高质量黄河入海文化旅游目的地。东营文旅局的数据显示，黄河口生态旅游区 2019 年国庆期间的游客同比增长 50.81%，达到了 12.97 万人次，综合收入同比增长 30.11%，达到了 644.89 万元，创同期历史新高。"东营模式"全域旅游正在不断完善：一是利用黄河口生态旅游区独特的黄河文化寻求文旅发展新思路，推动沿黄沿海城市一体化发展，与山东省内沿黄九市签订了《"黄河入海"文化旅游协议》。[①] 二是将黄河文化旅游产业链进行了延伸，大力发展"文旅+"活动，实现了多种文旅产业齐头并进。三是利用区域优势发展康养度假，以文化创意为引领，将文旅与乡村发展相结合，实现了全域旅游中的乡村振兴。

二 黄河口生态旅游区文旅开发与生态保护融合
发展的可行性和价值作用

（一）黄河口生态旅游区文旅开发与生态保护融合发展的可行性

1. 产品搭配合理丰富

文旅开发是生态保护发展的新动力，生态保护是文旅开发的重要载体，

---

① 魏安栋：《访市文化和旅游局党组书记、局长宋家敬：狠抓重点 补齐短板 强化弱项 全力打造黄河入海文化旅游目的地》，东营网，2019，https：//baijiahao. baidu. com/s？id = 1651861387381882533&wfr = spider&for = pc。

文旅开发与生态保护的重叠性是融合发展的关键。黄河口生态旅游区经过长期发展，已经拥有了融合度较高的文旅产品雏形，如湿地资源与湿地文化、鸟类资源与鸟类文化、石油工业景观与石油文化等。这些文旅产品可以在为游客提供游玩体验的同时，与游客进行文化层面的交流，加深游客的游玩体验。

2. 文旅开发高速发展

在旅游经济快速发展的态势下，生态保护与文旅开发由于迎合现代旅游多元化、深层次的特点，其市场正在逐渐扩大，已在现代旅游市场中占有重要的地位。同时，在需求的引导下，越来越多的生态保护与文化旅游产品被开发出来，并不断更新换代，其业态主要呈现为高发展、多元化的特点。生态保护与文化旅游的快速发展及其带来的良好效益使其受到了国家与当地政府的高度重视。

3. 政策扶持不断加码

经济发展带来的环境破坏使人民已经认识到了生态保护的重要性，而文化教育的开展也使社会上普遍对生态保护的价值观有了初步的了解。在这种价值观的导向下，社会对生态保护与文化旅游的发展表现出了强烈的支持态度，也为其市场的稳固与扩张提供了坚实的群众基础。近些年，国家与地方相继出台了多项政策与指导意见，对其进行引导、扶持和管理。优良的政策环境成为生态保护与文化旅游发展的主要推动力之一。

（二）黄河口生态旅游区文旅开发与生态保护融合发展的价值作用

1. 服务经济建设

一方面，黄河口生态旅游区文化旅游的开发有利于完善黄河口生态旅游区的旅游结构，增强黄河口生态旅游区旅游资源的多样性。多样化的旅游资源可以为游客提供更多的选择，扩大黄河口生态旅游区旅游的潜在消费群体，提高其在当今旅游市场的竞争力。另一方面，旅游市场的扩大势必会带动当地基础设施的建设，为当地的第三产业发展注入新的生命力。第三产业的扩张可以提高当地的社会活动效率，在为游客提供服务赚取经济效益的同时，也为当地的劳动市场提供更多就业岗位。这种良性发展可以为黄河口生态旅游区的经济建设提供强有力的支撑。

2. 服务生态保护建设

旅游活动中景区与游客是一个互相交流的过程，景区本体的文化在旅游活动的过程中也会对游客进行输入。黄河口生态旅游区拥有优质的生态环境，以生态文化为主要的旅游资源可以成为与游客对接的窗口。壮阔雄丽、优美恬静的生态景象可以从视觉上对游客内心产生冲击，从深层次唤醒游客对母亲河的敬仰爱心；壮阔优美的自然环境与钢筋水泥搭建起来的城市产生强烈反差；景区无处不在的环保规范可以使游客在游玩过程中潜移默化地形成生态环保理念。

3. 服务可持续发展

黄河口生态旅游区拥有众多文化资源，与当地自然资源有效结合后，可以为黄河口生态旅游区提供不同种类的旅游产品，以满足市场的需求。[①] 同时，对黄河口生态旅游区文化资源的深挖，可以提高黄河口生态旅游区旅游产品的内涵，且当地文化在旅游过程中产生的自我更新可以引导景区开发新的旅游产品。文化与自然旅游的有效融合可以使景区迎合现代旅游市场的需求特点，提高游客对景区的认可程度。这样的发展方式有利于黄河口生态旅游区打造紧抓文化的特点和自身品牌，增强黄河口生态旅游区旅游对当今旅游市场的适应性与发展的可持续性。

三　黄河口生态旅游区文旅开发与生态保护融合可持续发展系统

文旅开发与生态保护融合涉及管理者、旅游资源、经营者、游客等要素，会引发旅游活动与经济发展、人类行为、生态环境及文化间的相互影响。[②] 根

---

① 李红、崔明玉：《新旧动能转换视域下黄河口文化旅游发展策略研究》，《人文天下》2018年第 17 期。

② 陆均良、陆净岚、方保生：《基于景区生态信息的景区环境保护研究》，《旅游论坛》2009年第 3 期。

据各要素间的关联，本文构建了黄河口生态旅游区旅游开发与生态保护融合的可持续发展系统（见图3）。

　　该系统共有三个子系统：管理系统、循环系统及内外部环境交换系统。管理系统由管理者、旅游资源、经营者和游客四个要素组成。总体特点表现为管理者拥有统筹监管的权力，可以第一时间调控规划其他三个要素的活动；经营者是景区的直接管理者和受益者，除了将旅游资源与旅游服务转化为社会效益，还担任着对旅游资源管理与保护、对游客服务的责任，不断探寻开发与保护的平衡，是系统中不可缺少的角色；旅游资源是旅游活动开展的基石，也是旅游活动中开发与保护进行碰撞的平台。游客在旅游活动中享

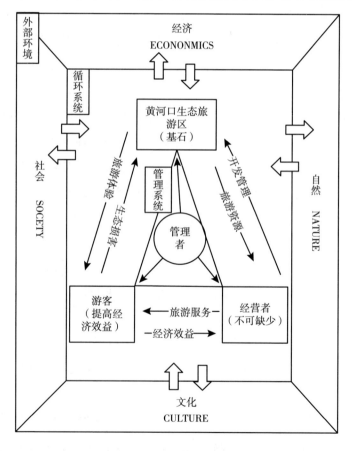

图 1　文旅开发与生态保护可持续发展融合的可持续发展系统

受旅游资源带来的旅游体验与经营者提供的旅游服务，同时也付出了经济代价，是该系统中旅游资源与旅游服务转变为经济效益的关键部分。循环系统是整个系统的核心，由旅游资源、经营者和游客3个要素组成。该系统的目的在于将旅游资源可持续地转化为经济效益，总体特点表现为各个要素间存在双向作用关系，单一要素的不合理行为都有可能使整个系统受到影响。比如，过多的游客会使生态环境受到破坏，并对当地的基础设施产生过大的压力，但游客过少又会导致经济效益不足。经营者过度保守的开发会导致经济效益不足、游客体验下降，而过度开发又会导致景区的生态遭受破坏。旅游资源被动地接受游客与经营者的作用并对其做出反馈。在该系统中，只有保持合适的游客量与经营者合理的开发行为，才能维护该系统的正常运转。内外部环境交换系统主要表现为：一方面旅游活动受区域宏观和微观环境的影响；另一方面，生态文化旅游的合理开发还可以对当地的经济发挥推进作用、对人类的生态理念起到教育作用、对环境起到保护作用、对文化起到传播作用。旅游活动对环境的良性作用会得到良性反馈，最终形成良性循环。

四　对黄河口生态旅游区文旅开发与生态保护融合发展的措施建议

（一）重视文化旅游与生态保护的双向促进作用

无形的文化需要有形的实体来搭载，有形的实体需要文化赋予其更多的内涵。黄河口生态旅游区的生态保护资源可以在活动中促进黄河口生态旅游区文化的传播，黄河口生态旅游区文化的传播可以为黄河口生态旅游区的生态保护发展提供更强的动力。从目前的黄河口生态旅游区的旅游市场来看，文化旅游种类偏少、开发程度不高、文化产品大多呈现为馆内陈列的状态、游客与文化产品的互动不足，在一定程度上造成了文化资源的浪费，市场总体表现出生态保护与文化旅游融合程度不高的问题。要解决这一问题，可以利用生态保护与文化旅游各自的优点进行互补，生态保护可以为文化旅游提

高游客参与度,文化旅游则可以为生态保护拓展广度与深度。例如,可开发"我为湿地保护献对策、入海口赋诗、按图寻鸟"等复合型产品,将生态保护与文化旅游紧密结合起来,以达到共同发展的目的。

(二)优化系统结构,坚持适度开发

黄河口生态旅游区历经发展,已经拥有了融合度较高的文旅产品,如湿地资源与湿地文化、鸟类资源与鸟类文化、石油工业景观与石油文化等。[①]这些旅游产品在为游客提供观赏游玩的同时,还会对游客进行文化层面的熏陶,加深游客的游玩体验。黄河口文化旅游产品可凭借自身资源优势,以市场为导向,多样化发展,包括康养文化旅游、生态文化旅游、历史文化旅游、工业文化旅游、休闲文化旅游等产品体系,丰富游客选择。在开发过程中,要严守生态红线,避免过度追求经济利益而造成不合理的开发。在经营过程中,要依据黄河口湿地的整体情况来预估其环境承载量,做好进入景区游客的数量监管,分散游客入园时段,避免旅游高峰期间大量游客集体进入景区而造成生态破坏的情况。在景区还要做好不同区域的划分,旅游的活动强度应由缓冲区向核心区不断递减,生态环境极其脆弱的地区应严禁游客进入。景区规划应该在最大程度上凸显其特色,向游客展现生态湿地的壮阔与美丽。在景区设施上应该着重考虑位置与外观两个方面,要选设服务区域对环境伤害最低的位置,并注意其建设规模不严重侵犯环境内动植物的生活空间;要选择风格简约且符合湿地主题的外观,避免过于现代化的建筑影响游客的旅游体验。

(三)加大科技人才队伍的投入

近年来,全息影像技术得到迅速发展,出现了以 VR、AR 前沿技术为载体的光影技术与数字技术。合理运用该类科学技术可以加强景观对游客的感官冲击,帮助游客获取更深层次的旅游体验。例如,在夜晚的湿地水面上

---

① 李万立:《黄河口文化内涵界定与解读》,《旅游世界·旅游发展研究》2012 年第 4 期。

进行投影，再现古代时期文人墨客泛舟赏景、吟诗作对的场景，使文化在自然资源的基础上打破次元壁，与游客进行最直接的互动交流。除此之外，黄河口生态旅游区与科研机构紧密合作可以为黄河口生态旅游区文化旅游与生态保护的融合获取最前沿高效的发展指导①，当然，也要注意引进周边高校的旅游专业人才。加强与周边高校的合作关系，建立规模适中的人才培养基地，针对文化旅游与生态保护的融合，对优秀学子加强教育，为黄河口生态旅游区未来文化旅游与生态保护的融合提供人才储备。

（四）加大教育和宣传力度

生态保护建设不是简单的植树种草，也不是粗暴的圈地保护。长久有效的生态保护对生态改善和生物多样性保护都具有重要带动作用和战略影响。生态保护不是少数人的事，将生态教育普及、生态文化植根入每个人的价值观，引发大众环保行为，才是行之有效的措施。景区应从自身做起，加强环保规范，并在游客与环境的交互中做好生态保护的宣传工作，引导游客深层次了解学习生态文化，增强游客的生态保护意识，应将以生态文化为主的旅游资源作为与游客对接的窗口。通过文化普及与生态环境教育，增强生态保护意识；注重宣传推广，在打造品牌价值的同时，丰富黄河口文旅内涵，提高旅游产品的识别度和美誉度；通过政府与企业、政府与政府间的联动合作宣传，实现共赢，共同完成黄河三角洲文旅一体化建设；通过多种途径宣传，综合运用新老媒介，将黄河口生态旅游区及周边文旅信息传递给公众。

（五）打造完整的文化旅游产业链

第一，发展基础设施。游客增多与市场扩张会刺激当地基础设施的发展，以加强黄河口生态旅游景区的接待能力。在交通食宿方面以完善文旅交通、黄河口美食文化、高质量住宿为目标，在文旅娱乐方面建立多元一体化

---

① 王建华、胡鹏、龚家国：《实施黄河口大保护　推动黄河流域生态文明建设》，《人民黄河》2019 年第 7 期。

的文旅产业链体系，提升消费者体验。[①] 第二，坚持生态保护。文化旅游的发展推动了黄河口生态旅游区产业链的不断扩大，考虑到黄河口生态旅游区本身湿地生态环境的脆弱性，在建造相关产业链时要优先考虑，并把生态保护放在首位。将黄河口文化旅游与生态文化建设、生态保护宣传、生态产品体验等联系起来，在打造文化旅游产业链的同时，促进生态保护发展。第三，打造文创产品。结合旅游区自身优势，与时代文化深度融合，打造独具黄河口特色的文创产品。

（六）加大监管力度

在景区的监管方面，政府应建立多方联合的监察手段，制定完善的相关指导政策，积极检查监督政策的落实，确保管理工作监管到位。在游客监管方面，要建立完善的管理条例，做好景区内的宣传和监管。同时，要加强科技的引入，搭建生态监测系统，对黄河口生态旅游区乃至黄河口地区进行生态监测，推动生态学科的发展和生态保护的进行。

---

① 种效博：《黄河入海文化旅游开发的东营实践与跨区合作》，《中国石油大学学报》（社会科学版）2019 年第 4 期。

B.14
平遥国际电影展：大型节会
引爆文化旅游消费

武　瑶*

摘　要： 平遥国际电影展创办三年来，已经成为中国电影界重要的节展，也成为中西部地区较有影响力的文旅活动。以电影为媒介、以文化为底蕴、以创意为先导，平遥的地方文化密码与国际话语的对接，走出了创意文旅的新道路。影展强力拉动了旅游产业，以文化为经济赋能。在保护古城文化的基础上，科学且正规地运营影展，让区域经济的实力与文化影响力相匹配，促进区域文化经济发展，政府在这一过程中应发挥更大的作用。

关键词： 平遥国际电影展　城市文化　文化旅游消费　文化创新

一　平遥与平遥文旅

据明成化《山西通志·建置沿革》载："平遥县，古陶地，帝尧初封于陶，即此。"平遥古城位于山西省晋中市平遥县。作为中国境内保存最为完整的明清时期古代县城原型，平遥古城成为这一时期中国汉民族中原地区县城建筑体系的典型代表和汉民族历史文化的宏大载体。得益于此，平遥古城入选"世界文化遗产"、"国家历史文化名城"和国家5A级景区，也由此打造

---

* 武瑶：中国传媒大学媒介融合与艺术创新研究中心主任，主要研究方向为影视传媒、文化旅游。王惠汕同学对本文亦有贡献。

了平遥县三张最响亮的"城市名片"。平遥占地面积为 1260 平方公里，辖 5 镇、9 乡、3 个街道办事处，273 个行政村，总人口 53 万，位居全省第四，是山西省的人口大县。近年来，经过历届县委、县政府的精心培育，平遥基本形成了现代农业、新型工业和国际型旅游业三大产业板块。2019 年，全县地区生产总值完成 118.7 亿元，比上年增长 7.5%；人均地区生产总值为 22720 元，比上年增长 7.0%；居民总消费水平为 11179 元/人，比上年增长 10.9%。①

平遥县依托平遥古城的历史底蕴和世界影响，逐步探索走出一条独特的国际化文化旅游产业发展之路。平遥成功打造了连续 19 届的平遥国际摄影大展（2001 年开始）、3 届平遥国际电影展（2017 年开始）、15 届平遥中国年（2005 年开始）、2 届平遥国际雕塑节（2018 年开始）和大型室内情景剧《又见平遥》等。其中，平遥国际摄影大展已成为国际知名的摄影盛会，荣获"改革开放 40 年中国十佳品牌节庆"；"平遥中国年"活动成为国家文明办"我们的节日——春节"的重要主题；《又见平遥》大型室内情境体验剧取得了良好的经济和社会效应。全县基本形成了以 22 处旅游景点、6 条特色产业街区、200 余家旅游特色商铺为主的旅游产业体系，相关从业人员达到 7 万余人，是全省旅游最火爆的景区之一。2018 年全年接待游客 1548.67 万人次，增长 19.38%，旅游总收入 180.78 亿元，增长 20.15%。在第十四届中国文博会上，平遥荣获"2018 中国最美县域"称号。2019 年 1~11 月全县共接待游客 1738.04 万人次，同比增长 14.12%；实现旅游总收入 205.03 亿元，同比增长 16.20%。② 2019 中国旅游产业发展年会上，2019 年中国旅游产业影响力风云榜榜单揭晓，平遥成为山西省全省唯一入选 2019 中国旅游影响力 TOP10 的县区。近年来，平遥古城先后荣获全国旅游标准化示范县、"中国最值得外国人去的 50 个地方之一"等殊荣，古城知名度和影响力进一步提升。③

---

① 数据来源于平遥县人民政府官网，http://www.pingyao.gov.cn/zjxs/zjtjnj/2018n_1？tag = 2018 年。

② 数据来源于平遥古城旅游搜狐网，https://www.sohu.com/a/363279359_187431。

③ 数据来源于平遥县人民政府官网，http://www.pingyao.gov.cn/zjxs/xsjj。

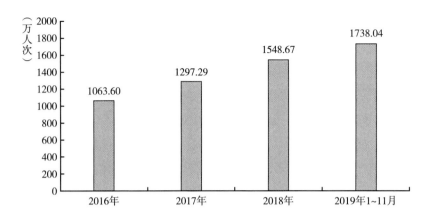

图1　2016～2019年平遥游客接待量

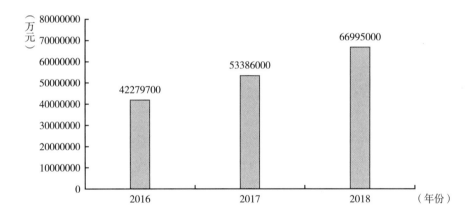

图2　2016～2018年山西省国内旅游收入

在上述成功的文旅产业发展实践中，最值得一提的便是平遥国际电影展。该影展由中国著名电影人贾樟柯创办，它还有一个更为恰切的名字——"平遥卧虎藏龙国际电影节"。迄今，该影展已举办三届，成为中国内地比肩上海国际电影节、北京国际电影节等重要电影节展的活动，也是目前亚洲电影节展圈中冉冉升起的一颗新星。

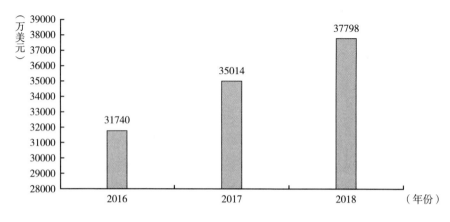

图3　山西省国际旅游外汇收入

二　平遥国际电影展创办背景

平遥固然是古色古香的小城，但综览中华大地我们会发现——中国最不缺的就是古城遗迹。为什么平遥能独树一帜？为什么平遥甚至能打造出独属于自己的文旅产业链呢？其以古城为依托、以电影为媒介、以文化为底蕴、以创意为先导的创意文旅的定位功不可没。

平遥国际电影展成功的创意定位可以借由美国学者霍尔特在《文化战略》一书中提出的"文化创新"理论来逐层分析：文化创新理论是指一个品牌传达了创新的文化表述——消费者是否能够在品牌层面上感受到品牌的创造价值，创造消费者价值至关重要，而文化表述则是由意识形态、神话和文化密码共同构成。

自改革开放以来，中国社会经济高速发展，更新迭代日新月异，而平遥所属的山西省也承受着如此高强度和高速率的变化，不仅如此，山西还承担着转变能源支柱和寻求产业升级转型的重担。以炼钢、炼铁为荣的时代已然过去，大量的柴油机加工厂倒闭，数万名工人的生计溃散，出现"社会断裂"，在历史延伸与社会结构的破坏性变化中，在已有的文化表述受到挑战之时，人们迫切需要新的文化表述来指引他们经历新的世界并帮助他们利用这个新世界，由此便产生了意识形态机遇。

而抓住这个意识形态机遇并将之"神话"的伯乐就是贾樟柯。从第一部电影《小武》在国际电影节拿奖开始，山西籍导演贾樟柯逐渐成长为国际上最受瞩目的第六代导演之一，他被国际各大电影节垂青，但始终未能完全得到国内的认可，早期的部分影片未能在国内公映。贾樟柯一直心系故乡山西，当他敏锐地捕捉到山西经历社会断裂后，便带着"回乡"的故事和电影艺术回到山西，希望用电影这个兼具国际性与当代性的艺术资源去激活平遥本身已有的古文化资源，由此实现文化创新。当"电影游子归乡"的"神话"与平遥已有的古城底蕴"文化密码"相结合，平遥国际电影展的战略创意自此诞生。

其实"古城＋电影"的模式在国内和国际均属小众。一方面，因为要保护古城遗产文化，不能对平遥进行大刀阔斧的改造，很难建立规模的电影产业体系；但另一方面，古城的文化血脉能够给予电影节无形的滋养，这对发掘电影的民族性、继承和发扬核心价值观有莫大裨益。电影展的设立不仅带动了相关第三产业的发展，更重要的是，国际文化和国际关注得以进一步注入，从而倒逼传统文化，进行批判性传承，令古城文化创新再生。

基于此，2016 年 8 月，贾樟柯团队正式向平遥县委、县政府提交了在平遥创办国际电影展的报告，晋中市委和平遥县委对这个设想非常认可和支持；2016 年 9 月 9 日，平遥县政府与贾樟柯团队进行了平遥国际电影展签约仪式，正式启动了平遥国际电影展项目，并将首届电影展的举办时间定在了 2017 年；2016 年 12 月，平遥电影展有限公司注册成立，正式开始了园区和电影宫的规划和修建工作，古城一座废弃的柴油机厂最终被定为平遥电影宫的地址；2017 年 10 月 28 日晚，在平遥古城电影宫"站台"露天剧场，首届平遥国际电影展举行了开展仪式，拉开了持续 8 天的帷幕。平遥国际电影展进行到第六个晚上时，创办人贾樟柯站在以自己电影的《站台》命名的露天电影院里，对着台下 1500 名观众说："我们带着电影流浪了二十年，

这是第一次带着电影回到故乡。"① 自此,文化创新行为形成完整闭环,加上政府企业的有力支持,平遥国际电影节才得以成功开展。

三 平遥与平遥国际电影节

当平遥国际电影节的"蓝海"文化创意通过缜密考虑与计划,开始落地实施之时,平遥本身具备的文旅资源、交通优势和政府扶持等则成为电影节这三年能够成功举办的主要助力因素。接下来,笔者将重点阐述平遥城市的文旅资源是如何助力平遥电影节发展的。

平遥城市的文旅资源优势对电影节的助力可以借由文化创新理论中的"文化资本滴漏"来阐释:"文化资本"是社会学家布迪厄提出的概念,布迪厄认为,地位消费不仅包括通过追逐奢华和名望("经济资本")来效仿经济精英,还包括追求与众不同的精致品位("文化资本")来模仿文化精英。文化创新顺着文化阶层体制"滴漏"下去,就像传统的社会阶层模式中奢侈品的消费需求一样,霍尔特称为"文化资本滴漏模式"。平遥模式正是如此,在改革开放40多年后经济高速发展的中国,人们的物质生活大大丰裕,中产阶级群体迅速扩大。当经济基础得到满足之时,上层建筑则开始寻求新的拓展,人们开始追求更精致、更独特的文化资源,意在通过文化消费和符号消费形成文化资本积累,彰显自己独树一帜的文化价值。

平遥丰富的文旅资源大大满足了人们的文化资本积累需求:平遥古城保存了中国境内最完整的明清时期古代县城原型,以"唯一完整古城,全面明清文化"为自身特色,挖掘自身的历史文化底蕴,形成了以古城为中心的七类特色文化旅游景观:以古城墙为主的历史文化景观;以双林寺镇国寺为主的彩塑艺术景观;以日升昌等为主的票号文化景观;以县衙为主的吏治文化景观;以清虚观城隍庙为主的道教文化景观;以雷履泰旧民居为主的民居建筑文化景观和以南大街为主的街区文化景观。景点开发由点到线、由线

---

① 李佳:《贾樟柯回乡》,《中国企业家》2017年第23期。

到区，初步形成平遥古城观光游览式旅游的基本格局，由此形成的城市文化标识和古老的文化密码都为平遥国际电影展提供了深厚的文化底蕴。

不仅如此，除了深入挖掘古城自身的文化基因去打造文化旅游体验之外，平遥还通过大胆引进当代艺术去激活古城文化，从而创造出古城景观与现代艺术奇妙融合之后的独特文化体验。

每届平遥国际摄影大展的项目活动场地都会选择土仓、县衙、文庙、城隍庙、清虚观和二郎庙等具有历史特色的建筑，展览充满现代感的摄影作品，将历史景观与当代摄影进行结合构建出独特的视觉体验。平遥国际电影展选择在古城一座废弃的柴油机厂中建造平遥电影宫，在古城的历史文化氛围中将近代的工业文明景观和当代的电影艺术景观融合在一起，构建出古代、近代、现代三个时空景观融会合一的奇妙文化艺术体验。因此，平遥古城得以在深化自身历史文化内涵的基础上，更进一步地营造出更加国际化、现代化的文化体验。这种历史与当代的融合，创造出独属于平遥古城的旅游体验，成为平遥古城作为一个国际化旅游地独树一帜的形象特点。

这一点在文化创新理论中可以将其解释为平遥文旅资源作为"原始素材"中的"品牌资产"（原始素材包括三种类型：亚文化、媒体神话和品牌资产），在原来文化密码的基础之上，抓住意识形态机遇进行修正和重新打造，最终实现又一次文化创新。

除了文旅资源，平遥自身具备的地源优势等也是助力电影展顺利创办的重要因素。首先，平遥距北京较近，而且交通便利，可进入性较强。其次，平遥地处北京、西安这一热点旅游线路连接线的正中位置。从省级旅游区域系统而论，平遥是山西省"一山（五台山）一城（平遥古城）一水（壶口瀑布）"旅游战略新格局的中心；从晋中地区旅游系统分析，则属三晋腹地，是连接太谷、祁县、文水、介休、灵县、交城、洪洞等旅游资源富集区域的枢纽，又是晋中地区南同蒲五县市旅游带中心。[①]

平遥电影展已经从一个影视盛会渐渐成长为无可取代的城市名片，悠悠

---

① 吕宁：《平遥旅游客源市场研究》，西北大学硕士学位论文，2006。

千载的平遥古城，正在用博大厚重的胸襟和气魄承载着影视文化的蓬勃朝气，以文化引爆产业，以产业为经济赋能。

四 平遥国际电影节与平遥文旅

平遥电影展扎根于平遥本土文化，在汲取古城深厚文化滋养的同时，影展也为古城的经济发展注入了强劲动力。平遥电影节为地方旅游产业的特色发展提供了模版，具有一定的借鉴意义。

电影节运营主体为平遥电影展有限公司，属于商业机构，其经济价值和产业价值不容小觑。作为平遥县旅游业的明星项目，平遥国际电影展为平遥旅游业创造了直接经济效益和间接经济效益：直接经济效益主要体现为直接创收，包括票务收入、赞助收入、财政补贴、园区消费等；间接经济效益则深刻地影响了平遥文化产业的优化升级。

1. 直接经济效益

2019 年第三届平遥国际电影展期间，共计 27 万人次进入影展主会场——平遥电影宫园区，参与影展放映及产业活动，影片上座率达到91.2%，10 月 11 日平遥国际电影展单日票房产出为全国票房第十位。[①] 按照人均 200 元消费进行估算，第三届平遥国际电影展直接创造经济收入可达5400 万元。对比首届影展 18 万人次的参展人数，平遥国际电影展在两年间接待人数增长达 50%。我们可以乐观地说，尽管目前体量有限，但平遥国际电影展发展迅猛，有望成为除国庆、春节之外的第三个平遥旅游黄金周。

电影展为平遥文旅产业带来的流量也不容小觑。2019 年平遥国际电影展期间，共有来自 26 个国家的 54 部影片参展，全球首映影片比例达到55.8%，中国内地首映比例达到 100%。众多国际影人把他们作品的首映地选在平遥，显示出平遥国际电影展日益增长的公信力和美誉度。据悉，这些

---

① 《大数据盘点第三届平遥国际电影展》，《山西青年报》，http://www.sxqnb.com.cn/shtml/sxqnb/20191024/431575.shtml。

全球首映片中，共有 5 部境外影片在首映当日与中国发行公司达成了中国发行协议，平遥的产业影响力显著提高。参展产业嘉宾 1167 人，媒体记者共 514 人，其中境外媒体记者 33 人。展期内，"平遥国际电影展"的微博话题阅读量达 5.6 亿，抖音阅读量 1552 万，百度"平遥电影展"近期资讯数量 11 万篇。高流量的展映也带来了当地文旅产业的快速发展，在所有观众中，省外观众占 42.3%，山西观众占 57.7%，平遥市民占 21.6%。很多电影观众参加电影展后还会选择周边游，数据显示，平遥双林寺和飞岭村红叶岭等周边景点在电影展前后人流量有显著提高，更多的流量带来的是对平遥文化更多的了解与探索。① 古城砖瓦中的电影艺术引领着媒体、观众和更多优秀的电影人深入感受平遥的古城文化。

平遥电影宫园区聚集放映、餐饮、图书等多样业态，满足消费者多层次需求。电影宫园区坐镇平遥，为平遥吸引影视行业人士，为进一步打造影视基地，发展影视旅游奠定基础。

2. 间接经济效益

平遥国际电影展在国内艺术片市场地位日渐稳固，平遥的旅游影响力也逐渐扩大。2018 年平遥政府关于"平遥旅游"的调查结果显示，赴平遥旅客的主要出行方式为家庭自驾，覆盖人群以中青年为主。影展吸引了大批年轻艺术片观众，拓展了平遥游客的年龄范围，实现了游客年龄结构的优化。

同时，平遥国际电影展拓宽了平遥作为旅游目的地的辐射范围，增强了平遥对北京、西安等省外主要客源的吸引力。第三届平遥国际电影展参展旅客中，有 42.3% 为外省游客，接近同年春节黄金周外省游客占比。

旅客人均消费金额与旅行时间呈正相关，而平遥既有的文化旅游产品组合较为单一，"白天逛古城，晚上看实景演出"是平遥游客的主流旅行方案，"两天一夜"的旅游周期限制了平遥文化旅游业的进一步发展。平遥国际电影展展映持续 8~10 天，影展丰富的创意性元素为旅客提供了多样化的

---

① 《大数据盘点第三届平遥国际电影展》，《山西青年报》，http://www.sxqnb.com.cn/shtml/sxqnb/20191024/431575.shtml。

文化体验，增加了旅客文化旅游消费选择。平遥周边多个景点为影展观众提供了观影之余周边游玩的选择，旅客逗留时间得到延长。

形成文旅经济导向，优质社会资源向文化产业引流，同时提升游客文化旅游体验感。影展作为新兴大型节会与文化旅游紧密关联，平遥国际电影展与平遥古城两个文化品牌强强联合，相互映衬。将文化遗产作为现代影展的舞台背景，艺术电影氛围借助古城的厚重感在平遥凝聚，为平遥旅游体验增添了独特的层次感。

五　挑战与思考

首先，电影展的发展依托于古城文化，平遥古城的保护问题必须重视。电影展仍处于发展初期，尚未出台保护古城及古文化的具体办法。以平遥电影宫为例，古城作为独特的文化名片，被现代艺术以活动场馆为名征用承办展映等文艺活动，大量游客在影展期间集中涌入古城，对古城的承载能力是巨大的挑战。该如何保护古镇物质与非物质遗产是树立新的文旅标杆的同时应该及时补上的缺口。

其次，就电影节自身发展而言，笔者查询资料时发现，已举办三届的平遥电影展直到第三届才有完备的大数据公布，如入园人次、参展作品数量等，前两届均没有完善全面的数据，因此无法做三届的数据分析，这反映出影展信息管理不到位的问题。除此之外，平遥电影节的选评方向不明确，没有形成独特的电影节主题风格，不能只是贾樟柯等国内大师的个人艺术成果变现。纵观国际知名电影展，威尼斯电影节的评奖比较偏视听语言的创新性和电影表述的思维性，英国电影学院更侧重本土电影的评选，奥斯卡更青睐政治性和商业性的综合考量，金棕榈奖则以艺术性见长。平遥电影节不同于北京、上海等大体量国际化城市，电影展在平遥生根必然离不开平遥的独特性内核，依照影展官方提出的电影节定位——树立起一个专属平遥国际电影展、影响力辐射全球的电影评价体系，平遥电影展着实做出了许多努力。为保证影展的影响力辐射全球，第二届平遥国际电影展正式开始面向全球征片，展映影片来自 25 个国家和地区，其中 43.4% 为全球首映，98% 的影片为中国首映。为保证专业性与权威性，第二届影展邀请杜琪峰、李沧东、徐峥等"大咖"带来"电影人"学术活动。我们认可这些努力的同时，也应认识到国际参评影片数量仍偏少，权威性仍有待进一步提高的客观现状。

就其独特内核的开发而言，特别策划的"从山西出发"单元。然而，该板块入选影片要求是主创为山西籍的电影人，或山西影视公司担任第一出品方，或在山西取景拍摄，或以山西为故事背景的影片。如何保证该部分影片兼顾本地情怀的同时，还能保证质量上乘、评选公正？扶持本地作品的门槛该放在何处？

平遥国际电影展策划层面的"兼容并包"的野心三年来逐渐流于"模棱两可"。平遥国际电影展自开办第一年起即将"卧虎藏龙"作为宣传话术，展现了兼顾国际化和地方性、坚固艺术性和商业性的企图，但由于资源、能力、经验的局限，影展现状与策划目标相差甚远。"从山西出发"单元旨在凸显影展的地方特色，鼓励本地创作者，但目前还没有质量过硬的作品从这一单元走出。"卧虎"和"藏龙"单元旨在发掘国内外新导演，直指独立电影创作者和艺术片受众。平遥国际电影展和西宁 First 电影节相隔不过两个月，在相对密集的时间里竞争本就稀少的独立电影观众，平遥真的有胜算吗？

除此之外，平遥政府和平遥国际电影展是典型的"政府搭台，产业唱戏"的发展实例，政府为电影产业创造便利，但如何保证财政在各个领域的平衡配比，平遥旅游产业该如何放下"政策扶持"的双拐而稳健前行。在唯物主义的视角下，新事物的发展是一个曲折前进、螺旋上升的过程，平遥影展的发展需要更多的时间和机遇。而在影视行业发展乏力的大环境下，政府的扶持力度该如何保证？相应的阶段性扶持红利及长期产业规划方案至关重要。

平遥周边几大影视基地的建设表明，山西省政府和平遥县政府仍希望依靠影展引导产业目光，利用传统影视旅游"捞金"。2018 年，平遥周边就有 4 个影视基地破土动工，但截至 2020 年 2 月，尚无一家落成。影视行业在

平遥周边的发展前景与影视旅游在平遥的发展前景十分不明朗。"影展带动影视旅游"这一战略在影视行业连年寒冬的情况下是否能够奏效，实在有待考量。

抛离电影节，该如何引导增强产业发展的内在活力、落实本地旅游产业营销、提高服务业质量、延长旅客逗留时间等同样是政策层面亟待考量的问题。自办展以来，平遥和所有策展城市一样，面临"接待能力"跟不上展会影响力的现实问题。不能单一依托文化产业倒逼服务业的完善，平遥的高端旅游资源要保障服务行业的规范化、标准化发展，应该及时吸取同类型城市发展的前车之鉴。

当平遥作为旅游目的地的层次得到提升后，平遥国际电影展也必定会从中获益，在更加优质的运营环境中稳步发展。

B.15

诗画浙江：浙江全域旅游发展与
文化品牌形象塑造

高雅丽　葛　鸿　吕小雨*

摘　要： 文化的各异是一个地区可识别性的表现和精神文明的契约，
　　　　而文化品牌一直是地域价值的重要体现。浙江省以文化品牌
　　　　为导向，以文旅融合IP建设为切入点和着力点打造"文化浙
　　　　江""诗画浙江"，实现浙江全域旅游差异化发展，为浙江的
　　　　文旅发展构筑新的格局。本报告在浙江全域旅游发展背景下
　　　　分析了该省文化品牌的塑造路径，进而从打造文化标识、加
　　　　快文化社会普及、创新文化品牌营销体系等角度提出了发展
　　　　趋势与展望。

关键词： 全域旅游　文化品牌　差异化

一　浙江省文旅产业发展现状

　　浙江省风景秀丽、历史底蕴深厚，是吴越文化和江南文化的发源地，在
我国文化史上具有极高地位。该省始终以"两山"理论为指引，以"全域
大景区、全省大花园"为发展目标，充分挖掘生态旅游资源和山水文化资

* 高雅丽，河南财政金融学院旅游管理学院讲师，硕士，研究方向为会展经济与管理、旅游管理；
葛鸿，中国传媒大学南广学院团委副书记，讲师，博士，研究方向为工商管理、高校学生思想
政治教育；吕小雨，河南财政金融学院旅游管理学院讲师，博士，研究方向为康养旅游。

源，努力打造浙东唐诗之路、钱塘江诗路、瓯江山水诗路和大运河诗路"四条诗路"，力求将"诗画浙江"建设成为我国旅游第一品牌。最近几年，浙江省旅游经济稳中有进，发展态势持续向好（见图1）。

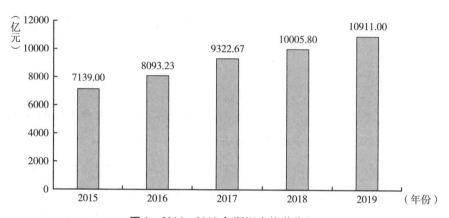

图1　2014～2019 年浙江省旅游收入

资料来源：浙江省文化与旅游厅统计数据。

2019 年，浙江全省旅游产业总产值超出 1 万亿元，其中文化产业增加值4600 亿元，同比增长 10%；旅游产业增加值 4931 亿元，占全省地区生产总值的 7.8%。全年接待国内外游客 6.9 亿人次；全省近 70 个市县开展了全域旅游创建，省级全域旅游示范县 25 家。与此同时，浙江全面实施万村千镇百城景区化，力争到 2022 年有 10000 个行政村、1000 个小城镇、100 个县域和城区成为 A 级景区。浙江打造省域"大景区""大花园"的蓝图正向纵深推进。①

二　全域旅游背景下浙江省文化品牌的塑造路径

（一）解码文化基因，打造差异化的旅游产品

浙江省目前拥有 4 处世界遗产，分别为中国丹霞 - 江郎山、杭州西湖文

---

① 浙江省文化与旅游厅：《浙江再掀全域旅游发展热潮》，http：//zjct. tourzj. gov. cn/NewsInfo. aspx？CID＝352865，2019 年 9 月。

化景观、京杭大运河以及 2019 年申遗成功的良渚古城遗址，国家级非遗名录项目数量也已经连续 4 批居全国首位。这些丰富瑰丽的非物质文化遗产成为浙江"根"之所系、"魂"之所依。然而，丰富的历史文化并不等同于特色的旅游文化，还需要从更多层面对其进行挖掘、塑造与传承。浙江省文化与旅游厅厅长褚子育指出："要着力做好文化基因的解码，以挖掘提炼的优质文化基因为原材料，以文旅融合为切入点，开展传承工作。"[1] 文化基因凝聚着一个地方人民的信仰、审美和生活方式，对文化基因的发掘发现和解码读码，可以通过追寻地方文化、生活习惯、人文风貌，从文物、非遗、俗语、方言、美术、音乐、戏曲、小说、故事等文化形态入手，深入挖掘有价值、有影响力的文化基因，用文旅融合的思维进行传承。

比如在浙江衢州，红墙黛瓦间的孔氏南宗家庙是"网红打卡地"，其背后是传承了 800 多年的南孔儒学文化。衢州解码南孔儒学文化基因，打造"南孔圣地、衢州有礼"的城市品牌，从对自然有礼、对社会有礼、对历史有礼、对未来有礼等几个方面对"南孔圣地、衢州有礼"之"礼"进行解码，将"有礼"理念和"有礼"文化深耕厚植[2]，推动优秀传统文化的创造性转化和创新性发展，打造了"一座最有礼的城市"的金名片。

（二）推进公共文化服务机构建设，提升公共服务水平

公共文化服务机构在文旅融合过程中发挥着基础性作用。浙江省一直把公共文化服务机构建设列为工作重点，现已建成公共图书馆 103 家、文化馆 101 家、各类博物馆 337 家、城市书房 387 家、农村文化礼堂 13650 个、图书馆乡镇分馆 802 个、文化馆分馆 538 个。近几年，全省每万人享有公共文化设施面积也在不断增加，与 2014 年相比，提高了 40.53%，达到了 1559 平方米。[3] 大批的公共文化服务设施已成为各地独特的地标与名片，成为浙

① 褚子育：《发展全域旅游——建设诗画浙江》，《中国文化报》2019 年 11 月 25 日。
② 徐文光：《衢州：全力打造"一座最有礼的城市"》，《政策瞭望》2018 年第 6 期。
③ 《浙江基本公共文化服务标准化绘就蓝图》，中国经济网，https：//baijiahao. baidu. com/s? id＝1653758032289188768，2019 年 12 月。

江推进文化建设的一道亮丽风景。

一个旅游城市是否先进，除了有完备的公共文化服务设施以外，还需要有一流的公共服务水平。浙江全域旅游之所以能够走在全国的前列，关键是有一批专业化的旅游人才队伍，浙江实行人才兴旅战略，培育和使用优秀人才。通过各种优惠政策，引进海内外优秀人才；为了培养更多深谙旅游文化、技术精湛、熟悉国际规则的优秀服务技能人才，浙江各地市举办了一系列线下、线上的培训班和各种技能大赛。比如温州开展了全民技艺普及工程，启动了"全民技艺普及服务云"平台，向群众提供免费的课程服务。它的实施将全面提升人民群众文化技艺素养，推动传统技艺的可持续发展，为城市营造独特的文化氛围。旅游公共服务水平的提高还需要现代化的服务手段作为支撑，浙江积极打造多元化、全覆盖的智慧旅游，大力推进智慧化建设，实现全域旅游信息化。2019 年，在浙江省大数据管理局的支持下，"文化·旅游专区"服务平台正式在"浙里办"App 上线运营。"文化·旅游专区"是浙江最权威的文旅类综合服务平台，是一个基于游客的公共服务应用系统，将文旅、交通、气象、公安等部门的信息进行整合，实现与文旅公共服务平台的数据共享。

（三）加大产业融合力度，打造独特的旅游文化载体

旅游产业融合是全域旅游发展的核心命脉，产业间的相互融合与渗透可以加快推进旅游组织创新，形成新的产业或产业链，为经济发展带来新的增长点，提升旅游产业的核心竞争力，同时更是打造独特旅游文化载体的最有效的途径。浙江省科学合理地处理"旅游+"和"+旅游"的关系，统筹兼顾、协调推进，充分发挥了旅游业的综合带动作用，创建出"旅游+文化""旅游+乡村""旅游+体育""旅游+康养""旅游+研学""旅游+休闲"等产业融合新模式。

为推动特色潜力行业产品的旅游化，在"+旅游"战略层面，浙江省以特色小镇为空间载体，实现了"特色小镇产业+旅游"的模式。在已创建的省级特色小镇中，近一半是依托文化资源，比如开化根缘小镇确立的

"根雕＋文化＋旅游"的发展模式，在小镇规划和项目建设中嵌入根雕文化元素，传承工艺文化精髓，创新文化发展，满足游客个性化的需求。

（四）深化区域联动机制，强化品牌营销

竞争与合作相互渗透是世界经济一体化的集中体现，通过加强资源整合、资本融合、区域联合等方式建立营销联盟、强化品牌营销已经成为一种趋势。浙江省将区域联合促销作为文化品牌营销的基本战略，成立了省内区域联合体和省外区域联合体。比如浙江省内的区域联合有浙东南旅游联合体（宁波、温州、舟山、台州和绍兴5市）、金丽温衢旅游联合体（金华、丽水、温州和衢州4市）以及中国旅游合作联盟（浙江11个城市）等。省外区域联合体有4省9市区域（皖、浙、闽、赣4省内的9个城市）旅游联合体等。联合体集中展示了区域内丰富的旅游资源，有利于加快不同城市旅游资源的整合，有利于实现互利多赢。2019年，长三角一体化发展上升为国家战略，浙江省积极参与到长三角生态绿色一体化建设，通过整合资源、优势互补，与上海、江苏和安徽加强各领域互动合作，共同构建长三角文化旅游产业发展生态圈，塑造长三角一体化文化旅游品牌，大力提高各城市的旅游市场开拓能力，增强了整体竞争力。

（五）持续推进"引进来，走出去"的国际战略，提升品牌国际知名度

为了加快区域旅游文化品牌的影响力，提升旅游产品的国际吸引力，浙江省持续推进"引进来，走出去"的国际战略。省内结合各地历史与文化内涵，全方位打造国际化旅游产品，举办、承接各类国际性会议与赛事。例如，宁波溪口凭借举办"一带一路中韩国际登山体验大会"，深耕韩国市场，促进两国的合作交流；杭州市举办了"相逢杭州"系列活动，通过对日本市场的分析研究，实施精准营销战略，推出事件营销、沉浸式体验等手段，进一步提升了杭州文化旅游品牌在日本市场的影响力。在服务功能国际化方面，增开国际新航线，设立涉外综合服务站，打造国际化商务载体、生

活街区、完善国际化的旅游集散功能，实现指示信息多语种化，完备城市旅游公共咨询体系建设；服务管理国际化方面，增强旅游公共服务职能，提高管理人员综合素质，加强对旅游休闲市场秩序的维护和监管，完善旅游应急保障体系；旅游环境国际化方面，强化综合素质培养，按照国际化标准，进一步推进旅游目的地的环境建设，加入更多对外国游客具有吸引力的元素；市场营销国际化方面，把握不同国家游客对旅游目的地选择的喜好，寻找各个国家与浙江的历史渊源，充分利用新的技术手段开发欧美市场，拓展中东、俄罗斯市场，比如杭州市开展了"马可·波罗与杭州"系列旅游宣传营销活动，拍摄了多部国际版杭州旅游宣传片，以提高对外国游客的吸引力和好感度。

浙江旅游文化品牌的推广不仅要"引进来"，还需要"走出去"，满足国际市场的需求，把浙江省打造成为国际旅游目的地。2019年，浙江省组织了多场境外旅游推介活动，针对不同的国外目标市场，设计不同的主题形象。在伦敦举办了"美丽中国·诗画浙江"浙江传统工艺创新展，在德国石荷州基尔市举办了浙江非物质文化遗产展览，在美国波士顿福布斯艺术馆（Forbes House Museum）举办了为期6天的"人类非遗·中华经典"——2019龙泉青瓷巡展，在加拿大多伦多尤金维尔举办了"诗画浙江"文化旅游体验活动，在日本东京、马来西亚举办了"美丽中国·诗画浙江"文化旅游推介会。这些别具特色的旅游推介活动极大地提高了浙江旅游品牌在主要国际市场的知名度，创响了具有国际影响力的城市名片。

三 趋势与展望

（一）挖掘、升级旅游项目，打造浙江文化标识

浙江省拥有很多独具特色性和稀有性的文化旅游资源，因此在文旅融合过程中需要将这些资源作为重点进行开发。实施文艺精品创优工程，对各种形式的文化旅游资源进行整合，依据资源优势和消费者市场需求，重点培育

个性化的文化旅游产品。充分发挥浙江省在茶文化、丝绸文化、水乡文化、名人文化、民俗文化、古文化遗址等文化资源方面的绝对优势，提升文化软实力。进一步推进文化基因解码工程，挖掘阳明文化、和合文化、南孔文化等丰富内涵，提炼出最为核心、最为鲜明的文化基因和文化符号，打造一大批文化和旅游的金名片，从而形成最具竞争力的优势品牌。首先，深入挖掘各地民俗节庆、文化艺术等非物质性的文旅资源，将参与性、体验性强的旅游产品作为重点开发对象。其次，将文化旅游和休闲度假相结合，在保护古镇文化旅游资源的基础上，合理开发富有地方特色的休闲度假产品，丰富旅游产品类型。再次，对目的地周边多样化的旅游资源，如生态旅游、农庄旅游、民宿客栈等资源进行整合营销、捆绑销售，提高文化旅游的层次和水平。最后，将社会资源旅游化，打破传统景区景点的概念，用游客乃至外国游客的视角探索发现当地文化中的"中国元素"，让别具特色的农贸市场、特色街区、粉墙黛瓦的乡居等成为传播文化、增强本地居民与外来游客互动的平台。

（二）加大大众参与力度，加快文化社会普及

弘扬和创新优秀的浙江传统文化，必须加大社会普及力度、做好文化资源的转化。通过推进博物馆、文化馆、艺术馆、美术馆、非遗馆、考古遗址、名胜古迹等景区化，用旅游展示文化底蕴，加强文化的活化转化。建设一批项目新颖、独具特色的旅游风情小镇、非遗主题小镇、民俗文化村、传统技艺非遗工作站和具有示范意义的社科普及项目，多渠道推进文化宣传普及。多方位打造文化创意街区，如杭州桥西历史文化街区、绍兴兰亭文创街区、文昌文化创意街区、水亭门文化创意街区等，促进传统文化与现代产业的有机融合。从地域文化和民俗文化的角度深入开展一批群众参与度高、品牌影响力强的展会和节庆活动，深化西塘江旅游文化节、浙江山水旅游节、湖州·国际湖笔文化节、兰亭书法节等传统文化节庆活动，开展具有民族传统和地域特色的民俗文化活动，调动大众的参与兴趣。

加强传统文化校园教育，开展非遗项目进校园活动，构建优秀传统文

教材体系，将传统文化知识纳入各级教育升学考试内容。鼓励中小学生定期参观博物馆、革命历史纪念馆、文化遗址等公共文化机构。借助高校的科研平台，针对文化创意产品开发、文旅文博人才培养等，与高校展开教产学研全面战略合作。在高等院校人才培养方案中增设浙江文化、地理等相关课程，在相关学科研究生培养中增设浙学方向。

（三）强化品牌串联，创新文化品牌营销体系

文化品牌的串联不仅可以增强整体品牌的竞争力和影响力，产生"1 + 1 > 2"的效果，也有利于优势资源的发掘与传播。2019 年是浙江诗路文化带建设的开局之年，要将整个浙江作为大景区来谋划，通过打造"四条诗路"，将浙江的文化精华、诗画山水、全域旅游串联起来，提出各条诗路差异化发展路径，打造具有高辨识度和影响力的 IP。[①] 打响"诗画浙江"品牌还需要不断改进营销理念、创新营销方式、拓展营销渠道、建设一套完善的营销体系。其中，政府需要发挥主导作用，与企业和媒体联合构建立体的营销系统和多元化的旅游消费市场，成立专门的网络营销机构，以加强全省旅游网站建设为基础，开发建设一体化的网络营销平台，扩大与国内外知名网站的合作，建立完善多语种网站，积极探索在境外投放"诗画浙江"的宣传广告。同时，各地要进一步推进旅游产业与其他产业的相互渗透，促进旅游产业优化升级，在旅游形象、文化品牌的确立过程中要突出竞争优势，满足游客多样化、差异化的需求。

四　总结

浙江作为我国旅游业发展的重要参与者和领先者，在旅游资源开发、旅游体制机制改革创新、旅游文化品牌创建、旅游公共服务提升等方面取得了

---

① 《浙江诗路文化带建设——四条诗路串起十地百珠》，《浙江日报》，http：//csj. xinhuanet. com/2019 - 12/19/c_ 138642676. htm，2019 年 12 月。

显著成绩。在大力发展全域旅游的潮流下，"诗画浙江"文化旅游品牌的塑造不仅是保护和传承浙江历史文化资源的重要举措，更是全国文旅产业融合发展的必然趋势。未来，浙江将深度推进文旅融合，加快构建文化产业体系，促进文化的创造性转化和创新性发展，为打造长三角的绿色美丽大花园发挥更大的潜能。

B.16
袁家村：品味传统与精典，
乡村旅游黑马典范

曹阳 孟洋 李晓*

摘　要： 袁家村从普通贫困村发展成为国内乡村旅游典范，得益于其
独特的管理模式和创新的发展路径。从建设关中文化体验基
地到打造综合性旅游休闲区，建设袁家村品牌，创造了驰誉
中外的袁家村模式，成为国内乡村旅游界的发展典范。本文
通过对其发展历程的研究和探讨，分析了其经营模式的特点
和规律，提出了对未来的展望和建议，同时为各区域打造特
色旅游发展提供了经验借鉴。

关键词： 关中文化　乡村旅游　袁家村模式

一　项目背景

　　袁家村位于陕西省咸阳市礼泉县烟霞镇，面积约 500 亩。袁家村距离咸
阳市区约 40 公里，距咸阳国际机场约 40 分钟车程，周围公路网密集，有
312 国道、关中环线、武银高速、107 省道等多条公路穿过，西安、咸阳境
内均有多班发往袁家村的班车，故袁家村交通便利、可达性强。袁家村位于

---

　　* 曹阳，河南财政金融学院旅游管理学院副院长，副教授，研究方向为战略管理、旅游管理；
孟洋，河南财政金融学院旅游管理学院；李晓，南京工程学院讲师，博士，研究方向为战略
管理、创新创业教育。

陕西关中平原，地势西北高，东南低，属于温带半干旱大陆性季风性气候，年均降雨量 587 毫米，植被类型多为落叶阔叶林和针阔混交林，气候温润，各季节均适合游客游览。袁家村距离全国第一批文物保护单位、世界上最大的皇家陵园"唐太宗昭陵"仅 10 公里，其依托唐太宗昭陵的丰富历史资源，现已形成以昭陵博物馆、唐肃宗石刻等历史文化遗迹为核心的集点、线、带、圈为一体的旅游体系。①

二　发展历程

袁家村由一个"地无三尺平，砂石到处见"的"烂杆村"发展为一个年接待游客超 500 万人次、旅游总收入近 4 亿元的全国著名旅游重镇，大致经历了 3 个阶段——村办企业富村，建立关中民俗旅游景区、综合性旅游度假区及打造袁家村品牌。

（一）依托村办企业实现贫困村向小康村飞跃

自 1978 年改革开放起，袁家村在村领导的带领下实施土地家庭联产承包责任制，将土地包产到户，大力发展果品种植业，同时发展集体经济和村办企业，使村民从单一的种植粮食收入转为"果业收入＋工资收入＋村集体分红"。见到显著成果后，村集体加大投资规模，拓宽发展领域，并于 1993 年成立了工、农、贸一体的集团型企业——袁家村农工商联合总公司，囊括了建材、餐饮、旅游、运输、服务、房地产、影视等多个领域，实现了村集体由单一依靠农业发展到工农业协同发展的转变。2000 年，该村人均年收入已增长至 8600 元，集体资本更是达到了 1.8 亿元，成为全国闻名的"小康村"。② 但此后随着改革开放的不断深入，越来越多的地区开始尝试并

---

① 《冲出重围的乡旅界黑马——袁家村》，大地风景，https：//mp. weixin. qq. com/s/ aas1IOj9AeR8TJs7Vfje9g，2019 年 5 月。
② 张明曦：《袁家村调研报告》，历新建旅游文库，https：//mp. weixin. qq. com/s/- ni1N5pzKwM7VcmlVJu2uQ，2016 年 10 月。

走到了发展的前沿，袁家村面临更多的同类竞争，遇到了前所未有的压力和挑战。果业与养殖业效益下滑，国家关停小水泥，加之人才、市场等因素影响，村子发展陷入低谷。对此，村领导集体通过探讨和研究，达成了共识，积极调整发展思路，转变经济发展方式，跳出原有的舒适圈，尝试新模式，试图在发展中抢占先机，赢得主动。

（二）建立关中民俗旅游景区

2007年，礼泉县政府做出了大力发展乡村旅游的战略决策，袁家村的领导集体嗅到了机会，积极响应并迅速开展行动。袁家村通过媒体广泛征集意见，结合村内现有的旅游资源，决定发展古镇旅游业，并最终敲定了建设"关中印象体验地"的创新理念。袁家村缺乏开展乡村旅游的依托资源——没有山，没有水，没有乡村常见的风光和康养资源，但是袁家村看到了一种非物质性的重要资源——当地村民的日常生活方式，由此，袁家村的景区建设多以关中民俗文化体验为切入点，景区项目集中展现关中特色的传统文化以及关中地区的生产生活方式。2007年，袁家村开始建设关中小吃文化一条街和特色农家乐一条街，并成为景区很长一段时间的发展重点。关中小吃文化一条街的店铺主要分为两种，前半段经营具有关中民俗文化的老式作坊，如卢氏豆腐坊、童济公茶坊、永泰和布坊等；后半段则为关中小吃街，汇集了由村委会慎重选出的袁家村周边富有特色的小吃，包括陕西著名小吃礼泉烙面、生汆丸子汤、锅盔夹油泼辣子、羊血粉丝等。农家乐一条街有个体农家乐53家，为游客提供住宿、餐饮及娱乐一体化服务，同时还成立了"农家乐"协会，学习外地农家乐经营的先进经验，对村内农家乐的经营管理进行指导和监督。①

（三）建立综合性旅游度假区及打造袁家村品牌

随着袁家村的知名度越来越高，游客数量越来越大，袁家村在原有基础

---

① 张明曦：《袁家村调研报告》，历新建旅游文库，https：//mp. weixin. qq. com/s/-ni1N5pzKwM7VcmlVJu2uQ，2016年10月。

上不断扩大景区规模，其定位已经不再只是关中民俗体验基地，而是要拓展时尚新业态，进入度假休闲产业，建设一个综合性的旅游度假休闲区。自2011年以来，袁家村陆续建设了书院街、回民美食街、酒吧街、文创区等，极大地拓宽了游客群体的广度，同时积极推动农家乐的升级改造，民宿客栈酒店的建设旨在提高游客在住宿方面的体验。面对传统关中文化的受众广度和吸引力不足这一问题，袁家村也在不断尝试更多样化的娱乐项目，如适合各年龄的游村小火车、满足青年人群需求的电影院和咖啡厅、针对高端需求的直升机环村飞行等项目，再配合原有的采摘果园、滑冰场等娱乐项目，满足不同年龄、不同阶层、不同目的的娱乐需求的能力日益增强。从袁家村的长远规划来看，发展方向务必是要建立综合性的旅游休闲小镇，这要求袁家村必须在空间上扩大化、旅游形式上丰富化。因此，袁家村在不断精致内部条件、扩大景区规模的同时，也在不断整合与利用周围已有的旅游资源，其中最为重要的就是昭陵和昭陵博物馆。昭陵位于九嵕山上，因其地理条件不宜开设公交线路，故袁家村村民的私家车就成为前往昭陵的最佳交通工具。袁家村最开始发展旅游业时，游客群体的主要目的地是昭陵，而袁家村则是为游客提供住宿、餐饮、私家车接送等服务的中转站；待到发展至今日，具备了强大的游客吸引能力之后，袁家村亦可为昭陵和昭陵博物馆带来一定的客源。整合利用周边资源最显著的好处就是丰富了旅游的形式，例如在附近村庄开设的大唐御杏园、大唐御桃园等，就弥补了袁家村内无法进行田园采摘活动的不足。在充分利用周边资源的同时，袁家村还起到了带动区域化联动发展的作用。袁家村跳出了小村庄的概念，带领周边10个村庄建立了袁家社区，实现资源共享、产业互动、功能互补、空间互通。袁家村还搭建了一个村庄及行业间交流、合作、共创的重要平台——"百村联盟"，旨在使每个村庄的土地、生态、文化等资源得到充分联动，不仅承担起实施乡村振兴的更多责任，也给袁家村自身带来了更多新的机会。

此外，袁家村还意识到不能将发展的目光局限于村域范围内，因此持续努力打造袁家村品牌，使其现在具有了很高的知名度和含金量，并形成了两个重要的产业链，即以民俗文化和创意文化为核心的旅游文化产业链和以食

品安全、健康餐饮为核心的农副产品加工、包装、营销和餐饮体验店的产业链。① 袁家村通过精抠细节来宣传自身品牌，举一个简单的例子，袁家村小吃街的商户都使用统一印有袁家村 logo 的牛皮纸袋，既好看美观、节约成本，又能作为一种无形的周边产品，起到良好的宣传作用，游客掂着纸袋走到哪儿，袁家村的品牌就传到哪儿。袁家村近年来又在"进城"和"出省"之路上不断摸索，以实现袁家村在空间上的扩大。2015 年，曲江银泰商城内开设了第一家"袁家村关中印象体验地"，将袁家村小吃街上的小吃卖到了城市的高端商业综合体，送到了城市居民的门前。该店开业之初便得到了良好的社会反响，甚至比袁家村本身还要火爆，经常出现一座难求的现象。袁家村现如今已经在西安市开设了 11 家进城店，而且打算在陕西省其他城市各开设一到两家的城市体验店。② "出省"跟"进城"的区别在于，无论是西安还是咸阳，都属于陕西省，都有着类似的文化底蕴和生活习惯，但出省面对的是不同的文化环境。因此，袁家村的出省之路不是将袁家村的关中文化照搬过去，而是放弃袁家村现有的实体的东西，只保留袁家村这一品牌，与外地的政府和企业合作，打造具有当地特色的体验式旅游景区。③

三　袁家村模式分析

袁家村作为我国乡村旅游业的成功案例，离不开其独到的乡村旅游发展模式，即袁家村模式。我国幅员辽阔，乡村遍布全国各地，许多城市居民在闲暇时间会选择到周边的乡村旅游。袁家村能在众多同类竞争中脱颖而出，让游客舍近求远来到袁家村，必定有其特殊的吸引人的地方。

---

① 乡土田园农业规划设计院：《袁家村模式的六个启示》，https：//mp. weixin. qq. com/s/JgG8W5o3KJA4Xf9Mp2f5QA，2019 年 2 月。

② 忻运：《走出小吃街？袁家村的饱和与突围》，新旅界，https：//mp. weixin. qq. com/s/y6tccQkvW1i2thi2M7rJWA，2019 年 1 月。

③ 乡土田园农业规划设计院：《袁家村模式的六个启示》，https：//mp. weixin. qq. com/s/JgG8W5o3KJA4Xf9Mp2f5QA，2019 年 2 月。

（一）袁家村管理模式分析

袁家村的管理模式是在村党支部和村委会的带领下，通过集体经济的模式，实行商户分组自治制度，即村委根据商户经营商品类型、所处位置等条件，将商户分为若干小组，设立组长，进行集中管理。袁家村提倡全民股份制，积极推动村内大大小小的作坊等改为公司制，拉动村民入股，以扩大经营规模、提高收入。袁家村现有 60 余户村民，其中半数在农家乐一条街内进行农家乐经营，另外一部分村民在特色小吃一条街内经营传统作坊、售卖传统小吃等，可谓全民皆兵。袁家村并不提倡完全竞争化的市场理念。村内各类商铺、作坊、农家乐因经营方式和受欢迎程度不同而难免造成收益上的差异，为此，袁家村并不向商户收取固定的房租，而是采取从商户收入中抽成的方式。面对经营较差的商户，袁家村会派专人进行指导，提供改良策略，帮助走出困难、提高收益。[①] 村民收入提高了，归属感和集体意识自然也就提高了，任何乡村旅游都需要有原住村民自发的支持和参与，例如，袁家村几乎所有村民都有主动捡拾地上垃圾的习惯，因此村内很难见到随地丢弃的纸巾、烟头等。上述措施极大地提高了经营者的经营能力和集体意识，形成了明确的组织框架和结构，便于村委进行集中规划和管理企业，也使袁家村成为全国唯一一个村景一体、全民参与的 4A 级景区。我国大部分开展乡村旅游业的地区存在管理涣散的问题，许多乡村旅游景区的经营者为本地原住村民，单个标价、独自经营、各自为战，缺乏统一的科学管理。这一模式的优势是能够发挥村民各自的主观能动性，经营方式更为灵活，但其弊端也很明显，缺乏统一的定价机制和市场监管，容易造成"宰客"等现象频发，直接影响游客的旅游体验及对景区的好感度；许多景区的商铺、旅店会出现严重的同质化问题，经营同一小吃的商铺可能有数家甚至数十家。为了应对这种情况，袁家村规定同一品类的商铺只能开一家，所有店面作坊必须

---

① 张明曦： 《袁家村调研报告》，历新建旅游文库，https：//mp. weixin. qq. com/s/－ni1N5pzKwM7VcmlVJu2uQ，2016 年 10 月。

竞争上岗、定期进行考核，若商品的口味和质量出现问题，则该商铺随时会被换掉。

　　袁家村虽然是全民参与的模式，但是景区内的商铺经营并非全由本村村民垄断。比如，村内酒吧街的大部分经营者是外地人，后期兴建的文化创意区则吸引了千余位外来的创客，为袁家村带来了富有活力的新鲜血液，也带来了很多新的思维、新的点子，袁家村创建"百村联盟"的主要发起者便是 5 位外来的创客。

（二）袁家村经营模式分析及现状

　　游客选择乡村旅游无非为了感受田园风光，参与农业活动；体验传统文化，感受风土人情；找回儿时记忆，拂去乡愁。因此，乡村旅游发展的基准点就是要体现乡村特色，发展乡村旅游，无论如何要把村子留下来。乡村旅游离不开农村、农民和农田，但袁家村在这方面存在先天不足，20 世纪八九十年代，袁家村大力兴办水泥厂等村办企业，在发展了村里经济的同时，也改变了传统的乡村面貌，损失了农田、树林等大量具有乡村特征的东西，而企业倒闭之后产生的断壁残垣、废弃厂房等显然难以作为发展乡村旅游基础。然而，袁家村在发展旅游产业的时候瞅准了一个可以利用的资源——关中民俗，即传统关中人民的生活方式、传统习俗等。随着我国不断推进的城镇化，越来越多的农民从乡村搬到了城市，许多乡村就此消失，这意味着传统的耕作活动和田园风光也随之消失，但人们的生活方式和传统习俗是能够保留的。为了展示原始的民俗文化，袁家村在复现关中民俗和乡村生活方面可谓做到了极致。在发展乡村旅游初期，袁家村建立了一条传统老街，包括油坊、醋坊、织坊等传统作坊，最大限度地还原了传统生活的真实性和原始性。袁家村内的建筑多为仿古建筑，小巷古朴典雅，小吃街内的作坊和商铺均为仿旧式作坊，门前的拴马石柱和抱鼓石、窗上的雕花等都颇具古香古韵，室内的家具和摆件也坚持仿古特色。在袁家村美食一条街上，你绝对看不到塑料袋、玻璃杯等现代生活用品，即便是近年新开设的酒吧街、回民街等，也均保持着传统关中特色的建筑形式。相对于部分旅游景点开设的民俗文化体验活动，袁家村的民俗文化活动更注重真实性和游客的参与性。有的景区也有磨盘，但袁家村的磨盘真的在磨面，游客可以真正参与推磨。进入村子便可以看到陈家班的传统杂技表演，村内还建有关中民俗博物馆（关中非遗文化传承馆），馆内提供穿婚服、戴婚帽、做婚床的体验活动，让游客可以在袁家村内举行一次关中特色的婚礼。穿着传统服饰的村民在街道上往来，售卖着各类特色商品，游客可以在童济公茶坊内点一杯茶，欣赏铿锵有力的秦腔，也可以在美食街体验推磨碾辣椒，品尝亲手制作的油泼辣子夹馍，仿佛时空穿越回到古代，让游客有着不错的沉浸式体验。更为庆幸的是，袁家村将传统淳朴的民风延续了下来，由于袁家村发展旅游的全民参与性，村民家家户户的大门都是敞开着的，游客可以进入每一户村民家中，哪怕你只是进来歇歇脚、接杯水、借用卫生间，都是可以的。这就是村景一体，景区就是村子，村子就是景区。① 游客来到这里会倍感亲切，仿佛回到了自己的老家，乡亲邻里的大门随时敞开，欢迎串门。乡村旅游贵在真实，袁家村在这点上无疑做得很好。

四　小结及展望

随着城市化进程的推进，我国乡村旅游业无疑具有极大的发展潜力，袁家村能在众多强有力的竞争者中脱颖而出，成为乡村旅游的黑马，与其独到的袁家村模式的优越性密不可分。其优越性主要体现在以下两点：一是创新的管理方法和现代化的企业管理制度帮助袁家村快速腾飞，股份制的集体资源分享制度帮助本地村民实现了共同富裕，多村庄资源整合的区域联动发展摆脱了"村集体"经济的严重桎梏。二是正确寻找到自身的发展定位，利用其自身文化优势，寻找到关中文化这一完美的切入点，避免了当今我国乡村旅游发展同质化严重的问题。

---

① 乡土田园农业规划设计院：《袁家村模式的六个启示》，https：//mp. weixin. qq. com/s/JgG8W5o3KJA4Xf9Mp2f5QA，2019 年 2 月。

尽管如此，袁家村还需不断打破业态上的局限性，探索新的发展方向。以快餐式的消费在短时间内虽然促成了袁家村的繁荣，在复刻、保留关中文化和传统生活这方面，也可以说做到了极致，但面对快速迭代的国内旅游市场，袁家村还需要根据外部市场环境的变化，探寻新的出路，实现突破。比如经济模式上的突破，即由产业经济向金融经济过度，将现有的资本投入收益更高、前景更广阔的金融市场。未来的袁家村不再只是一个简单的旅游景区，而应是一个涉足众多领域的知名品牌和像"迪士尼乐园"般的文化符号。

乡村旅游形式繁多，但其最本质的内核便是"真"。越来越多的游客涌入乡村的目的是在休闲娱乐之余，寻找自己的乡愁，如果让来自不同地区、拥有不同文化背景的人在同一个地方找到乡愁，便是乡村旅游的精髓和灵魂吧。

B.17
清明上河园：东京梦华沉浸式旅游体验

董晓青　阙超凡　范成凯*

摘　要： 旅游业的快速发展催生了沉浸式旅游这种新兴的旅游形式。清明上河园通过旅游演艺、传统节庆、文化清园、智慧融合等方式，不断深挖宋文化内涵，始终坚持文化与旅游的深度融合，打造出全新休闲度假理念的沉浸式旅游体验，走出了一条独具清园特色的文旅融合创新发展道路。本报告对项目背景、清明上河园沉浸式旅游的成功经验、制约其发展的因素等进行了分析讨论，并对其未来发展进行了分析和展望。

关键词： 清明上河园　沉浸式旅游　文旅融合

一　项目背景

在经济发展的快速推动下，我国旅游业进入了发展的黄金时期，旅游消费逐渐大众化，游客对旅游活动的品质与体验提出了更高的要求，游客的需求也由简单观光逐步升级为深度体验。其中沉浸式旅游便是在这种需求背景下产生的一种新兴的旅游类型，其特点是在消费者体验需求的引导下，通过塑造感官、思维、情感体验等方式，引起旅游者的情感共鸣或思维认同，从

---

* 董晓青，河南财政金融学院体育学院教授，研究方向为体育产业、文化产业管理；阙超凡，河南财政金融学院旅游管理学院；范成凯，清明上河园活动策划，研究方向为创意营销、文化产业策划。

而为传统的旅游产品和服务找到新的价值和生存空间，使游客在游玩过程中获得更多自主性与差异性的旅游体验。① 我国对沉浸式旅游的探索可追溯至20世纪80年代以农家乐为代表的乡村旅游，随后不断进步，直至近年来出现井喷式增长。沉浸式旅游体验凭借自身特性及优势，越来越受到国内外旅游业与旅游爱好者的关注。

2018年，国家发改委发布政策，要求"国有景区门票形成价格机制、降低重点门票价格"，促使景区由门票经济型向产业经济型转变，寻求新的收入增长点。沉浸式旅游项目具备游客参与度高、双向互动性强、复玩率高、迭代性强、收入多元化等明显特征，不仅能极大地丰富文旅目的地的产品形态和内容，还能为游客营造深度体验的环境和多业态的消费场景，有助于增强目的地与游客的黏性及促进再次消费。因此，深入研究和理解沉浸式旅游的成熟开发案列，为沉浸式旅游研究提供经验积累显得尤为重要。

二 清明上河园沉浸式旅游的成功经验

（一）以"旅游演艺"为核心，持续创新演艺剧目

一朝步入画卷，一日梦回千年。1998年，以中国传世名画《清明上河图》为蓝本复原的大型宋代历史文化主题公园清明上河园正式开放，成为国内早期通过旅游演艺剧目来展现宋文化历史内涵的景区。21年间，清明上河园建立了"大型剧目震撼化、中型剧目精品化、小型剧目景观化"的演出体系，巧妙运用演艺创意，把宋代历史活化，保持了景区长久不衰的发展活力与吸引力。一方面，在大型剧目中运用电影特技等表现手法，演出场面宏大逼真，让游客近距离地感受到了现场的震撼；中型剧目中专业的道具与设备配合着演员们投入的表演，让游客们欣赏到了一场场视觉盛宴；在小型剧目中，景区演员的古装扮演再现了宋代市井民俗的情景，一人即成景、

---

① 李修林：《体验营销与品牌塑造》，《管理世界》2005年第1期。

一步一互动，让游客与演员实现了零距离亲密互动。清明上河园景区让复原的静态宋式园林景观在演艺中活化，让沉淀千年的历史在演艺中再现，让昔日辉煌的文化在演艺中升华。

另一方面，不断推陈出新，建立满足游客新需求的演出创新和淘汰机制。清明上河园从未停止对宋文化元素的挖掘和现有资源优势的整合，一直在创新与探索演艺剧目的模式、类型和内容，力争打造出切实满足游客需求的演出矩阵，达到上午、下午演出的差异化和白天、夜晚演出的差异化。此外，清明上河园在演出互动上进行创新，让游客在这幅活画卷中亲自参演体验宋生活。目前，该景区单日演出剧目场次多达 70 余场，节庆活动期间演出场次超过 100 场，从早上的《开园迎宾》到晚上的《大宋·东京梦华》，演出贯穿游客整个游览行程，用一场场文化的视觉盛宴带给游客独特而难忘的游览享受。

（二）以"传统节庆"为品牌，打造系列节会活动

节庆文化旅游是有主题的文化旅游，是以活动为主线、以体验为重要手段的一种文化旅游形态。清明上河园抢抓节庆热点，迎合我国旅游市场对节庆氛围的需求，打造出大宋·年民俗文化节、端午文化节、七夕文化节、元宵节灯展等一系列知名的节庆品牌，并通过市场化运作，吸引民间组织参与。整个园区以实体建筑为框架，以传统节日文化为依托，不断创新打造节庆活动，通过直观感性的方式，让游客身临其境地了解中华文化和风土人情，使游客在与景区的双向互动过程中轻松愉快地接触、理解、传播中华民族优秀传统文化，从而达到节庆活动带动景区经济的目的。2018 年，景区通过节庆活动接待游客 120 万人次，占全年总游客接待量的 37%，同比增长了 11%。截至 2019 年 10 月，景区通过节庆活动接待游客量已超过 100 万人次，景区品牌影响力大幅提升。

（三）以"文化清园"为引领，促进业态融合发展

为进一步深化文旅融合的创新发展，清明上河园在 2017 年提出了打造

"四个清园"的发展目标，即打造"文化清园"、"品质清园"、"欢乐清园"和"梦幻清园"。一是对国家级非物质文化遗产进行深度挖掘与保护，将景区打造成为非物质文化遗产的展演和体验基地。二是积极吸纳民间博物馆，打造丰富研学路线，让游客在景区游览的过程中充分接触历史、感知文化。这种形式不仅提高了景区的文化内涵，又切实满足了游客在游玩过程中对旅游文化项目深层次的追求。三是大力推动景区的多元化发展，推出"夜游清园"，竭力发展夜间经济。运用现代科技与灯光色彩，再现北宋时期空前繁荣的夜间经济景象。同时，还陆续在夜间推出《清明上河图》光影秀、《开河祈福》、《大宋·汴河灯影之新汴梁八景》夜间游船体验项目等近20场沉浸式旅游演艺，吸引更多游客晚间留在景区。景区未开放夜游之前，下午入园的游客只占1/3左右，到2019年，下午入园的游客就已提升至过半。通过近3年来大力发展景区夜间经济，不断扩大营销宣传，打造景区夜游知名品牌，景区的游客接待量持续增长，游园时长显著增加。截至2019年10月，景区夜间游客量的增长幅度达到30%。四是不断探寻以文化创意和特色旅游相契合的产业融合模式，丰富景区产业结构，打造精品宋式客房，提高景区对过夜游客的接待能力，使清明上河园真正成为宋式美学的深度体验地和两日游休闲目的地。

三　清明上河园沉浸式旅游发展中存在的不足

（一）市场竞争激烈

将清明上河园的竞争对手分为3类进行对比分析。

Ⅰ类（主题相同，距离较远）：1998年开业的清明上河园与1996年在浙江省杭州市开业的杭州宋城、1996年在浙江省金华市由横店影视投资30亿元建设的横店影视城（清明上河图）以及2009年开工的山东青州宋城都是以北宋著名画家张择端的传世之作《清明上河图》为蓝本建造的大型宋代历史文化主题公园，这些景区在产品定位、营销策略和体验项目方面十分相近，由此加剧了景区之间的客源竞争。

Ⅱ类（主题相近，距离较近）：开封市为满足文化旅游产业转型升级的需要、践行"五个全域"理念的需要以及修复展示"三条文化带"的需要，于2019年将清明上河园、翰园碑林、天波王府和龙亭公园整体规划为宋都皇城旅游度假区，其中，清明上河园单独售票为每张120元人民币，翰园碑林、天波王府和龙亭公园3个景区采用联票制度，票价为每张90元人民币。这种售票制度大大提高了其他3个景区的竞争力，从清明上河园的潜在顾客市场中吸引走了部分目的性不强的游客。

Ⅲ类（主题不同，距离较近）：在经济发展的推动下，越来越多的主题公园加入旅游市场的竞争当中。与清明上河园同处开封市的建业电影小镇与恒大童世界在开业后将不可避免地瓜分开封的随意型游客市场。

（二）双向互动产品偏少

游客获得优质的沉浸式体验需要景区的主动引导，引导过程可划分为静态观赏、旅游演艺和双向互动三个环节①，只有每个环节亮点突出、衔接有序，才能把游客的情绪自然带入景区的主题框架中。静态观赏作为基础环节，带给游客的仅为视觉刺激，而这种单方向、单角度的刺激方式难以为游客带来深层次的文化体验。旅游演艺作为过渡环节，加入了听觉刺激，游客的观赏对象也由静态转换为动态，游客体验得到升级，但其角度仍局限在景区对游客的单项输出。双向互动作为最终环节，是指游客作为一个独立个体，与景区的各种元素（设施、服务、景观、工作人员等）产生互动与共鸣。游客由简单的观光者升级为参与者与实施者，让游客以最真实的感受"迷失"在景区制造的环境中，达到优质的沉浸式旅游体验。综观清明上河园的产品结构，静态观赏与旅游演艺的产品约占总体产品结构的90%，双向互动产品偏少，只占总体产品结构的10%，参与方式单一，游客难以达到最佳的沉浸式旅游体验。

---

① 肖华：《清明上河园体验式旅游发展研究》，《河南科技学院学报》2013年第3期。

（三）演艺节目易受时间和空间限制

清明上河园以"旅游演艺"为核心，但演艺节目易受到时间与空间的限制。从时间上来看，大多数游客的游览时间为 2~4 小时，入园动态整体表现为上午多、下午少，不同的入园时间使游客易错过定点表演的演绎项目，而且大多数露天演出项目易受到天气和季节的影响，不能正常进行。①从空间上来看，大部分演艺项目的承载力有限，超出合理容量的观看人数会降低节目的整体效果。时间与空间带来的限制会无法避免地影响到游客的沉浸式旅游体验，降低游客对景区产品的感知度。

四 清明上河园沉浸式旅游发展对策

（一）高新技术 + 特色主题的双引擎发展模式

数字传媒与全息影像显示技术正处在日新月异的发展阶段，旅游演艺的技术支持经历了由大型简单机械娱乐设施到各种灯光、激光秀及水幕电影的打造，再到以实景演出为代表的夜间消费形态。如今，随着科技的进一步发展及文旅融合的不断深入，又出现了以 VR、AR 前沿技术为载体，融合数字技术、光影技术、文化艺术、IP 等打造体验故事线的线下沉浸式娱乐模式。声光电等舞台设备与舞台机械技术的进步使舞台拥有了更多的呈现方式，多种科学技术的合理应用使观众变为参与者，观演关系发生了变化，打破第四面墙使全方位体验的沉浸式旅游演艺得以实现。同时，全息投影技术可以从时间和空间两个层面突破景观的核心吸引物，并注重景观与环境的和谐统一，能让游客得到全天候、全空间的畅爽观影体验。但是，优质的沉浸式旅游不是仅靠高新技术简单地堆砌而成，精致的特色内容与文化承载应始终为其发展核心。这就需要清明上河园在不断完善高新

① 肖华：《清明上河园体验式旅游发展研究》，《河南科技学院学报》2013 年第 3 期。

技术设备的同时，深挖自身文化主题，在设计时注重细节与仪式感，从游客角度出发的设计理念更容易引发游客的情感共鸣，获得游客对景区的好评与认可。

（二）细分游客市场，创新发展方向

不同消费群体有其自身的需求与消费偏好，这要求清明上河园在遵循可衡量性、可进入性、可营利性与可区分性的基础上，打造针对不同群体的多种营销理念。从沉浸式旅游市场来看，其主力消费群为年轻人，而且随着社会的发展，这一消费群体还将会表现出较强的消费意愿和消费能力。由此，清明上河园沉浸式旅游的搭建应在场景设计、内容选择、空间氛围等方面更加贴近该群体的需求，并坚持以需求为导向，借助 AI 与大数据分析工具，了解该群体的游玩需求和偏好，从而打造出能真正吸引该消费群体的沉浸式旅游作品。此外，也要多关注年轻群体的亚文化圈的主要变化及其社群特征。这样，清明上河园就能在不断精耕细分市场的过程中生产出针对适应新一代主流消费人群主题偏好的"沉浸式"演艺内容，在激烈竞争的环境中找到创新发展的方向。

（三）提高服务质量，提高游玩品质

游客在游玩中所享受的服务质量会直接影响到游客对景区的整体评价，优质的服务会提高景区的口碑，也会提高游客的重游率、增强景区的宣传力度等。清明上河园作为沉浸式文化主题公园，旅游服务应贯穿旅游活动的整个过程，这就需要将游客满意经营战略放在总体发展战略的重要位置，并以此战略为指导，整合服务人员素质，对员工进行游客满意观念与宋文化的培训，避免服务人员在较高的工作强度下服务质量下降，加强景区服务人员对北宋文化的了解程度，从而提高景区内宋文化的主题氛围。此外，还要不断完善服务系统，建立快速的反应机制与完善的应急预案，使游客在游玩过程中遇到的问题可以在第一时间内被解决。重视顾客的意见，设立醒目的意见反馈箱，在游客的建议中不断地完善自身的服

务。优质的服务不仅可以提高游客的满意度，还能为清明上河园参与市场竞争提供有力的支撑。

（四）延长产业链，开发文创产品

目前，我国旅游市场的文创产品还处在开发的初级阶段，存在同质化严重、品质差等问题，大部分文创产品涉及的广度与深度仍有很大的提升空间和广阔的市场前景。清明上河园目前文创产品所存在的销量低、文化与产品融合度低、创新程度低等问题可从 3 个角度进行改善：一是了解市场需求。文创产品的设计与开发的出发点不是文化创作，而是市场需求。不同群体对产品价格和质量有不同的要求，清明上河园应进行深层次的市场调研，在消费者特征、价格、质量、艺术性及文化性之间寻找均衡点。二是文创产品的开发要以自身的独特文化为核心。优质的文化产品不是简单地贴牌生产，每一件优秀的文创产品都应该有自身的文化表达。清明上河园应对自身的北宋文化进行深挖，分类梳理自身地域内的文化旅游资源，从中寻找市场的契合点来策划与开发文创产品。三是搭建具有强大活力的创新机制。文创产品的市场价格差距往往与产品是否有创意密切相关，创意越优秀，产品附加值越高，越受市场欢迎。清明上河园在搭建创新机制方面可形成以专业人才创意为主，以大众创意为辅的基本机构。在组建专业的文创团队进行设计的同时，对社会大众开放渠道并有偿征用优秀的创意，从而构建起专业团队与民间群体合作与竞争共存的创新机制，为文创产品提供优质创意。

（五）广纳高校人才，建立合作机制

高校内拥有大量旅游专业的教师与学生，在旅游发展方面具有可观的规划与预测能力，可以为清明上河园未来的发展提供强大的动力。清明上河园应充分利用周边众多的高校资源，与院校内旅游专业的教师和优秀学生建立完善的合作机制，促进产、学、研协同发展。在合作过程中，可积极邀请教师人员对清明上河园进行科学研究，并将优秀的研究成果与发展战略相结合；也可邀请教师担任发展顾问，紧密结合理论基础与时代趋势，为清明上

河园的发展提供建议。对于优秀的学生资源，清明上河园可以加大校内毕业生的直聘力度，在学生毕业前及时吸纳教师推荐或考核成绩优异的人才；还可以与周边高校达成合作，在高校间建立清明上河园实训基地，为学生提供实训机会，积极引导学生对清明上河园的项目案例进行分析解读，对清明上河园的发展建议进行有奖征集。充分利用高校资源、加强人才储备是清明上河园未来发展中的强大动力，也是清明上河园在愈来愈紧张的旅游市场中稳定发展的重要举措。

B.18
东方影都：影旅融合引领地方发展

李丽玲 *

摘　要： 东方影都影视文化产业园区是青岛西海岸新区发展影视产业和打造青岛"世界电影之都"品牌的核心区域，在建设世界级电影工业化基地的同时，延伸影视产业发展链条，深化影视文旅融合，打造出了国际性影视文旅休闲度假区。东方影都影视旅游融合发展模式在国内具有领先性和首创性，本文结合了东方影都影视旅游的发展背景、发展历程和建设现状，从区域规划思路、定位与空间布局等方面研究总结了东方影都影视旅游的发展模式和开发建设经验，为国内外其他影视旅游发展区域提供了案例指导。

关键词： 文化旅游　影视旅游　产业融合

一　项目背景与现状

东方影都位于青岛市西海岸新区灵山卫街道，是一处集影视全产业链开发与运营、影视旅游、影视休闲度假于一体的综合型开发区域，是青岛西海岸新区建设"电影之都、音乐之岛、啤酒之城、会展之心"4张国际名片的核心区域。为了打造"世界电影之都"和"全球领先的影视旅游和影视会展目的地"的文化影视旅游品牌，东方影都在把握全球影视产业、影视旅

---

* 李丽玲，新传智库科技发展有限公司高级研究员，主要研究方向为文化旅游、旅游规划。

游和影视科技革新趋势的同时，建设世界级的电影工业化基地和国际性的影视文旅休闲度假区，不断拓展影视产业链，深化影视文旅融合，形成了以影视为载体，助力中国文化"走出去"的靓丽窗口。

2013 年 9 月，青岛西海岸新区东方影都启动建设，项目总体投资规模 500 亿元，规划面积 540 万平方米，建设目标为全球领先的综合影视基地和世界一流的影视旅游休闲度假目的地。2016 年 9 月，青岛东方影都影视产业园正式开园。产业园区及周边区域除了拥有完善的影视产业配套设施外，还建设有藏马山影视外景拍摄与旅游休闲基地、影视博物馆、演艺秀场、旅游休闲购物中心、五星级滨海度假酒店、酒吧一条街、游艇俱乐部等。

青岛西海岸新区东方影都影视产业与旅游产业融合发展现状：（1）影视产业旅游正逐步成熟。东方影都影视产业园共建成 40 个拥有松林认证的世界顶尖高科技摄影棚，一个世界最大的单体 10000 平方米摄影棚，两个世界最先进的水池，包括亚洲最大的室外水池（配有蓝幕）和最先进的恒温水下摄影棚。全球顶尖的硬件条件吸引了《流浪地球》《长城》《环太平洋》《封神》等国内外大制作电影前来摄制。除高端摄影棚外，藏马山外景地已启动建设，项目规划总投资约 50 亿元，是以国际视野和一流标准打造的集影视拍摄、影视旅游实景互动体验及商业功能于一体的综合型影视外景地，影视产业旅游的发展基础正趋于成熟。（2）影视文化旅游初见成效。截至 2019 年 8 月，在东方影都影视文化产业区注册的影视和影视旅游企业共 260 家，已经形成了以东方影都影视产业园管理有限公司、五洲电影发行有限公司、西海岸文化产业投资有限公司、青岛凤凰影视传媒有限公司等企业为龙头的影视企业集群，文化影视旅游企业初步聚集，发展势头强劲。（3）影视科技发展和影视科技旅游同步推进。围绕争创青岛市"科技引领城市建设"示范区，区域高水平规划建设占地 3100 亩的星创岛项目，打造集科技研发、人工智能体验、大数据平台一体化的国际一流影视科创中心；全力推动中国广电·青岛 5G 高新视频园区项目落地，促进 5G 及相关高新技术产业与影视产业融合，提高影视科技创新竞争力；启动运营山东省首家大数据交易中心，建设国际虚拟现实（VR）产业园、中英文化创意产业园、

清华青岛艺术与科学创新研究院等项目。区域落实影视科技旅游项目的打造，大力开发星光岛，把星光岛优化提升为影视科技岛，建设大型的数字演艺秀和影视高科技会展项目。（4）影视旅游休闲度假配套国际一流。拥有超大规模、国内顶级的融创茂大型商业中心，总建筑面积 36 万平方米，包含室内主题乐园、室内水乐园、电影乐园、室内滑冰场、国际影城和商业购物中心；建有华东地区最大的酒店群，总建筑面积 28.67 万平方米，包括 1 个六星级酒店、1 个五星级酒店和 2 个四星级酒店；配有 2000 座全球一流的大剧院、大型舞台秀场；设有国际医院、国际学校、国际游艇码头和会所等高端配套服务设施。青岛电影博物馆于 2017 年 9 月在东方影都旁开馆，成为区域影视旅游的又一大亮点。

二 思路与定位

青岛西海岸新区东方影都影视产业与旅游产业融合发展思路有以下三点。（1）国际化原则。瞄准国际影视产业和影视旅游的发展趋势，借鉴发达国家的先进经验，加强与国外影视和影视旅游机构的全方位合作，加速西海岸新区东方影都的国际化进程，形成具有中国特色、国际一流的电影产业集群和影视旅游度假目的地。（2）产业融合原则。重点加强影视与旅游的融合，包括影视与科技旅游、影视与节庆会展、影视与文化创意、影视与时尚消费、影视与音乐旅游、影视与体育旅游等内容的深度融合与项目开发，提升区域产业的社会经济带动效益，激发产业发展新动能，释放更多产业新活力。（3）创新发展原则。依托青岛母城天然摄影棚的优势，加强影视行业与当地历史人文自然生态的融合，创新性发展，用创意开发的原则，优化空间布局，构建更具活力的影视生态和层次丰富的影视旅游休闲项目。

青岛西海岸新区东方影都影视旅游的发展定位：打造国际知名的滨海影视主题旅游休闲体验区。

影视元素与滨海特色相结合，打造强大的复合型旅游产品。深度融合影视与旅游，发挥影视旅游全域化引擎作用，积极推动东方影都影视文化产业区星光岛、灵山岛和竹岔岛"三岛"的联动发展，形成影视文化、科技体验、海岛度假及海上运动"四大精品项目"的组合发展，打响"东方影都景区"品牌，突出滨海景观与影视主题、国际服务与特色体验，以精品特色项目打造国际知名影视主题旅游休闲体验目的地。

注重影视IP的旅游开发，延伸影视产业链。以影视内容消费体验为核心，注重影视版权的开发利用和多元衍生，加快发展影视体验及其所延伸的文化、艺术、娱乐、时尚、体育等深度沉浸体验式消费，打造一批特色街区、主题园区和时尚娱乐平台。

以多层次产品提升影视文旅综合带动效益。以影视文化为先导，引导更多的本地居民加入文旅产业的融合，将地域资源和实景资源落实到内容设计和浸入式体验中。精细规划文化旅游内容和消费项目，以及开发沉浸式消费、实景演出、夜场灯光秀、海景休闲等多元场景模式，强化夜间游、冬季游和周边游，吸引游客深度消费。推动与青岛市区域特色相匹配的海洋文化产业、音乐产业和帆船产业，实现产业间的优势互补，寻求联动发展的关键点。

三　东方影都影旅融合模式

（一）优化影视旅游的空间布局

（1）构建东方影都影视旅游度假区。重点围绕东方影都影视产业园，开发影视工业生产流程体验项目，如摄影棚参观、拍摄流程参观、AR/VR影视工业流程体验、影视技术旅游体验、影视工业研学等。重点建设国际体育运动中心，植入影视IP，开发影视运动项目；同时开发影视音乐、影视康养等影视旅游项目。重点打造星光岛海上电影之旅项目。完善提升星光岛区域"影视＋旅游"功能和影视服务配套功能，围绕电影光影科技体验，打造世界顶尖的电影科技体验岛，引入最壮观的影视光影项目，举办最具规模的影视科技展、建设影视数字演艺秀、建设8k沉浸式电影放映厅，完善

医疗、教育、商业、娱乐、酒吧街、游艇会等高端生活配套功能，形成世界顶级的影视主题智慧度假综合体。

（2）打造藏马山影视外景基地及国际旅游度假区。在影视拍摄方面，使国内领先的多元风格外景地与东方影都高科技摄影棚形成补充；在文化旅游方面，使外景地观光体验游和山林生态休闲度假与东方影都滨海娱乐旅游形成补充；在旅游业态上，完善西海岸影视产业生态，丰富影视文旅相关产品，鼓励利用周边村庄土地和设施搭建摄影棚，开展乡村旅游，发展餐饮住宿。

（3）形成滨海影视旅游休闲带。将金沙滩至琅琊台的滨海大道沿线设为滨海影视旅游休闲带，充分利用金沙滩、啤酒节、高端酒店等众多旅游要素资源，选择在合适区域建设大型室内外结合的滨海特色、影视主题娱乐体验公园，对沿线旅游休闲景点进行整体影视融合提升规划，形成轴线展开、主题鲜明、层次丰富的经典旅游休闲带。此外，与古镇口军民融合创新示范区和青岛现代农业示范区形成区域联动与合作，拓展军事旅游、文化旅游、农业休闲观光旅游等业态，与滨海影视休闲旅游共同打造多层次旅游产品。

（二）突出影视高科技旅游项目开发

充分运用高科技手段，利用海洋主题影视资源，创新旅游产品类型，发展沉浸式展馆产品，增强消费者身临其境的体验感。利用VR等多种新技术，充分挖掘东方影都制作作品的影响力价值，举办相关主题的服装道具展、参与式场景展等。加强与国际知名的团队的合作，开设艺术、游戏、影视、科技相结合的互动展。

利用数字技术，深度融合影视IP，建设高科技影视旅游度假项目。结合国内外知名影视IP、青岛影视IP和青岛文化，加入高科技影视技术，建设影视主题智慧旅游度假项目。在酒店等服务场所内通过高科技光影技术，运用影视IP进行室内设计，提升影视文化氛围。

把东方影都星光岛区域升级为影视科技岛，优化完善大型的数字演艺秀。综合运用多媒体技术、虚拟现实技术、增强现实技术、三维实境技术、多通道交互技术、机械数控装置等手段，提升演艺秀的科技含量，打破常态的演出观演模式，实现空中、地面、水中多维立体表演。在现有大型高科技舞台演艺水秀《青秀》的基础上，加强与已经成熟的大秀 IP 合作，发展高端文旅项目。加强与世界顶级影视公司的合作，利用国际知名影视 IP，创作高科技演艺秀。

引进影视高科技展会。吸引国际消费类电子产品展等国际高新技术展览活动落户东方影都，充分展示如何运用 5G 技术建立智慧城市、物联网络，5G 如何变革电影生产、传输、海报制作等内容。同时也吸引大量高新技术人才到西海岸进行交流合作，扩大西海岸影视科技的国际影响力。

（三）完善影视旅游产品和配套设施

结合青岛传统旅游景点和影视资源规划影视旅游精品路线。发挥影视旅游全域化的引擎作用，结合灵山湾星光岛、灵山岛和竹岔岛的岛屿资源，促进影视文化、科技体验、海岛度假及海上运动"四大精品项目"的联动发展。根据游客的个性需求，设计出度假休闲、亲子教育、科技文化、运动冒险等不同主题的旅游路线。

设计度假休闲旅游路线。设计电影主题旅游线路，连接油菜花海、东方影都、藏马山外景地、"四馆一基地"、"二美一中心"以及青岛海滨区域开发 2～3 天的观光旅游线路；合理安排主题乐园、短途游等休闲娱乐区域与度假区域，做到地理上的交通便利；开发亲子教育旅游路线；开发建设可供游客游玩 1～2 天的短途游场馆，形成符合不同年龄层次游玩需求的短途游集群；配合影视教育资源，发展兼具度假和研学性质的旅游路线；拓展科技文化旅游、运动冒险等多元路线；发展高科技演艺秀、开展定期的文化艺术演出、沉浸式光影展馆、影视科技博物馆项目等；结合西海岸已有的帆船、海岛及海洋馆资源，运用影视 IP，开展丰富多彩的海洋类型活动。

将影视文化融入旅游休闲配套。把影视 IP 植入餐饮、住宿、交通、购物、娱乐等旅游要素中。

发展影视文化餐饮。邀请影视名人在西海岸开设主题餐厅旗舰店或连锁店；结合饮食文化与影视观赏、影视体验经营，经营以知名电影 IP、特定电影类型或电影年代记忆为主题的特色餐厅；开发完善星光岛酒吧一条街，深度融入影视文化 IP，加强酒吧与影视音乐、影视宣发路演的合作；发展影视主题住宿；与国内外影视名人、影视 IP 或影视公司合作，将影视元素植入民宿、酒店和特色度假村中；开拓影视特色打卡地；配合规划的影视旅游路线，设置知名影视剧拍摄地、取景点指路标识，同时借助新媒体平台营销打卡地；激活影视精品购物；提升西海岸新区与影视配套相关的购物休闲中心，加强与影视名人、影视公司的创新合作，从装潢到产品体现影视主题或明星 IP，激活粉丝经济。

（四）促进影视旅游业态深度融合

（1）影视与节庆会展融合。提升本地影视会展品牌，做大做强青岛国际影视博览会的影响力，强化青岛影视工业化发展目标，吸引全世界各地最先进的电影工业技术概念、设备、作品参会，并结合影视旅游、科普教育以及亲子休闲，开展丰富多彩的游客体验活动。策划举办版权展、道具展、科幻电影展、国内外影视基地交流大会、全国群演大会等主题活动。借助影视产业基础和办会经验优势，申办飞天奖颁奖活动，吸纳虚拟现实国际展览会到西海岸新区举办。加强与欧洲三大国际电影节、东京国际电影节、釜山国际电影节、北京国际电影节、上海国际电影节等国内外著名会展合作，扩大青岛影视品牌的国际影响力。

（2）影视与音乐旅游融合．借助西海岸新区"音乐之岛"的发展契机，在大力发展高新数字技术的同时，加强"影视之都"与"音乐之岛"的品牌互动，突出数字科技、影视发展与音乐旅游的融合发展。以内容精品化为发展方针，放眼未来，打造国际化的电影音乐暨音乐科技盛会。传递世界领先的影视音乐创作理念、展示先锋的音乐科技成果，增进中西方影视音乐文化交流，促进中国影视音乐文化、创作、教育、演出等领域的繁荣。同时，举办一系列亲民的电影音乐活动，突出节会的参与性与互动性。

（3）影视与文化创意开发。拓展影视文创项目的开发，鼓励多元开发方式，结合虚拟现实、沉浸式互动等高科技以及本土文化，开发更具青岛特色的高科技文创产品。与其他商家合作开发品类多样的联名款日常消费品，延续影视 IP 价值，传播东方影都品牌。营造影视文化消费氛围，开发特色影视文创商品。

（4）影视与其他旅游业态融合。打造以影视为核心，以时尚消费、游戏动漫娱乐、体育休闲等为特色的影视旅游产业集群。创新发展影视时尚旅游，以青岛打造国际时尚城为契机，将影视因素融入城市形象设计中，以影视产业为载体，做好城市时尚营销，讲好青岛故事；以影视作品为源头，吸引世界各地的人们来青岛体验和消费，感受青岛作为影视和时尚之都的魅力，促进更具时尚创新体验的消费集群生成。鼓励影视游戏体验、影视动漫周边游乐等内容的开发。重点开发滨海体育项目，与文化影视旅游融合发展，形成区域旅游特色。

四　小结与展望

（一）可持续性 IP 是核心竞争力，打造影视文旅双 IP

影视与文旅的融合是东方影都延伸产业链、丰富区域发展业态的重要内容，影视文旅双 IP 的打造也是提升区域品牌的重要手段。要想实现影视新文旅的繁荣，可持续性 IP 是核心竞争力，产生具有生命力的 IP 与具有话题度和流量的"热 IP"，最重要的是高品质的文化传播内容、影视作品和符合大众文化消费需求的创意性转化手段。要想创造出能持续发展有生命力的影视旅游 IP，就需要将影视产品的品牌化、系列化与场景化相结合，构建丰满的故事场景。文旅 IP 的形成对旅游发展也极为有利，发展文化旅游业要挖掘当地特色文化，形成文化性格与文化 IP，促进地方文化与旅游的更好发展。影视文旅双 IP 将形成强大的竞争力。

（二）高科技与沉浸式体验是重要的影视旅游内容

高科技在影视旅游开发中的规划定位、内容生产与品牌传播等多方面有着非常重要的作用，高科技与互联网技术将对影视旅游品牌传播和市场营销产生影响。人工智能、物联网、5G、大数据、VR/AR 等技术的综合运用，能提升旅游产品的供给，同时优化旅游产品服务链条。高科技还会带来文旅体验的提升，利用高新技术可以提升用户光影内容的体验，增强 IP 内容的实景效果；也可以开发如沉浸式体验、AR 体验等创新性消费业态。"影视 + 文旅 + 科技"的模式可以强化影视新文旅中"新"的内涵与力量。

（三）开发影视产业与旅游产业的融合发展平台

深度挖掘"影视旅游 +"新业态，搭建影视旅游资源国际交流平台。积极融入"一带一路"和上海合作组织地方经贸合作示范区建设，发挥青岛与日韩的区位经贸合作优势，利用青岛与德国文化经贸联系，以国家电影交易中心（青岛）、文化保税区为重点，搭建环黄渤海影视旅游合作平台。采用自贸区、实验区、国际合作区等多种形式，加强影视产业和影视旅游内容的国际交流，搭建国家交流展示平台、技术实践平台、标准对接平台、跨境服务平台、文化展示平台等，将东方影都建设成为中国电影和青岛影视旅游"走出去"和"引进来"的窗口。

（四）强化东方影都影视旅游品牌建设

重点实施东方影都影视旅游品牌建设的"五个一"工程。一个口号：启动东方影都影视文化旅游品牌主形象的征集和设计工作，面向全球征集影视旅游品牌口号和形象 logo。一部宣传片：紧扣东方影都影视旅游的品牌定位，制作一部打动人心的宣传片。一首歌：以东方影都影视旅游度假故事为核心线索，创作展示东方影都影视产业的创新精神和影视旅游的人文精神的歌曲。一本书：围绕影视旅游服务指南，制作特色的书籍。一套 VI 系统：

将影视旅游品牌 logo 元素应用于东方影都的视觉系统建设，包括导示系统和旅游标识系统，宣传区域影视形象，培养市民的城市品牌意识。

参考文献

1. 孟宇：《万达文化产业及其发展前景——以影视产业园区青岛东方影都为例》，《艺术教育》2014 年第 3 期。

2. 翟旭瑾：《"东方影都"对我国电影事业及产业的影响》，《今传媒》2014 年第 12 期。

3. 文慧生：《东方影都正式启动，万达加快业务转型》，《科技智囊》2013 年第 11 期。

4. 李丹阳：《工业化生产、全链条配套：青岛东方影都助力中国电影开启工业化新纪元——对话青岛灵山湾影视局（筹）副局长赵芳》，《现代视听》2019 年第 4 期。

5. 刘兴华：《海南文化影视旅游产业的融合路径研究》，《中国电影市场》2020 年第 1 期。

6. 冯嘉锐：《影视剧的热播为城市旅游发展带来的效应与冲击》，《现代营销》（下旬刊）2019 年第 12 期。

B.19
故宫：文化创意产品开发营销典范

钱婧 唐伟 刘佳杰 葛鸿 吕佳慧*

摘　要： 故宫博物院作为我国博物馆文创产品营销行业中的佼佼者，
2013年销售的商品就达5000多种，仅2017年的营销收入就
达15亿元，位列全国博物馆文创产品销售之首。随后，《我
在故宫修文物》系列纪录片以及明星真人秀节目《上新了·
故宫》的播出掀起了网评热潮，短期内出现粉丝增长、购买
力增强的现象。本报告采用实证研究法和案例研究的方法，
全面剖析了故宫茶壶、网红耳机、角楼咖啡等多类型故宫文
创产品成功获得市场青睐背后的构成因素，以期为全国博物
馆行业的发展及文创产品的营销提供借鉴参考。

关键词： 博物馆营销　故宫博物院　文创产品　粉丝经济

博物馆作为旅游目的地一种重要的文化旅游业态，是承载人类历史文明
进程的重要场所，也是让人们了解城市文化及历史的重要窗口，在文化和旅
游两大领域的产业构成中占有极其重要的地位。在博物馆的实际经营中，与

* 钱婧，澳门城市大学国际旅游与管理博士研究生，讲师，研究方向为旅游目的地营销、品牌
战略；唐伟，澳门城市大学国际旅游与管理博士研究生，肇庆学院旅游与历史文化学院讲师，
研究方向为服务管理与顾客体验、品牌管理与文化旅游；刘佳杰，博士，澳门城市大学国际
旅游与管理专业，河北对外经贸职业学院教师，研究方向为旅游管理、旅游创新和智慧旅游；
葛鸿，博士，澳门城市大学工商管理专业，中国传媒大学南广学院校团委副书记，研究方向
为营销学、管理学及高校学生思想政治教育；吕佳慧，女，澳门科技大学硕士研究生，研究
方向为电影制片管理。

其发展态势紧密相连的纪念品和衍生品在实际的售卖过程中都曾遇到过产品售价高昂、质量参差不齐、设计缺乏新意等多种因素的影响，从而导致消费者口碑评价较低、无法唤起消费购买欲望的营销困境，使博物馆经济在市场竞争中经历了漫长的摸索和唤醒期。

故宫博物院将故宫这座拥有 600 年历史、文化艺术底蕴丰厚的国家名片用现代化潮流的元素重新续写，以创新和开放的姿态迎合当代市场需求，打开了我国历史文物保护单位进行文化创意产品营销的新篇章，并且取得了令人瞩目的成果。作为全国博物馆文创市场的最大玩家，故宫博物院在 2017 年研制开发的文创产品数量超过 1 万种，文创产业的年营业额突破 15 亿元，超越了我国 1500 多家上市公司的营收。[①] 故宫博物院能在文创产品营销浪潮中构建出良好的生存态势，与其不断自我革新、一切以消费者体验为本的营销决策密不可分。在具体的研发过程中，消费者不再是一个孤立的个体，而是市场需求的集中体现，将文化传承融入创意传播，实现了身份上的成功转型，不再是旅游纪念品的兜售场馆，而是文化保护的践行者和文化传播的生产者，用"网红"的标签撬出了庞大的 IP 大市场。

本报告对故宫博物院在文化创意产品开发和营销实践中取得的成功经验进行了深入挖掘和综合性分析，通过实证研究和案例分析的方法，借助数据对比，全面解析故宫文创获得成功背后的构成机理，力求为当下博物馆行业面对实际文创产品的开发和营销提供战略性参考范本。

一 我国博物馆营销的发展进程

（一）博物馆营销的开端

早在 1975 年，美国现代营销学之父菲利普·科特勒（Phillip Kotler）在

---

① 《故宫首晒"账本"：文创收入 15 亿，竟然超过 1500 家 A 股公司》，央视财经，https：// baiji-ahao. baidu. com/s？ id＝1625907317305944458&wfr＝spider &for＝pc。

《非营利机构营销》一书中就展开过关于博物馆营销的研究讨论。在历史上，欧洲的博物馆由于受到通货膨胀或政府缩减补助的影响，不得不开源节流，通过开创自我营销的道路谋求生存。其中包括：设立独立的"营销事务处"，专注于博物馆营销事务的开发研究；设定每一年的博物馆免费开放日，通过增加参观者人数来拉动营销；采用促销手段，以求推动博物馆营销产业的发展。基于以上可以看出，西方国家在博物馆产业市场化的探索和实现营销效益化的研究上要先行于我们。

（二）我国博物馆营销的发展历程

由于博物馆的运营定位是由社会文化因素决定的，再加上制度的不同，我国博物馆的发展模式有别于欧美等西方发达国家。我国大部分博物馆是国有化博物馆，属于国家全额拨款的事业单位。在过去的经营中，普遍存在票价昂贵、展览缺乏新意、展品解说不详细、博物馆自身不具吸引力、博物馆品牌化难以形成等问题，不用自行思考办展的主题、不用发愁即将会到来的生存危机，属于传统的政府包办典型。直到 2006 年，文化部颁布了《博物馆管理办法》并明确指出，"鼓励博物馆发展相关文化产业，多渠道筹措资金，促进自身发展"。政策的支持推进了文化交流的打开，伴随着对国外博物馆的了解，我国的博物馆行业开始苏醒，逐步意识到开拓市场和培育顾客的重要性①，如何吸引更多的消费者成为普遍思考的问题。

经过博物馆产业中相关从业人员的不懈努力以及政策的扶持与助推，在经济高速发展的大背景下，我国博物馆产业的发展呈现出显著的增长趋势，场馆数量和参观人数不断增加，以 2019 年的增长最为显著（见图1、图2）。

截至 2019 年底，在国家文物局官方网站上可查询到的各级博物馆共计

---

① 朱琰：《我国博物馆营销策略初探》，《南京航空航天大学学报》（社会科学版）2007 年第 2 期。

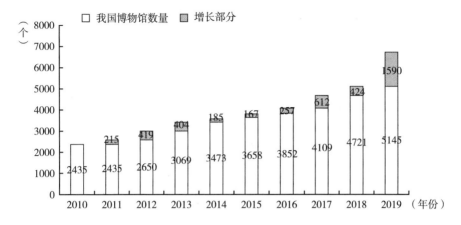

图1 2010～2019年我国博物馆数量情况

图2 2010～2019年我国博物馆游客数量情况

6735家（其中博物馆3410家，文化馆3325家）①，相较于2018年底统计的5136家，增长了1599家。其中有博物馆3766家，占比72.93%；民办博物馆1398家，占比27.07%。根据德国数据统计机构Statista针对全世界博物馆2018年游客数量的统计可知，在历史文化景区的游客数量中，故宫以1700万人次的绝对优势居全球首位，法国的凡尔赛宫和美国的林肯纪念堂

① 数据来源：国家统计局官方网站，http：//www.stats.gov.cn/tjsj/zxfb/202002/t20200228_1728913.html。

分列排名榜第二、三位，后两家博物馆的游客数量总和都没有超过故宫一年的游客量。因此，故宫也是迄今为止世界上参观人数最多的博物馆及历史文化旅游景点。

（三）故宫文创的营销历程

作为拥有全国藏品数量最多以及全球参观人数最多的故宫博物院迈出了我国博物馆行业文创营销的第一步：2008年入驻淘宝网，开启了第一家"来自故宫的礼物"线上文化创意产品售卖店，但平庸的质量和太过片面的受众人群并未给网店带来良好销量。此后，"故宫淘宝"陆续在微博及微信应用上开通了自己的营销账号，然而对营销业绩的拉动依旧收效平平。直至2013年，台北"故宫博物院"推出了一款以康熙朱批"朕知道了"为设计元素的"御赐"贴纸，创造了1213万新台币（人民币约243万元）的销量，彻底打破了文创市场的平静，也让时任故宫博物院院长单霁翔深受启发，开始搭建属于故宫自己的文创营销商业版图，将创新七要素——元素性、故事性、传承性、艺术性、知识性、实用性和时尚性——一一融入产品的开发策略中。

转折性的时刻应该是2014年，故宫博物院在微信公众号平台上推出了《雍正：感觉自己萌萌哒》一文，即刻获得超10万的点击量。此营销推文以《胤禛读书像》和《雍正行乐图》的元素为基础，借助现代化的数字合成技术，改制出动态版的《雍正行乐图》，让历史人物穿越时空，以卖萌剪刀手的表情呈现在众人眼前。这种将历史与现代科技结合，把诙谐融进严肃的人物形象塑造方式，一改"万岁爷"作为紫禁城主在受众心目中神秘、疏远的刻板印象，靠卖萌融梗的创意扭转了故宫文创线上粉丝不足、阅读量不够理想的状况，成功开创了故宫文创线上走红的新模式。借着互联网带来的粉丝热度，故宫又于2014年10月推出了"仿蜜蜡朝珠耳机"，一夜之间成为竞相追捧的爆款潮品，使沉寂多年、濒临关店的故宫淘宝起死回生。

随着市场的认可，我国在2015年频繁出台文物和博物馆方面的政策并明确指出，要加强博物馆制度建设，使其能更好地服务于国家文化发展需要、满足人民群众日益增长的文化需求；同时，还要进一步深入推进非国有博物馆的发展，鼓励各类型博物馆大力发展文化创意产业。随着政策的加持，"故宫淘宝"已成为拥有 600 多万粉丝数量的淘宝文创当红网店，并开通了"朕的心意""上新了故宫"等 6 家互联网文创销售店铺，实现了市场细分。2016 年 1 月，大型故宫文物修缮故事纪录片《我在故宫修文物》在中央电视台纪录片频道（CCTV9）播出后，质朴的匠人精神感动了银幕背后的每一位观众，在百度热词搜索榜上的相关热词搜索时长长达一年多，对于故宫的文创营销影响形成了长尾效应。同年 7 月，故宫将自身作为 IP 原形，推出 H5 营销文案——《穿越故宫来看你》，再次火爆社交平台，仅微信公众号上就获得 347 万点击量。自此，故宫文创在兜售反差萌来实现圈粉带货的道路上愈发得心应手，不断扩大对自身 IP 价值的挖掘，实现文化创意产品价值和产能的双突破。根据清华大学文化经济研究院公布的数据显示，故宫博物院作为全国博物馆行业的领跑者，其 2019 年的文创产品营销规模比 2017 年增长了 3 倍之多，至此，我国博物馆文创产品的产业化建设初具规模并形成了良好的科学化发展态势。

二 故宫文创的营销特征

（一）注重内容营销

西方学者认为，内容营销包含内容有用性和内容有趣性两个维度[1]，是保证品牌健康发展的重要武器之一。高质量的内容营销会对消费者参与产生正面的激励作用[2]，最终实现帮助公司或企业建立客户忠诚，提升重复购买率的行为。[3]

---

[1] Lieb, R., Content Marketing：Think Like a Publisher—How to Use Content to Market Online and in Social Media. Que Publishing, 2012.

[2] Liu, C., Arnett K. P., Exploring the Factors Associated with Web Site Success in the Context of Electronic Commerce. *Information & Management*, 2000, 38（1）：23 - 33.

[3] Simone, S., 10 Content Marketing Goals Worth Pursuing. Copy Blogger, 2012, http：//www. copyblogger. com/content - marketing - goals/（accessed）.

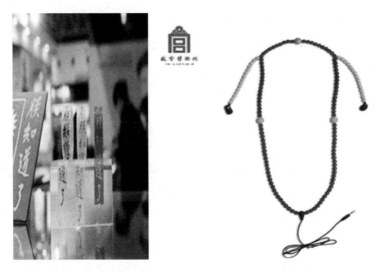

图3　故宫文创产品"朕知道了"胶带（图左）、"朝珠"耳机（图右）

故宫博物院在故宫文创的开发和营销中始终坚持紧扣"内容营销"的核心理念，出品了"朕知道了"胶带、"朝珠"耳机、"四羊方罍"茶壶、"太和殿脊兽"跳棋等火爆市场的故宫文创产品，每一款产品不仅具备了基本的有用性和实用性，还带有浓厚的"宫廷元素"，使消费者不仅能感受到有趣好玩的一面，更多地还会加深故宫文化对消费者感知的影响力度。

（二）注重创新理念的培育

1. 宣传方式的创新

故宫博物院在营销战略的制定中不仅遵循了以内容营销为主，还创新式地采用了多元化的营销模式，将新媒体平台与传统卫视频道两手抓，相互借势、引流，成功打造出热点不断、话题不断的立体营销环境。例如纪录片《我在故宫修文物》及明星真人秀节目《上新了·故宫》，不仅采用了卫视播出的方式，同时还在爱奇艺网络视频端口进行播放。本报告在百度搜索平台以"故宫淘宝"、"我在故宫修文物"、"故宫口红"及"上新了故宫"为关键词进行搜索，发现以上热词呈现出的热搜趋势与相关节目或商品上市的时间极为吻合。（见图4）

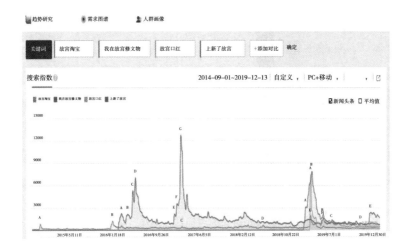

图 4　故宫文创相关热词搜索趋势

通过社交媒体平台开通官方账户，并在实际的运营管理中坚持内容耕植，融入卖萌、风趣的元素亮点，打破了故宫在消费者心中沉重庄严的历史形象，将反差萌的"圈粉"体质发挥到极致，不仅实现与受众间的零距离互动，更是与其他成熟品牌形成联动，带来了良好的引流、增粉效应。通过情感共鸣，培育价值认同，最终实现用户黏性增强以及市场占有量实现扩充的目标。

2. 产品创新

本报告深入挖掘了通过百度平台对故宫文创相关关键词进行过搜索的人群，发现对故宫文创产品最感兴趣的潜在消费者年龄在 20～29 岁，其中女性对故宫文创的产品黏性比男性更强（见图 5 和图 6）。因此，我们有理由相信，故宫文创对时尚彩妆领域的跨界合作绝对是有据可循的。

随着大众审美水平的提高，美学与日常生活的结合也越来越紧密，生活美学化是社会发展的一大趋势，这在现代年轻人中表现得尤为明显。年轻人进行日常消费时，不仅看重产品的使用价值，更看重产品的美学构成。因此故宫文创在进行产品开发时，将尊重历史与大胆创新相结合，不仅注重保护文物本身的价值内涵，更勇于挖掘文物的适用性和可宣传性，从而生产出大

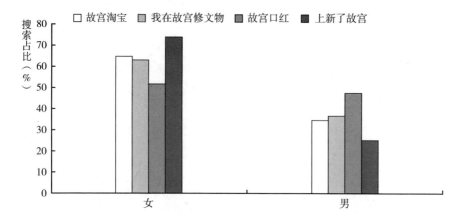

图5　消费者性别分布对比

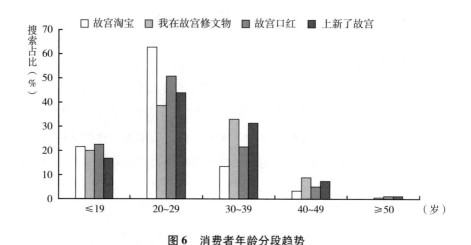

图6　消费者年龄分段趋势

量既保留文物经典形象又具备现代实用性的高品质文创产品（见图7）。

3. 企业家领导力的创新

除了产品类别上的创新，故宫博物院还具有人才上的创新优势。自故宫第六代掌门人单霁翔院长接管上任后，有关他的"独特工作方式"的报道就不胜枚举，勤恳务实的工作作风和勇于创新的工作思路是引领故宫文创走向成功的关键助推器。不仅使99%的文物藏品走出了库房，以创新鲜活的姿态重现于世人眼前，还大胆利用新媒体技术，让消失了近200年的宫灯重

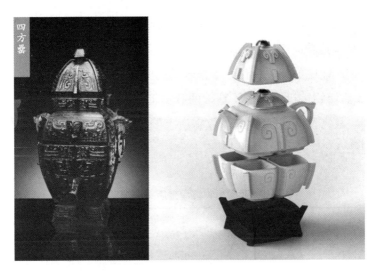

图7 故宫文创产品"四羊方罍"茶壶

左侧为文物原形，右侧为文创产品"四羊方罍"茶壶。

新点亮起来。奥地利经济学家约瑟夫·熊彼特在他的创新理论研究中指出：
企业家是创新主体，是经济发展的原动力，其重要作用在于创造性地破坏市
场均衡，即打破现有技术条件下的商品或劳务生产的"循环流转"，并在研
究中强调企业领导者最主要的工作职能就是创新。[①] 每一个新奇想法让文创
产品的概念边界变得模糊，却又使文创产品的市场定位和传承意义变得更为
清晰，单院长用自身的创新领导力发挥勾勒出故宫文创的全新版图，带着中
国制造的文化传承理念和新型的传播方式，迈出国门、融入世界。

三 我国博物馆文创产品开发营销策略展望

（一）以消费者为主体，注重粉丝经济培育

本报告通过对故宫文创营销具体成功实例的深层剖析，在开篇时讲到要

---

① 曹希敬、胡维佳：《熊彼特及其新熊彼特主义学派关于创新—经济周期研究的述评》，《中
国科技论坛》2014 年第 11 期。

正视消费者的影响力，不能将其看作一个孤立个体、一个单独的"人"存在，而是要将其看成市场需求的集中体现。为了能够更加直观地了解故宫文创在博物馆产业中的领先地位，本报告借助淘宝应用程序，对入驻淘宝平台的国内 13 家博物馆机构进行了基础的数据汇总，并按照粉丝的数量进行了降序排列。故宫博物院凭借其"故宫淘宝"店铺 635.3 万的粉丝数量位居榜首（见表1）。

表 1　我国博物馆淘宝店铺数据汇总

排名	所属机构	网店名称	粉丝数量（万人）	开店时间	开店年限	好评率（％）
1	故宫博物院	故宫淘宝	635.3	2008 年 12 月 10 日	11	99.87
2	中国国家博物馆	中国国家博物馆旗舰店	139.7	2015 年 8 月 27 日	4	100
3	故宫博物院	故宫博物院出版社旗舰店	54.4	2016 年 4 月 8 日	3	100
4	苏州博物馆	苏州博物馆旗舰店	31.3	2018 年 5 月 3 日	1	100
5	颐和园	颐和园旗舰店	24.9	2018 年 4 月 17 日	1	100
6	故宫博物院	朕的心意	19.0	2016 年 12 月 19 日	3	100
7	敦煌研究院	敦煌研究院旗舰店	15.1	2018 年 6 月 4 日	1	100
8	故宫博物院	上新了故宫	14.5	2019 年 7 月 9 日	1	100
9	上海博物馆	上海博物馆旗舰店	12.8	2018 年 8 月 10 日	1	100
10	故宫博物院	故宫文具	5.8	2019 年 8 月 6 日	1	100
11	秦始皇帝陵博物院	秦始皇兵马俑博物馆旗舰店	1.7	2018 年 10 月 11 日	1	100
12	故宫博物院	故宫博物院文创品	0.9	2018 年 5 月 12 日	1	99.40
13	兰亭书法博物馆	兰亭的故事旗舰店	0.0136	2019 年 12 月 20 日		100

说明：开店年限一栏里，不足一年的店铺按空白显示。
资料来源：本报告整理。

整合表 1 和上文中的数据可以看出，故宫博物院具有开店年限最长、拥有粉丝数量最多、拥有藏品数量最多三大优势，使故宫博物院具备了充足的开发文化创意产品的条件，从而才能分割掉博物馆文创产品市场中最大比例的蛋糕。

（二）以自身出发，科学评估文创营销基础条件

在淘宝页面以关键词"兰亭的故事"进行搜索后会发现，故宫出版社及其所出版的彩印图书《兰亭的故事》在默认的综合排序里居商品栏第一位，而真正以"兰亭的故事"为品牌名称的兰亭书法博物馆则需要输入"兰亭的故事旗舰店"或点选顶部菜单栏里的"天猫"选项后才能出现，这无疑给那些以兰亭书法博物馆为代表的非综合性博物馆的文创营销带来了发展阻力（见图8）。

图8　兰亭故事相关内容搜索图

根据文化和旅游部的官方数据显示，故宫博物院在全国博物馆中拥有最多的藏品数量［1862690（套）件］和珍贵文物数量［1683336（套）件］，这使其在文创产品的开发与营销中成功获得了充足的"先天"条件。每一件藏品都自带IP属性，都可以成为故宫文创内容营销的构成元素，是故宫文创得以成功的优势所在，也是很多地方或民营博物馆无法复制其成功营销模式的根结所在。因此，地方博物馆在进行文创产品开发营销前，一定要理性、科学地评估展馆是否存在功能性太过单一、综合性开发条件缺失的状况。

（三）坚持以市场需求为核心，拒绝盲目本土化

2018 年 12 月，故宫角楼咖啡正式营业，以矿石入画从而具有绚丽装饰效果的《千里江山图》壁纸一度引发参观热潮，特色饮品"康熙最爱巧克力"颇受追捧，游客无须"进宫"，就能享用咖啡，感受故宫文化。咖啡作为当下快消市场里年轻消费者热爱追捧的饮料，是典型的舶来品，带有西方文化和经济的双重标签。故宫咖啡的推出，可以看作现代西方产物和古老东方文明相互碰撞交融的象征。很多场馆在进行文创产品研发时，一味将思路聚焦书签、折扇、泥塑玩偶等"土味"十足的旅游纪念品身上，不愿迈出大胆创新的步伐，将创新永远定格在"变相抄袭"的阶段上，又或者完全忽略消费者实际的使用需求，粗制滥造。因此，各博物馆在进行文创产品的开发营销时不应将思路局限于"传统"本身，仔细观察研究消费需求本身，"洋玩意"依旧可以玩出"东方梗"。

四　总结

故宫文创作为我国博物馆营销成功的代表，在经历了漫长的市场摸索期后，坚持以内容为本、以创意为主，深耕挖掘市场需求、注重消费者黏性的培育，以正确的战略性营销策略为指导，最终获得了消费者及市场的双重认可，是内因与外因共同作用的结果。其他博物馆在借鉴参考其成功经验时需要从本质出发，科学衡量自身的优势与不足，因地制宜，做到以创意化的方式实现消费者引流和提高市场关注度，共创我国博物馆文创产业的更好未来。

B.20
西安：美食文化开发与旅游经济效益

摘　要： 饮食文化通过互联网的传播，在最近几年逐渐成为推动和提升某个地区旅游发展的新形势，游客品尝当地特色饮食后，又通过互联网传播形成口碑效应，让更多的人了解该地区并前往该地区旅游，为当地带来更多的经济效益。本报告从西安饮食旅游出发，以西安为例，对美食文化开发与旅游经济效益的发展历程、产业布局等部分进行案例分析，探究西安饮食旅游发展的现状与不足之处。

关键词： 西安　美食　互联网

一　西安自然、文化、经济背景与历史

陕西省东连山西河南，南接四川湖北，北靠内蒙古，西临甘肃宁夏，是西部连接东部沿海的重要桥梁。西安是陕西省的省会，西部地区的重要城市，1981年联合国教科文组织授予西安"世界历史名城"的称号。它位于关中平原的中部，地处黄土高原，北濒渭河，南依秦岭山脉，是平原与山地的组合地貌，属于温带大陆性气候，春季低温少雨、夏季高温炎热、秋季凉爽多雨、冬季寒冷干燥，拥有西北地区适合宜居的地理位置。因西安位于西

---

* 李嘉琛，澳门科技大学电影管理硕士，现就职于中青博联整合营销顾问股份有限公司，主要研究领域为影视旅游。

部和华北区域之间，自古以来一直就是交通要地，G30 连霍高速公路（连云港—霍尔果斯）、G5 京昆高速公路（北京—昆明）、G40 沪陕高速公路（西安—上海）等其他高速公路都经过或起始于西安。西安火车站在 1935 年投入运营，至今已有 80 余年历史，如今还有郑西高铁（郑州—西安）、西宝高铁（西安—宝鸡）、西成高铁（西安—成都）、大西高铁（大同—西安）贯通。西安咸阳机场是中国十大机场之一，2019 年，西安咸阳国际机场全年完成起降航班 34.5 万架次，旅客吞吐量 4722.1 万人次，年旅客吞吐量排名升至全国第七位，国际（地区）航线达到 75 条，包括全球 36 个国家和地区、53 个著名旅游城市，其中覆盖"一带一路"沿线国家 14 个。可以说西安拥有很广阔的客源腹地和良好的交通条件，具备了一个适宜旅游城市的基础条件。

除了气候、地理和交通优势以外，西安的历史人文资源也非常丰富。西安是中华文明重要发祥地之一，还是世界四大古都之一，西周、秦、西汉、新莽、东汉、西晋、前赵、前秦、后秦、西魏、北周、隋、唐等 13 个朝代的古都都建立于此，在中国历史中西安拥有重要的地位。经过千年的发展，西安拥有众多名胜古迹，诸如秦始皇兵马俑博物馆、华清宫、大雁塔、秦始皇陵等。

西安也是古代丝绸之路的起点，自汉代到隋唐，西安作为当时的国都，通过丝绸之路与西亚、欧洲交流频繁，在唐朝更是发扬其兼容并包的精神，成为当时的亚洲文化交流中心。

便利的交通和丰富的历史人文资源使西安具备了成为旅游城市的基础，也为之后西安的美食开发和打造"网红城市"提供了必要的条件。

二 西安旅游的发展概况

西安历史遗迹众多，诸如秦始皇陵及兵马俑、大雁塔、小雁塔、汉长安城未央宫遗址、唐长安城大明宫遗址、兴教寺塔等，其中最著名的秦始皇陵及兵马俑坑在 1987 年被列入《世界遗产名录》，被誉为"世界第八大奇迹"，兵马俑景区多年来都是西安的必去观光景点之一，已经成为西安旅游的代表。

西安加速发展旅游文化产业与互联网行业整合，充分发挥文化旅游资源众多的优势，不断挖掘景点的人文内涵与景区创新，打造"网红"景点，吸引更多的游客前来观光。

在布局上，西安分为城区和兵马俑旅游区两个旅游区域，城区旅游区域主要有夜景观赏为特点的大雁塔、大明宫遗址；古迹观光则有汉长安城、西安城墙；回民街以美食品尝为特色。兵马俑旅游区域包括皇家秦始皇博物院、秦始皇帝陵博物院骊山园等一系列具有皇家特点的游览项目。通过以上两个旅游区域，将西安打造成为代表三秦优秀文化、兼具民族性和实用性的文化创意城市。

随着移动互联网的兴起，西安基于"互联网＋"的思维，借助短视频制作简单、时间短、黏性强、传播量大的特点，开发出了大雁塔音乐喷泉、钟鼓楼夜景、失恋博物馆、网红钢琴等众多"网红景区"。在线上继续推动和完善数字营销，邀请"关键意见领袖"（Key Opinion Leader）为西安宣传。线下继续资源整合，持续旅游、饮食、休闲产业的整合与开发。

三　美食旅游与西安特色饮食

美食旅游也被称为"culinary tourism"，即"以品尝美食为主要动机的旅游活动"，包括以寻求审美和愉悦经历、体验和享受美食为动机，具有社会和休闲属性的旅游活动。美食作为一种特殊的旅游资源，是美食旅游的基础，游客进行美食旅游的主要目的在于获得独特体验和愉悦心情，所以目的地饮食资源的质量高低影响游客对于旅行的满意度。

（一）西安特色饮食

作为丝绸之路的起点，自唐朝起有大量西亚和中亚商人来此经商，逐渐定居在西安，经过几百年来的发展形成了带有穆斯林特色的"回坊"，其独

特的清真饮食习惯，也渐渐影响了西安原住居民，其中牛羊肉泡馍已成为西安特色美食。

不只是清真饮食，西安还有许多原生本地美食。陕西的饮食文化在周秦时代出现，例如中国最早的食宴"周八珍"，以及商朝饮食家伊尹都出自陕西地区，《吕氏春秋·本味篇》中有伊尹与商汤关于烹饪理论与治国方略的谈话。

荞面饸饹来历：荞面饸饹是与兰州拉面、山西刀削面齐名的北方面食三绝之一。其面用荞面制作。其最早出现于清末的渭南地区，由孟姓老人制作，分为制作青石水、和面、煮条、拌油等四个步骤，饸饹在加入青石水后筋韧耐嚼。

肉夹馍来历：肉夹馍中的肉叫作腊汁肉，源自长时火炖，比普通的酱肉酥烂，滋味更佳，食用时肉味久香而不散。肉夹馍是用上好面粉揉搓而成后经炭火烘烤的白吉馍，其外皮薄酥脆，其内绵软，亦可单独食用。

经过几千年的发展，西安大部分的饮食被保留下来，而且关中平原盛产水稻，其面食或以面食为材料的食物也非常知名，如荞面饸饹、金线油塔、𰻞（biang）𰻞（biang）面。还有肉夹馍、锅盔、水晶饼、黄桂柿子等。

（二）饮食文化与旅游发展

饮食文化逐渐成为旅游行业的重要组成元素之一，是自然及人类社会中能对旅行者产生吸引力，并可用来开发成旅游消费商品的各种食物原料、饮食方式等其他与之相关的饮食文化。饮食文化包含民俗饮食、食材原料、小吃文化、宴席文化、酒水饮品文化等。以上内容均可为潜在的旅游资源，通过合理的资源开发可提高游客的旅行热情，促进当地经济发展。

根据《2019陕西统计年鉴》统计，2018年陕西旅游业收入为5820.2亿元，较2017年上升25%。游客对于饮食文化的追求逐渐增长，西安地区逐渐重视本地饮食特色文化的旅游资源开发与创新，将旅游业与地方饮食特色相融合，这也是当今旅游行业发展的重要趋势之一。

（三）互联网时代的饮食推广

得益于移动互联网的快速发展，整个服务行业都在利用"互联网＋"进行资源整合，"互联网＋"能够在原先的经济发展中创造新的价值，并在过程中促使不同行业的核心形成新的联动模式，在旅游业中最终实现"互联网＋旅游＋美食"的联动推广，促进多个行业的联合与进步。

不只是名胜古迹，西安地区的饮食文化也借助多个互联网平台的得到大力推广，在微博、微信、抖音等 App 都可以看到大量的推荐内容，而且并不全是通过广告的形式，也有意见领袖（KOL）或通过创意视频进行传播并形成口碑。借助互联网的优势是让更多的人在西安传统美食的基础上了解更多的饮食创新，同时使饮食餐厅的布局不仅仅局限于某个区域。

尤其是通过短视频软件进行传播和营销的方式，这种软件具有双向互动性，它不同于传统的单项输出，用户可以留言点赞发表自己的看法，也使发布者对受众有更详细的分析。同时短视频还有超强的黏性，用户只需要上下滑动的简单的操作方式，还有很短的播放时间填充了用户的碎片化时间，用户可以很快产生沉浸感，也让更多用户看到优质的内容，迅速积累人气，成为"网红"，同时产生对旅游目的地的向往。基于大量用户群体，短视频捧红了许多"素人"，成功打造了许多网红景点和美食，在部分领域内实现了营销的近端目标。基于以上路径，抖音短视频将成为旅游目的地营销的重要方法之一。

西安"网红"餐厅通过创新，迎合消费者的心理，创造出了如麻将牌的甜点"麻将十三幺"，还有名如其形的"毛笔酥"和"蜂窝字榴梿"。这些菜品在注重口味的基础上更加注重品相的创新，再通过图片或短视频等新媒体形式在网络传播，让游客在出行前就有深刻的印象，从而愈发得到广泛的关注。

四　西安饮食产业分析

随着西安旅游经济的发展和移动互联网的快速崛起，西安的饮食旅游也

在网络上得到更多的宣传机会，在这些宣传中，又将西安的饮食文化分为传统小吃和网红美食。西安的传统小吃大多位于莲湖区和碑林区的历史街区当中，起初为当地居民所熟知，后来通过口碑效应传播，这些坐落在历史街区中的饮食也成为西安文化的一种特色。而"网红"美食通常分布在旅游景区或者大型商圈中，这些网红美食的特点是菜品卖相精巧可人，店内装修风格独特，依靠年轻人热衷于网络社交中的"打卡""自拍""转发"，在网络中吸引更多人前来消费。传统美食和网红美食虽然是通过线上和线下两种方式传播，在产品上也各有风格，但是两者之间也有其互相借鉴和学习的部分。下面将分别通过莲湖历史风貌区内美食和西安"网红"美食进行分析。

（一）西安莲湖历史风貌区发展与建议

1. 莲湖历史风貌区概述

西安莲湖历史风貌区位于旧西安城内西北侧，北起莲湖路，南至西大街，东靠北大街，西到北马岛巷，总面积为 2.27 平方公里。莲湖历史风貌区内以明清风格建筑为主，这些建筑对西安历史具有重要意义。

2. 莲湖历史风貌区发展脉络

作为国都，长安城是唐朝规模最大的城市，如今的莲湖历史风貌区就位于长安城内。由于唐朝政治安定，这里也成为古代汉文化与西域文化的交流中心，许多波斯商人通过丝绸之路来到长安经商或定居，逐渐发展成为聚落，开始"依寺而居，依坊而商"的生活，至今还有一部分商铺维持着下店上住、外店内住的传统穆斯林生活方式。

明朝时期，西安府、布政司、都察院、巡按察院等许多官府聚集在现在的莲湖历史风貌区内。莲花池作为当时秦王府贵族游乐的园林，其园内的莲池寺是秦王妃进香的场所。供应试子弟学习和生活的贡院也位于如今的莲湖历史风貌区内。

清朝时，总督衙门和巡抚衙门也都坐落于如今的莲湖历史风貌区内，光绪二十六年（1900）慈禧太后携光绪皇帝来此避难，曾在总督行署居住。

历史上的莲湖历史风貌区经过几百年的发展，该区域内不仅有官府衙门、历史民居，还有佛教寺院和伊斯兰建筑。其逐渐成为西安政治、经济、文化的交融地带，具有丰富的文化和历史资源，以及很高的旅游价值。

3. 莲湖历史风貌区美食旅游的优势

（1）区域内文化资源丰富

莲湖历史风貌区位于西安老城区的重要位置，其区域内历史建筑众多，其中回民街是西安最热闹的商区之一，北院门是以售卖传统字画为主的商业街，西羊市传统庭院高家大院，光明巷存有历史民居，加上附近的西五台、城隍庙，该区域经过几百年的发展，依然保留了传统街巷的空间格局，具有较好的旅游区位优势。并且风貌区内建筑装饰风格多样，记录了西安社会形态的变迁。当人们在风貌区内游览时，具有历史特征的建筑会引导人们感受空间氛围。

众多西安居民熟知的传统美食也在此区域内，诸如光明巷的全盛宅糕点、北广济街水盆羊肉、西羊市甄糕。这些店铺大都创建在莲湖历史风貌区内，通过几十年的营业，凭借菜品价廉物美，已经在本地居民当中树立起口碑。

（2）生活气息浓厚

由于历史街区位于城市中心，其改造往往需要付出昂贵代价，大多数案例是将街区中原有的居住功能转换成商业功能。例如北京王府井和上海新天地，这样改造虽然可以在短时间内获得商业利益，但是如果维护不力，随着更多的资本进入，历史街区将会失去自身的文化特性，从而逐渐失去客源。

西安莲湖历史风貌区不同于其他区域，至今保留了当地居民的生活方式，每日有回民在清真寺礼拜，光明巷内的历史民居中依然有居民居住，清晨的光明巷仍有排队购买早点的人们，这些生活方式影响着此区域的发展，也使莲湖历史风貌区保持原汁原味的人文风貌。

4. 莲湖历史风貌区发展美食旅游的劣势

（1）文化产业结构不够完善

莲湖历史风貌区内的许多商铺餐厅大都停留在简单的售卖阶段，游客在这里也只有购买商品和品尝食物，对于商铺或餐厅乃至整个风貌区的了解甚少。虽然许多商铺餐厅起源于莲湖历史风貌区，但是并没有呈现与其的联系

或者故事。

（2）历史资源缺乏保护

2020年5月，位于莲湖历史风貌区的光明巷45号院内的清代建筑因其北房屋顶和西房楼板年久失修而坍塌，这是一栋木制老宅。同时光明巷47号院和北广济街244号院均为清代建筑，具有重要历史价值，但是都没有得到妥善保存和修复。

历史建筑作为文化实体，承载了文化底蕴，莲湖历史风貌区内还有许多具有西安特色的风味小吃位于历史古建筑中，对于历史建筑的保护还有待加强。

5. 莲湖历史风貌区发展建议

（1）加强内部整合规划

尽管莲湖历史风貌区内文化资源丰富，但是未能有效地转化为旅游优势。当地社区应当加大对于历史文化的保护力度，及时合理修缮古建筑，修缮古建筑并不是一味地拆除后重建，而是应在原有建筑的基础上修复，保留其原始的时代感。由于每个建筑年代、状况、用途各有不同，所以建议采取逐一改造的方式进行修复。

从文化产业从事的经济活动可以看出，莲湖历史风貌区内商铺众多，种类众多，包括餐饮、字画、民族特色等。当地社区可以定期组织从业人员进行交流和培训，合理利用资源，打造符合自身发展的营业特色。还可以制作或公开征集文创地图，为游客提供游览建议，帮其合理利用游览时间，打造"一日轻旅行"行程，这样既可以带动外地游客，也可以吸引本地市民参加，从而使莲湖历史风貌区成为一个品牌。

（2）重视人文活动

对于一个历史街区的保留，不应该只是空间上的重视，更应该重视区域内人文的关怀。当地社区应当重视人才的引进，优化整个区域文化产业结构，使莲湖历史风貌区在重视经济发展的同时创造更多的文化价值。

莲湖历史风貌区中有许多餐饮店铺依旧是以家庭为单位经营，这样传统的经营模式很难保证长期经营，而专业的运营人才的指导和规划可以使这些老字号保持活力。

积极主办社区活动，提高莲湖历史风貌区在地居民的认同感。可以收集本区域居民口述历史，深挖居民与区域间的联系，创造更多的人文价值；也可举办社区厨艺比赛，收集民间美食，使社区成为一个文化交流中心。

基于莲湖历史风貌区聚集了多民族文化，其中包含美食文化的人文资源丰富，当地有关部门应该抓住机遇，合理开发，将此区域打造成为西安城市文化的名片。

（二）"网红"美食的现状与未来

1. 西安"网红"美食

随着移动互联网的发展，诸如手机、平板电脑等移动设备承载着越来越强的传播功能，"网红"商品就是在这样的背景下诞生的，具有碎片化、时效性、流量多、黏性强的特性。而饮食同样适合这样的传播方式，西安几千年来积淀的历史文化中诞生了独特的饮食文化，目前餐饮行业中出现的"网红"美食有一部分依靠传统饮食而开发，中国饮食文化和中国历史息息相关，蕴藏着丰富资源。2018年4月，西安市旅发委与抖音短视频平台全面启动战略合作，利用抖音短视频平台宣传推广当地文化旅游资源，目的在于扩大西安市的知名度和影响力。在短视频的推广传播下，打造出"网红"餐厅、"网红"美食、"网红"景点等，促使西安的热度逐渐升高，推动了当地旅游业和餐饮业的发展。

西安"网红美食"中既有凉皮、肉夹馍、胡辣汤等这些传统美食。也有诸如毛笔酥、麻将十三幺等新开发美食，以及"陕拾叁""平仄咖啡馆"这种网红餐厅。不管是食品还是餐厅都形成了"新老同堂"的局面，这样的发展有利于传统饮食的保护，也有利于新菜品的开发，游客可以在西安吃到具有不同时期风味的特色，可谓一举多得。

但是西安"网红"饮食也存在的一些问题。虽然饮食文化拥有深厚的历史底蕴，但是真正了解其内涵的游客并不多，同时有的商家将菜品外形作为噱头，对于菜品历史和背景也无太多研究。在西安饮食的旅游中，相比经

过推广的"网红"美食,一些非物质文化遗产名录中的传统饮食手工技艺却不为人知。在新媒体平台上诸如面花、户县龙窝酒等并没有太多信息,即使有,关注和浏览的人数也是寥寥无几。永兴坊摔碗酒,网络上的信息也大多是"形式大于内容",鲜有讲解其历史的作品,游客也过多关注其"摔碗"的过程,对于背后的历史和文化并不了解。

2. "网红"美食长期发展的对策

如何长久带动当地美食文化开发和经济效益,是现在"网红"美食需要关注的问题,餐饮业为消费者提供多样化的服务与产品同时,实际上也在与消费者进行着相应的文化交流,有了长期稳定的文化交流,经济效益才会增加,从而形成长久的良性循环。

(1)政府推动资源整合

每个商家出于自身利益,少有整合联动,导致饮食旅游的发展不平衡和资源浪费,游客获取相关信息的途径大多是自媒体,商品和景点的真实性有待提高。这需要政府制定一个较为统一的认证和发布平台,符合标准的商家可以在该平台得到政府的推荐。西安当地已有的"西安旅游资讯网"可以通过优化实现美食旅游的推广。适当转变官方严肃的表达方式,用较为亲和活泼的话语表达。并优化网站中"吃在西安"这一板块,使其内容不只是简单的餐厅推荐,加入西安饮食历史和文化,将菜品细分成几个种类,并说明每个种类中推荐的店铺中独特之处是什么,以增加潜在游客的浏览欲望,提高确定行程游客的旅游体验。也可将"网红"美食和其他景点搭配,向游客推荐诸如"一日游""轻旅行"的路线,让游客参观更多的景点,进而创造更多的经济效益。

(2)让"网红"美食具备一定的文化内涵

"网红"美食为西安的饮食文化注入了新鲜血液,随着"5G"网络的快速发展,关于美食的线上直播以及短视频的流量必定会越来越多。但是"网红"美食如何长久发展而不依靠人口红利昙花一现?这就必须深挖内容的内在价值。创新者需要给食物赋予独特且有底蕴的文化内涵,去其糟粕,在外观精致、口味鲜美的基础上赋予其更深层的内容,美食中的人文内涵既可以是富有深意的哲学思想，也可以是对现实生活的思考。带动人们对饮食文化的思考，这样也有利于西安城市形象的塑造。总体说来，对于"网红"商品，微博、微信、抖音等新媒体只是一种传播的手段，有效内容和背后所带动的经济价值、人文思考才是重点。

（3）增加游客体验与互动

"网红"美食可以开发新的体验项目，可以参照日本寿司工厂，让顾客在寿司师傅的带领下亲自制作寿司，感受其"尊重自然"的本质。这样不仅可以提高顾客的满足感和新鲜感，也可以让顾客了解到当地文化特色。因此可以将一些简单方便的西安特色美食诸如凉皮、肉夹馍等制作当作游客体验项目，游客亲手制作美食，将这种美食体验制作课程发展成为一种吸引游客的方式，在增加商业价值的同时使非物质文化发扬光大。

五　总结

随着休闲旅游逐渐成为消费热点，其中所包含的文化性、体验性、独特性的美食成为消费者关注的重点，美食成为旅游目的地的重要吸引元素之一。

西安是西北五省的经济中心，又连接着东部地区，深厚的历史文化使其具有美食文化的发展的优势。2015 年西安成为"一带一路"的起点之一，加上本地政府大力支持文化产业发展，使西安具备了文化优势、经济优势、交通优势和政策优势，发展空间广阔。

本文以西安莲湖历史风貌区和"网红"美食为例，对西安的传统街区饮食和网络热门饮食这两个分类进行分析，探究目前西安美食旅游的现状，提出打造品牌效应、加强整合区域推广、增强传统文化保护、增加游客体验等一系列优化建议，以使西安美食旅游更好地顺应旅游行业发展潮流，并成为西安旅游的支柱之一。

参考文献

1. 陈朵灵、项怡娴：《美食旅游研究综述》，《旅游研究》2017 年第 2 期。
2. 王烨、付成程、郑战伟、王恒超、孙欣：《浅谈陕西民俗饮食文化——以西安小吃为例》，《农产品加工（学刊)》2012 年第 1 期。

数据附录

Data Appendix

B.21
2019年中国旅游市场数据

一 旅游业市场总体概况

（数据来源：文化和旅游部）

2019年，旅游经济继续保持高于 GDP 增速的较快增长。国内旅游市场和出境旅游市场稳步增长，入境旅游市场基础更加稳固。国内全年旅游人数60.06亿人次，比上年同期增长8.4%；出入境旅游总人数3.0亿人次，同比增长3.1%；全年实现旅游总收入6.63万亿元，同比增长11%。旅游业对 GDP 的综合贡献为10.94万亿元，占 GDP 总量的11.05%。旅游直接就业2825万人，间接就业5162万人，占全国就业总人口的10.31%。

2015～2019 年中国旅游市场概况

指标	2019 年	2018 年	2017 年	2016 年	2015 年
旅行社数（个）			29717.00	27939.00	27621.00
星级饭店总数（个）			9566.00	11685.00	12327.00
入境游客（万人次）	14531	14119.83	13948.24	13844.38	13382.04
外国人入境游客（万人次）	3188	3054.29	2916.53	2815.12	2598.54
港澳同胞入境游客（万人次）		10451.93	10444.59	10456.26	10233.64
台湾同胞入境游客（万人次）		613.61	587.13	573.00	549.86
入境过夜游客（万人次）	6573	6289.57	6073.84	5926.73	5688.57
国内居民出境人数（万人次）	16921	16199.34	14272.74	13513.00	12786.00
国内居民因私出境人数（万人次）	16211	15501.69	13581.56	12850.00	12172.00
国内游客（万人次）	601000	553900.00	500100.00	444000.00	400000.00
国际旅游外汇收入（百万美元）	131300	127103.01	123417.00	120000.00	113650.00

二　国内旅游情况

国内旅游收入增长11.7%

根据国内旅游抽样调查结果，国内旅游人数60.06亿人次，比上年同期增长8.4%。其中，城镇居民44.71亿人次，增长8.5%；农村居民15.35亿人次，增长8.1%。国内旅游收入5.73万亿元，比上年同期增长11.7%。其中，城镇居民花费4.75万亿元，增长11.6%；农村居民花费0.97万亿元，增长12.1%。

2015～2019 年中国国内旅游情况

指标	2019 年	2018 年	2017 年	2016 年	2015 年
国内游客（百万人次）	6010	5539.0	5001.0	4440.0	4000.0
城镇居民国内游客（百万人次）		4119.0	3677.0	3195.0	2802.0
农村居民国内游客（百万人次）		1420.0	1324.0	1240.0	1188.0
国内旅游总花费（亿元）	57251	51278.3	45660.8	39390.0	34195.1
城镇居民国内旅游总花费（亿元）		42590.0	37673.0	32241.3	27610.9
农村居民国内旅游总花费（亿元）		8688.3	7987.7	7147.8	6584.2
国内旅游人均花费（元）		925.8	913.0	888.2	857.0
城镇居民国内旅游人均花费（元）		1034.0	1024.6	1009.1	985.5
农村居民国内旅游人均花费（元）		611.9	603.3	576.4	554.2

三　国际旅游情况

外国人入境旅游人数增长4.4%

入境旅游人数 1.45 亿人次，比上年同期增长 2.9%。其中外国人 3188 万人次，同比增长 4.4%；香港同胞 8050 万人次，同比增长 1.4%；澳门同胞 2679 万人次，增长 6.5%；台湾同胞 613 万人次，与上年同期基本持平。入境旅游人数按照入境方式分，船舶占 2.9%，飞机占 17.4%，火车占 2.6%，汽车占 21.2%，徒步占 55.8%。

入境过夜旅游人数 6573 万人次，比上年同期增长 4.5%。其中外国人 2493 万人次，同比增长 5.5%；香港同胞 2917 万人次，同比增长 3.5%；澳门同胞 611 万人次，同比增长 10.4%；台湾同胞 552 万人次，同比下降 0.2%。

2015～2019 年国际旅游收入及构成

指标	2019 年	2018 年	2017 年	2016 年	2015 年
国际旅游外汇收入(亿美元)	1313	1271.03	1234.17	1200.0	1136.5
长途交通国际旅游外汇收入(亿美元)		366.31	449.46	446.5	448.5
民航国际旅游外汇收入(亿美元)		333.53	304.87	290.6	294.8
铁路国际旅游外汇收入(亿美元)		13.52	49.52	53.2	43.2
汽车国际旅游外汇收入(亿美元)		13.72	29.43	31.6	32.5
轮船国际旅游外汇收入(亿美元)		5.54	65.65	71.0	78.0
游览国际旅游外汇收入(亿美元)		53.71	65.04	67.1	44.8
住宿国际旅游外汇收入(亿美元)		181.09	122.08	116.3	132.9
餐饮国际旅游外汇收入(亿美元)		142.55	103.07	96.2	82.6
商品销售国际旅游外汇收入(亿美元)		327.61	229.95	209.5	209.0
娱乐国际旅游外汇收入(亿美元)		45.82	74.16	77.1	53.9
邮电通讯国际旅游外汇收入(亿美元)		11.62	27.57	28.9	23.9
市内交通国际旅游外汇收入(亿美元)		27.76	39.20	40.4	22.4
其他服务国际旅游外汇收入(亿美元)		114.54	123.64	118.0	118.6

国际旅游收入达1313亿美元

国际旅游收入 1313 亿美元，比上年同期增长 3.3%。其中外国人在华

消费771亿美元，增长5.4%；香港同胞在内地消费285亿美元，下降2.0%；澳门同胞在内地消费95亿美元，增长9.4%；台湾同胞在大陆消费162亿美元，下降0.2%。

入境外国游客亚洲占比75.9%，以观光休闲为目的的游客占35.0%

入境外国游客人数中（含相邻国家边民旅华人员），亚洲占75.9%，美洲占7.7%，欧洲占13.2%，大洋洲占1.9%，非洲占1.4%。其中：按年龄分，14岁以下人数占3.8%，15~24岁占13.9%，25~44岁占49.3%，45~64岁占28.1%，65岁以上占4.9%；按性别分，男性占58.7%，女性占41.3%；按目的分，会议商务占13.0%，观光休闲占35.0%，探亲访友占3.0%，服务员工占14.7%，其他占34.3%。

按入境旅游人数排序，我国主要国际客源市场前20位国家如下：缅甸、越南、韩国、俄罗斯、日本、美国、蒙古国、马来西亚、菲律宾、新加坡、印度、泰国、加拿大、澳大利亚、印度尼西亚、德国、英国、朝鲜、法国、意大利，其中缅甸、越南、蒙古国、印度、朝鲜含边民旅华人数。

2015~2019年按年龄、性别、事由分外国入境游客

指标	2019年	2018年	2017年	2016年	2015年
外国人入境游客(万人次)	3188	4795.11	4294.30	3148.38	2598.54
男性外国人入境游客(万人次)		2859.71	2607.98	1982.04	1681.19
女性外国人入境游客(万人次)		1935.39	1686.32	1166.33	917.35
14岁以下外国人入境游客(万人次)		161.18	134.75	114.73	101.43
15~24岁外国人入境游客(万人次)		656.71	568.82	303.32	205.03
25~44岁外国人入境游客(万人次)		2394.69	2143.34	1473.56	1184.25
45~64岁外国人入境游客(万人次)		1363.24	1256.03	1078.39	949.76
65岁以上外国人入境游客(万人次)		219.28	191.36	178.37	158.07
会议/商务外国人入境游客(万人次)		614.70	569.68	579.74	537.66
观光休闲外国人入境游客(万人次)		1608.57	1593.04	1051.15	824.88
探亲访友外国人入境游客(万人次)		132.24	110.28	96.19	79.75
服务员工外国人入境游客(万人次)		744.86	633.91	471.75	349.69
其他外国人入境游客(万人次)		1694.74	1387.40	949.55	806.56

2015～2019 年按国别分外国入境游客

指标	2019 年	2018 年	2017 年	2016 年	2015 年
入境游客(万人次)	3188	3054.29	2916.53	2815.12	2598.54
亚洲入境游客(万人次)		1912.07	1818.47	1788.19	1659.47
朝鲜入境游客(万人次)		16.52	22.98	21.04	18.83
印度入境游客(万人次)		86.30	82.20	79.97	73.05
印度尼西亚入境游客(万人次)		71.19	68.31	63.37	54.48
日本入境游客(万人次)		269.14	268.30	258.99	249.77
马来西亚入境游客(万人次)		129.15	123.32	116.54	107.55
蒙古国入境游客(万人次)		149.43	186.45	158.12	101.41
菲律宾入境游客(万人次)		120.50	116.85	113.51	100.40
新加坡入境游客(万人次)		97.84	94.12	92.46	90.53
韩国入境游客(万人次)		419.35	386.38	477.53	444.44
泰国入境游客(万人次)		83.34	77.67	75.35	64.15
非洲入境游客(万人次)		67.41	62.91	58.88	58.02
欧洲入境游客(万人次)		604.43	591.17	547.15	491.67
英国入境游客(万人次)		60.82	59.18	59.50	57.96
德国入境游客(万人次)		64.37	63.55	62.49	62.34
法国入境游客(万人次)		49.96	49.47	50.38	48.69
意大利入境游客(万人次)		27.81	28.05	26.73	24.61
荷兰入境游客(万人次)		19.64	19.43	19.96	18.18
葡萄牙入境游客(万人次)		5.63	5.64	5.50	5.34
瑞典入境游客(万人次)		11.01	11.19	11.53	11.84
瑞士入境游客(万人次)		7.40	7.23	7.26	7.27
俄罗斯入境游客(万人次)		241.55	235.68	197.66	158.23
拉丁美洲入境游客(万人次)		45.37	42.65	39.04	34.98
北美洲入境游客(万人次)		333.48	311.9	299.09	276.56
加拿大入境游客(万人次)		85.02	80.60	74.13	67.98
美国入境游客(万人次)		248.46	231.29	224.96	208.58
大洋洲及太平洋岛屿入境游客(万人次)		91.31	89.22	82.55	77.64
澳大利亚入境游客(万人次)		75.22	73.43	67.51	63.73
新西兰入境游客(万人次)		14.65	14.37	13.62	12.54
其他国家入境游客(万人次)		0.22	0.22	0.22	0.21

中国公民出境旅游人数达1.55亿人次

中国公民出境旅游人数达到 1.55 亿人次，比上年同期增长 3.3%。

B.22
2019年中国各省市文旅发展数据

各省市旅游业市场总体概况

2019 年，各省市旅游经济增速明显，市场火热。

2019 年中国各省市国内旅游市场概况

地区	接待旅游者 （亿人次）	同比增长 （%）	旅游收入 （亿元）	同比增长 （%）
北京市	3.22	3.70	5866.20	5.6
天津市	—			
上海市	3.61	6.40	4789.30	7.0
重庆市	6.57	10.00	5734.00	32.0
浙江省	7.30	5.50	10911.00	9.0
广东省	60.06	8.40	57300.00	11.7
山东省	9.38	8.60	11087.30	12.1
河南省	—	—	—	—
湖南省	8.30	10.30	9613.40	15.3
江西省	7.91	15.70	9596.70	18.5
福建省	5.27	16.70	7393.43	2.6
四川省	7.50		11594.30	14.7
海南省	0.83	9.00	1057.80	11.3
湖北省	—			
安徽省	8.20	13.60	8525.60	17.7
江苏省	8.80	8.10	14321.60	8.2
黑龙江省	2.20	19.00	2684.00	19.6
吉林省	—	—	—	—
辽宁省	6.42	13.60	6222.80	15.9
河北省	7.80	15.50	9248.70	22.0
山西省	8.30	18.50	8026.90	19.3
贵州省	—			

续表

地区	接待旅游者 （亿人次）	同比增长 （％）	旅游收入 （亿元）	同比增长 （％）
云南省	—	—	—	—
陕西省	7.07	12.20	7211.21	20.3
甘肃省	3.70	24.00	2681.00	30.0
青海省	0.51	20.80	561.33	20.4
内蒙古自治区	1.95	10.10	4651.50	12.0
广西壮族自治区	8.70	28.40	10241.44	34.4
西藏自治区	—	—	—	—
宁夏回族自治区	—	—	—	—
新疆维吾尔自治区	2.13	42.00	3632.58	40.8

资料来源：各省市国民经济和社会发展统计公报。

B.23
2019年文化创意产业发展数据

2019 年全国规模以上文化及相关产业企业营业收入情况

	绝对额	比上年增长[①]	所占比重
	（亿元）	（％）	（％）
总　计	86624	7.0	100.0
按行业类别分			
新闻信息服务	6800	23.0	7.9
内容创作生产	18585	6.1	21.5
创意设计服务	12276	11.3	14.2
文化传播渠道	11005	7.9	12.7
文化投资运营	221	13.8	0.3
文化娱乐休闲服务	1583	6.5	1.8
文化辅助生产和中介服务	13899	0.9	16.0
文化装备生产	5722	2.2	6.6
文化消费终端生产	16532	5.5	19.1
按产业类型分			
文化制造业	36739	3.2	42.4
文化批发和零售业	14726	4.4	17.0
文化服务业	35159	12.4	40.6
按领域分			
文化核心领域[②]	50471	9.8	58.3
文化相关领域	36153	3.2	41.7
按区域分			
东部地区	63702	6.1	73.5
中部地区	13620	8.4	15.7
西部地区	8393	11.8	9.7
东北地区	909	1.5	1.0

注：①为名义增长，未扣除价格因素。②文化核心领域包括新闻信息服务、内容创作生产、创意设计服务、文化传播渠道、文化投资运营和文化娱乐休闲服务 6 个行业，文化相关领域包括文化辅助生产和中介服务、文化装备生产和文化消费终端生产 3 个行业。

资料来源：国家统计局。

附注

1. 指标解释

文化及相关产业指为社会公众提供文化产品和文化相关产品的生产活动的集合。《文化及相关产业分类（2018）》中规定：文化及相关产业包括新闻信息服务、内容创作生产、创意设计服务、文化传播渠道、文化投资运营、文化娱乐休闲服务、文化辅助生产和中介服务、文化装备生产和文化消费终端生产9个大类。

营业收入指"主营业务收入"及"其他业务收入"之和。

2. 统计范围

规模以上文化及相关产业的统计范围为《文化及相关产业分类（2018）》所规定的行业范围，年主营业务收入在2000万元及以上的工业企业；年主营业务收入在2000万元及以上的批发企业或主营业务收入在500万元及以上的零售企业；从业人数在50人及以上或年营业收入在1000万元及以上的服务业企业，其中文化和娱乐服务业年营业收入在500万元及以上。

3. 调查方法

每季度进行规模以上文化及相关产业法人单位认定，根据国家统计联网直报平台上规模以上工业企业、限额以上批发和零售业企业、规模以上服务业企业全面调查取得的数据进行汇总。

4. 行业分类标准

执行《文化及相关产业分类（2018）》，具体请参见 http：//www.stats. gov. cn/tjgz/tzgb/201804/t20180423_ 1595390. html。

5. 东部、中部、西部和东北地区

东部地区包括北京、天津、河北、上海、江苏、浙江、福建、山东、广东、海南10个省（直辖市）；中部地区包括山西、安徽、江西、河南、湖北、湖南6个省；西部地区包括内蒙古、广西、重庆、四川、贵州、云南、西藏、陕西、甘肃、青海、宁夏、新疆12个省（自治区、直辖市）；东北地区包括辽宁、吉林、黑龙江3个省。

6. 2019 年规模以上文化及相关产业企业营业收入的上年同期数与之前公布的 2018 年数据存在差异，主要原因是：（一）规模以上企业数量发生增减变化。2019 年，有部分企业达到规模以上标准，被纳入调查范围，也有部分企业因规模变小而退出调查范围，还有新建投产企业、破产、注（吊）销企业变化，以及统计执法去掉虚假企业等因素，使规模以上企业的数量发生了变化。同时，根据第四次全国经济普查单位全面清查结果，对规模以上文化及相关产业调查单位进行了核实调整。2019 年，全国规模以上文化及相关产业调查企业数量为 5.8 万家，比上年减少 2311 家。相应地，按照《文化及相关产业分类（2018）》标准，全国规模以上文化及相关产业企业 2018 年营业收入调整为 80986 亿元。（二）加强统计执法，对统计执法检查中发现的不符合规模以上要求的企业及填报的不实数据进行了清理，对相关基数依规进行了修正。

B.24
2019年中国旅行社统计数据

数据说明：

该数据统计依据文化和旅游部制定、国家统计局批准的《旅游统计调查制度》，对2019年全国旅行社统计调查情况进行了汇总。

数据来源：文化和旅游部市场管理司。

参见报告：

关于2019年第一季度全国旅行社统计调查报告

关于2019年第二季度全国旅行社统计调查报告

关于2019年上半年全国旅行社统计调查报告

关于2019年第三季度全国旅行社统计调查报告

关于2019年第四季度全国旅行社统计调查报告

一 旅行社总体概况

（一）2019年中国旅行社发展状况

2019年全国旅行社总数为115170家，广东、北京、江苏、浙江等发达地区旅行社数量较多，广东旅行社数量全国第一。全国各地区旅行社数量在逐渐增加，发达地区旅社数量增加速度比不发达地区更快。

2019年全国旅行社总数

序号	地区	2019年第一季度旅行社总数	2019年第二季度旅行社总数	2019年第三季度旅行社总数	2019年第四季度旅行社总数
1	广东	3017	3108	3192	3281
2	北京	2842	2918	2999	3062

序号	地区	2019年第一季度旅行社总数	2019年第二季度旅行社总数	2019年第三季度旅行社总数	2019年第四季度旅行社总数
3	江苏	2817	2873	2911	2943
4	浙江	2696	2712	2742	2769
5	山东	2467	2528	2583	2613
6	上海	1679	1712	1741	1758
7	辽宁	1492	1508	1524	1524
8	河北	1469	1493	1507	1513
9	安徽	1428	1439	1469	1487
10	湖北	1214	1228	1253	1267
11	云南	1195	1192	1204	1242
12	河南	1139	1150	1168	1181
13	四川	1136	1171	1148	1156
14	福建	1114	1147	1147	1147
15	内蒙古	1112	1140	1117	1143
16	湖南	1038	1072	1109	1105
17	山西	888	901	915	927
18	江西	875	885	899	909
19	黑龙江	816	826	861	862
20	广西	810	837	850	850
21	陕西	806	832	828	837
22	吉林	704	708	711	723
23	甘肃	661	697	707	701
24	重庆	595	628	650	673
25	贵州	517	548	560	594
26	天津	470	483	523	540
27	青海	467	500	508	515
28	海南	434	451	492	502
29	新疆	411	471	474	483
30	西藏	309	310	310	310
31	新疆生产建设兵团	165	165	166	164
32	宁夏	159	161	165	162

（二）2019年全国旅行社分布

从全国旅行社分布来看，东部地区、西部地区、中部地区及东北地区旅行社分别占全国旅行社总量的 51% 、23% 、18% 和 8% 。旅行社数量在 2500 家以上的有 5 个地区，分别为广东、北京、江苏、浙江和山东，数量最多的广东有 3108 家。天津、新疆、海南、西藏、新疆生产建设兵团和宁夏 6 个地区的旅行社数量少于 500 家，最少的宁夏有 161 家。旅行社数量在 500～1000 家的有 10 个地区，1000～1500 家的有 9 个地区，1500～2000 家的有 2 个地区。

二 旅行社接待情况

（一）入境旅游

2019 年全国旅行社入境旅游外联 1227.29 万人次、4780.87 万人天，接待 1829.62 万人次、5911.27 万人天。

2019 年全国旅行社外联接待入境旅游情况统计表

指标名称	人次数		人天数	
	外联	接待	外联	接待
入境游客	12272892	18296248	47808747	59112680
一、香港同胞	2498155	3727199	9365987	10437441
二、澳门同胞	1089311	1510203	4284208	5212498
三、台湾同胞	1741346	2591634	7510396	10667538
四、外国人	6944080	10467212	26648156	32795203
1. 亚洲小计	4464575	6403898	—	—
日本	727386	739883	—	—
韩国	928197	1850647	—	—
蒙古国	30936	90263	—	—
印度尼西亚	203154	355088	—	—
马来西亚	533873	871241	—	—
菲律宾	252943	315135	—	—
新加坡	505606	671410	—	—
泰国	507401	657994	—	—
印度	91145	129254	—	—

续表

指标名称	人次数		人天数	
	外联	接待	外联	接待
越南	213146	339548	—	—
缅甸	27433	31400	—	—
亚洲其他	443355	352035	—	—
2. 欧洲小计	1389208	2211101	—	—
英国	193333	299303	—	—
法国	116882	257542	—	—
德国	182039	318873	—	—
意大利	69902	129039	—	—
瑞士	30530	44539	—	—
瑞典	20054	37848	—	—
俄罗斯	477065	662024	—	—
西班牙	100712	171310	—	—
欧洲其他	198691	290623	—	—
3. 美洲小计	729783	1183334	—	—
美国	556574	941006	—	—
加拿大	122109	174219	—	—
美洲其他	51100	68109	—	—
4. 大洋洲	281833	491619	—	—
澳大利亚	208692	403952	—	—
新西兰	60621	67585	—	—
大洋洲其他	12520	20082	—	—
5. 非洲	27010	37414	—	—
6. 其他	51671	139846	—	—

（二）国内旅游

2019 年全国旅行社国内旅游组织 17666.29 万人次、52868.42 万人天，接待 18472.66 万人次、44212.68 万人天。

2019 年全国旅行社组织接待国内旅游情况统计表

指标名称	人次数		人天数	
	组织	接待	组织	接待
合计	176662910	184726615	528684178	442126843
北京	5232812	3578233	25460278	14335615
天津	3513491	1233916	8575106	2924774
河北	2837507	1485120	7487463	3498469
山西	1623923	1546120	6123277	5915931
内蒙古	477633	991960	1918410	3152345
辽宁	6107676	4546749	36733481	24936884
吉林	866172	552477	3673267	1326561
黑龙江	479657	982448	1830798	2728040
上海	10853881	6657622	30617531	13031678
江苏	21781591	23134642	53508416	40147119
浙江	17272687	22470733	41520727	39244109
安徽	5197860	8411672	15320281	18271392
福建	10868667	11319800	36332992	28103041
江西	3139869	2873342	9030870	6369387
山东	11873525	8088092	37729826	21524740
河南	2153636	1506880	6449846	2897838
湖北	10482973	16150907	25978863	28763281
湖南	9350570	10249984	26772209	25893819
广东	22118331	13175892	53710771	25177483
广西	1857197	5676617	5897072	15708736
海南	725209	7797767	1607055	24166778
重庆	12347378	6633568	40202276	10547213
四川	6020649	4601954	18006125	15913407
贵州	1364411	3491402	4999972	10933336
云南	2771734	8448749	9331868	25918658
西藏	98370	496866	302641	2311170
陕西	3504399	4940975	13074433	14689279
甘肃	397409	947834	1769040	3087244
青海	536995	1116497	1366838	4234614
宁夏	433301	626509	1785643	2195107
新疆	241934	610802	859446	2196614
新疆生产建设兵团	131463	380486	707357	1982181

（三）出境旅游

2019 年全国旅行社出境旅游组织 6288.06 万人次、32070.63 万人天。

2019 年全国旅行社组织出境情况统计表

指标名称	人次数	人天数
出境游客	62880625	320706345
1. 亚洲小计	50611123	—
香港地区	4261688	—
澳门地区	3161778	—
台湾地区	5231076	—
日本	7740690	—
韩国	1631369	—
蒙古国	72774	—
印度尼西亚	1824746	—
马来西亚	2684762	—
菲律宾	1332226	—
新加坡	2707362	—
泰国	10773924	—
印度	248921	—
越南	5230323	—
缅甸	732387	—
亚洲其他	2977097	—
2. 欧洲小计	8434499	—
英国	700107	—
法国	1071296	—
德国	901743	—
意大利	946422	—
瑞士	837358	—
瑞典	206206	—
俄罗斯	1684628	—
西班牙	266119	—
荷兰	188481	—
丹麦	154649	—
欧洲其他	1477490	—

指标名称	人次数	人天数
3. 美洲小计	1216343	—
美国	996319	—
美洲其他	220024	—
4. 大洋洲小计	1712404	—
澳大利亚	967519	—
新西兰	587714	—
大洋洲其他	157171	—
5. 非洲小计	606456	—
南非	125234	—
埃及	227883	—
肯尼亚	41495	—
非洲其他	211844	—
6. 其他小计	299800	—

Abstract

"Cultural Tourism Blue Book" – "China's Cultural Tourism Industry Development Report (2020)" is driven by the current policy and industrial situation development, with the Institute of Cultural Creativity of Tsinghua University and CC – Smart Think Tank as the academic platform, United domestic and foreign academic experts and industry, government departments, many other experts together. Based on the entire industry chain of China's cultural tourism industry, this report explores the overall structure of China's cultural tourism industry and conducts research and analysis on market issues, industrial issues, and market risk prevention and control in all areas of the Chinese travel industry from a comprehensive perspective. Scientific analysis and judgment on the development rules and trends of the Chinese travel industry in the future.

2019 is a year of vigorous development of China's cultural tourism industry. Looking at the whole world, China, as the main source of tourists and cultural industry in the Asia – Pacific region, accounts for more than 39% of the total number of international tourists in China. At home, China's cultural tourism industry has developed rapidly and has achieved high-speed growth for many years in a row. The cultural tourism industry has become an important part of the national economy and is a pillar industry and a happy industry of China's national economy. The Chinese cultural tourism industry has excellent development situations and opportunities, but there are also some staged problems. This report needs to stand on the basis of the new era, new concepts, and new development, and scientifically grasp the new trend and new characteristics of the development of China's cultural tourism industry in the new era from the aspects of industry status, development measures, and industry trends.

The book is divided into five parts: general reports, special reports, expert reports, case reports and data appendix. General Reports: Analyze and predict the trend of China's cultural tourism industry. Special reports: In-depth and meticulous research on the development status of the popular subdivision areas of China's cultural tourism industry. Including: 2019 reports on the china urban cultural tourism development, 2019 reports on the development of ancient village, town and cities, 2019 reports on the China's rural B&Bs development, 2019 reports on the development of the film and television base tourism, 2019 reports on the development of study tour, 2019 reports on the development of red tourism. Expert report: Invite academic and industry experts to discuss their different thoughts on the travel industry based on their experience and professional fields. Case report: Select classic cases at home and abroad for analysis, comprehensively and elaborate on the development history and current situation of the case, and analyze its existing problems and future opportunities. Data appendix: To organize and analyze relevant data of the tourism market, tourism products, and tourism supporting facilities in China and various provinces and cities.

Keywords: Cultural Tourism Industry; Industrial Integration; Tourism Market

Contents

I   General Report

Abstract： 2019 is a year of booming and prosperous Chinese cultural tourism industry. In 2019, the development foundation, policy conditions and economic environment of China's cultural tourism industry are continuously optimized, the scale of the cultural tourism market is further expanded, the industry's investment fever continues to increase, and the degree of opening up to the outside world is continuously deepened. In 2019, the country also implemented a series of major development measures to promote the sustainable development of China's cultural tourism industry, including the promotion of the development of the "Belt and Road" cultural tourism project, the promotion of the "digital cultural tourism" project construction, the implementation of global tourism cultural brand building, promotion The deep integration of cultural tourism in various fields and the continuous improvement of supporting facilities in the cultural and tourism industry have resulted in remarkable results in the development and construction of the cultural tourism industry. In 2019, each special format of China's cultural tourism industry also exhibited diversified development characteristics. Traditional cultural tourism scenic spots are iteratively upgrading, cultural tourism towns are paying more attention to collaborative innovation of industries, rural tourism is developing in depth, and tourism performing arts has become the most economical and hot activities at night. The development of theme parks and research tourism is strong, and it will be an important segment of the cultural tourism market in the future. Comprehensively study the market situation, development measures and industry format characteristics of China's cultural tourism industry in 2019, and sum up the future development trend of China's cultural tourism industry.

Keywords: Cultural Tourism Industry; Cultural Tourism Integration; Cultural Tourism Market

II   Special Reports

B. 2   2019 Reports on the China Urban Cultural
Tourism Development   *Song Xinxin* / 017

Abstract: This paper gives an overview of the key areas of China's urban cultural tourism industry in 2019, and describes the urban cultural tourism industry in 2019 from the aspects of policy regulation, industry pattern, content ecology, science and technology empowerment. By summarizing the emphasis of the reform of the supply structure of urban cultural tourism industry, this paper combs the new turn of China's urban cultural tourism development in 2019, and probes into how cities integrate cultural tourism resources vertically and accelerate the iterative upgrading of public service products and business forms. To provide other cities with the new blue sea economic opening at night, urban "cloud machine tour" intelligent application, live broadcast with goods to help city marketing, shadow travel linked out of the circle to spread the city image and other reference programs and constructive ideas, so as to have a clearer overview of the overall development trend of urban cultural travel.

Keywords: Urban Cultural Tourism; Regional Tourism; Night Economy; Cultural Tourism Integration

B. 3   2019 Reports on the Development of Ancient Village,

Town and Cities   *Diao Jinuo , Si Ruo* / 035

Abstract: Protection is an essential core for the development of ancient villages, ancient towns and ancient cities in China. These ancient culture representations are closely related to Chinese history. The integration of culture and tourism practice the idea of "promoting tourism through culture and enhancing culture by tourism". Because of ancient and profound cultural connotations, increasingly people preferred to visit the ancient villages, towns and cities, and it has become the new trend in China's tourism preferences. In 2019, there were some influenced events happened in China: the Liangzhu Archaeological Site was inscribed on the List of World Heritage sites by UNESCO's World Heritage Committee. The Yangshao Culture attracted the international cooperation of academia. Also, film and television-induced tourism promoted the popularity of ancient villages, ancient towns and ancient cities, which came with the new economic growth way for the local development. This report analyses the development status of the ancient villages, towns and cities in 2019 from four aspects, including the development overview, the annual hot spot, the existing issues, and future trends.

Keywords: Protection; Cultural Heritage; Integration of Culture and Tourism

B. 4   2019 Reports on the China's rural B&Bs Development

Feng Wanting , Si Ruo / 048

Abstract: In the context of rural tourism, rural B&Bs is becoming China's emerging industry. With the joint participation of the government and the market, rural B&Bs across China are booming in 2019. Personalized design, industrial ecology, and cluster competitive advantage have become the outstanding characteristics of the development of rural B&Bs in the new period. At the same time, it is the requirement of the industry to keep pace with the times and the future development trend of rural B&Bs, to establish a management regulation of both software and hardware, to clarify the brand positioning, and to create a cluster platform for rural B&Bs in China.

Keywords: Rural Tourism; Country House Clustering; Industrial Platform; Management System

B. 5   2019 Reports on the Development of the Film and

Television Base Tourism   *Diao Jinuo, Si Ruo* / 058

Abstract: The Filming Base Tourism means the filming base created its tourism function, which expands the chain development of the film and television industries and the tourism industry. It shows a win-win effect for both industries. Also, the attempting would be expected to provide the adding value and core competencies to the "dual genetic" Filming Base Tourism. This report will analyse the development of Filming Base Tourism from three aspects, including, the development overview, development characteristics, and the existing issues and future trends.

Keywords: Filming Base; Film and TV Induced Tourism; Features; Trends

B. 6   2019 Reports on the Development of Study Tour

Wu Fei, Si Ruo / 067

Abstract: Combined with elements of tourism and education, study tour has been highly paid attention by Chinese government. Study tour has great significance for quality education and tourism. In 2019, the domestic study tour industry has developed steadily, as the standardization of the industry has been

further improved. Some companies are operating well, and the industry still has a lot of room for development. This report sorts out the policy guarantees of the study tour industry, analyzes the development of the industry based on the business conditions of the enterprise, and looks forward to the future of the study tour industry. Efforts from the government, enterprise, schools and family is needed in order to benefit the development of the study tour industry.

Keywords: Study Tour; Industrial Development; Development of Enterprise; future outlook

B. 7   2019 Reports on the Development of Red Tourism

Wan Sanmin, Wang Yuan / 076

Abstract: Red tourism industry in China showed a rapid development in 2019, integration of culture and tourism is getting deeper, the experience of red tourism is constantly improving, the trend of red tourism is becoming younger, and the proportion of rural tourists is increasing. At the same time, there are many problems in the development of red tourism, such as the characteristics were lacked, the development was superficial, the standardization of the whole process service of red tourism was lacked, the scale of scenic spots were small, and investor was single. Then we put forward some suggestions, such as developing "red plus" tourism derivatives, enhancing the participation and experience of red tourism, integrating development, standardizing the whole process service of red tourism, standardizing the business conduct, tapping the potential of domestic market, expanding the foreign market, these suggestions provide reference for the development of red tourism scenic spots and red tourism industry in various regions.

Keywords: Red Tourism; Integrated Development; Red Plus

B. 8　2019 Global Academic Overview of Creative Tourism

Yin Hong , Huang Ying / 089

Abstract: Creative tourism is the deepening and upgrading of cultural tourism. Its concepts and forms have evolved over the years. Not only has it become an important branch of the tourism industry, but many academic research results have emerged in the academic field. Scholars are mainly concerned with postmodernism. The trend of changes in the consumption of tourism culture, creative industries, and consumer choice in line with ICT. This article sorts out the research achievements of creative tourism, and discusses the origin and concept evolution of creative tourism, the relationship between creativity and tourism, cultural consumption and experience development, and the summary of development models and future trends.

Keywords: Creative Tourism; Cultural Tourism; Experience Economy

B. 9　Annual Report 2019: Cross − Industry Integration of Film,

Television, Culture and Tourism　*Feng Wanting , Si Ruo* / 099

Abstract: In 2019, the industry of "film and television + new cultural tourism" further developed. As various provinces and cities have planned cultural tourism projects, and the film and television industry continued to develop, the integration of film, television and cultural tourism has gradually run a industrial chain development. For both traditional scenic spots and new themed scenic spots, IP production is always inseparable. Besides, the differences in the layout of the new industry showed up, and both scale and content played an important role. However, the lack of sustainability and balance in industrial development is still the main challenge. In the future, the Cross-industry integration will pay more attention to the all-round development of time, place, and people related to film and television industry. Local governments will further support the upgrade of

scenic spots and the related investment will be treated with more caution. The integration of technology and culture will continue to play an important role, and the China will continue to make progress in international exchanges.

Keywords: Culture and Tourism; Film and Television; Industrial Integration; Industrial Upgrading

Ⅲ   Theoretical Thinking

B. 10   Cultural Innovation: a New Notion in Contemporary

Cultural Development   *Hu Yu* / 110

Abstract: Cultural innovation is a new ides gradually formed in the practice of contemporary cultural development. It is also a concrete manifestation of the new development ideas of the new era in the development of culture. As for this new idea, the root is the culture, the key is the creativity, and the goat is the cultural innovation and creation based on cultural heritage and cultural integration. This paper analyzes the background and basic connotation of cultural innovation, explains the cultural subject consciousness of this idea, and analyzes the creative perspective, the scientific and technological perspective and the perspective of life. And leveraging the cultural creative idea to create new cultural business models, there are three focus points of empowering: storytelling, experience and licensing. This paper believes that this new idea can effectively promote the development of Chinese culture and global culture.

Keywords: Cultural Innovation; Industry of Cultural Innovation; Cultural Development; media

Ⅳ   Case Study

Abstract: As an emerging information dissemination medium and marketing method, the online tourism platform has profoundly changed people's tourism consumption model and business strategy of tourism enterprises. In the online platform, tourists can learn about products and interact on the platform to increase their awareness. This research starts with the marketing of the online platform, and takes the XiaoZhu and the official Weibo of the Palace Museum as examples. This article studies the propagation path of online platforms and analyzes comments in depth. It was found that the online platform marketing can promote the high-quality development of the tourism industry by improving its reputation, deepening the integration of culture and tourism, and enriching marketing methods. Based on t the conclusions, the outlook and future research directions for online tourism platform marketing are proposed.

Keywords: Tourism; Online Platform; Case Study

Abstract: An analysis of the basic causes of the backwardness of rural development shows that the main problem is the next six aspects of livelihood difficulties : the loss of human resources、Lay waste、Education backwardness、Industrial recession and lost culture. Meanwhile, Rural tourism as a new industrial means may promote the modernization of rural economy. Because the industrial development brings together the rural popularity、invigorating rural land、

activating market vitality、improving the educational environment of farmers and inheriting local culture. Positive factors such as enhancing farmers' livelihood ability, the development of rural tourism is gradually put on the agenda by governments and society at all levels.

In many favorable policy environments, San Hui village speeds up the positive transformation of development concept, path and mode. It introduced the mechanism of cultural innovation, agricultural innovation and tourism innovation to build parks, apply the effective model of poverty alleviation and development to make tourism develop and promote the integrated development of related industries and farmers to get rid of poverty and become rich, sharing the development achievements of " poverty alleviation + tourism ". hrough the field visit, investigation, understanding of San Hui village, Cang Xi County, Sichuan Province, I make an in-depth analysis of the power and obstacles of San Hui village and try to get an idea of how to endow the development of local rural tourism in the later period. At the same time, I also want to provide the reference for other regions to develop rural tourism and develop " poverty alleviation + tourism " model.

Keywords: Sanhui Village; Poverty Alleviation; Rural Tourism; Tourism Poverty Alleviation; Rural Revitalization

B. 13   Research on The Integration of Cultural Tourism Development and Ecological Protection in The Yellow River Estuary Eco – Tourism Area

Wang Yuan, *Que Chaofan* / 152

Abstract: There are many cultural tourism development resources and ecological protection resources in the Yellow River Estuary ecotourism area. It is of typical significance to study the relationship between cultural tourism development and ecological protection. From the perspective of the deep integration development of cultural tourism and ecological protection in Huanghekou ecotourism area, this paper analyzes its background and current situation, discusses the feasibility and value of the integration development, and then builds a sustainable development system of cultural development and ecological protection. Through the system analysis, it puts forward measures and suggestions for the integration development of cultural tourism and ecological protection in Huanghekou ecotourism area.

Keywords: Huanghekou Ecotourism Zone; Cultural Tourism Development; Ecological Protection; Integrative Development

B. 14   Pingyao International Film Festival: A Mega-event
Sparks Cultural Tourism Consumption   *Wu Yao* / 163

Abstract: In the past three years, Pingyao film festival has become an important film festival in Chinese film industry. It has also become a more influential culture and social activities in the central and western regions of China. Pingyao film festival has been actively connected with international trendy by its unique culture theme and creative thinking. Now the film festival has strongly stimulated the tourism industry and economic growth from culture perspective. In addition, the strength of the regional economy will match culture influence of Pingyao festival in terms of protection of ancient city, scientific and regularized operation of film festival. The local government will play a significant role in the development of reginal economy in relation to the above issues.

Keywords: Pingyao International Film Exhibition; City Culture; Cultural Tourism Consumption; Culture Innovation

B. 15　Poetry and Painting in Zhejiang: Tourism Development
and Cultural Brand Image Building inZhejiang

Gao Yali, Ge Hong and Lv Xiaoyu / 175

Abstract: Cultural diversity is the performance of a region's recognizability and the contract of spiritual civilization, while cultural brand has always been an important embodiment of regional value. Zhejiang province, with its rich natural resources and profound cultural heritage, is the first province to propose and practice whole-region tourism. Guided by cultural brands, the province has built "cultural Zhejiang" and "poetry and painting Zhejiang" to realize the differentiated development of all-region tourism in zhejiang and become a model for the integrated development of national culture and tourism.

Keywords: Global Tourism; Cultural Brand; Differentiatio

B. 16　Yuanjiacun: Taste Tradition and Classic, Model of
Surprise Winner in Rural Tourism

Cao Yang, Meng Yang and Li Xiao / 184

Abstract: Yuanjia village has developed from an ordinary poor village to a model of rural tourism in domestic, benefiting from its unique management model and innovative development approach. From the construction of Guanzhong cultural experience base to the construction of a comprehensive tourism and leisure area, the construction of Yuanjia village brand has created a well-known model of Yuanjia village at home and abroad, and become a model for the development of domestic rural tourism industry. Through the research and discussion of its development process, this paper analyzes the characteristics and laws of its business model, puts forward the future prospects and suggestions, and provides experience for each region to create characteristic tourism development.

Keywords: Guanzhong Culture; Rural Tourism; Yuanjiacun Model

B. 17　Immersive Experience of Millennium City Park

Dong Xiaoqing, Que Chaofan and Fan Chengkai / 193

Abstract： With the development of tourism, immersion tourism has become a new type of tourism. Millennium City Park enriches the cultural connotation of Song Dynasty by means of tourism performance, traditional festivals, cultural Qingyuan and wisdom integration. It always adheres to the deep integration of culture and tourism, creates an immersive experience of new leisure and vacation concept, and walks out a unique cultural and tourism integration and innovation development path. This report analyzes and discusses the background of the project, the successful experience of Millennium City Park immersive tourism, the development constraints and other aspects, and analyzes and prospects its future development.

Keywords： Millennium City Park; Immersive Tourism; Culture and Tourism Integration

B. 18　Oriental Movie Metropolis in Qingdao: the integration

　　　of film and tourism to lead local development　*Li Liling / 202*

Abstract： Eastern Film and Television Culture and Industry Park is the core area for the development of the film and television industry in Qingdao's West Coast New District. While building a world-class film industrialization base, Qingdao Oriental Movie Metropolis will extend the development chain of the film and television industry, deepen the integration of film and television cultural tourism, and create an international film and television cultural tourism leisure resort. The integrated development mode of film and television tourism of Oriental Movie Metropolis has leading and originality in China. This paper will combine the development background, development process and construction status of film tourism of Oriental Film Metropolis in Qingdao West Coast New District from the

perspective of regional planning, positioning and spatial layout, to summarize the development mode of film and television tourism and the experience of development and construction of film and television tourism, and provides case guidance for other film and television tourism development regions at home and abroad.

Keywords: Cultural Tourism; Film and Television Tourism; Industrial Integration

B. 19 Palace Museum's cultural and creative products promote
　　　Chinese culture in a new way

Qian Jing, Tang Wei, Liu Jiajie, Ge Hong and Lv Jiahui / 212

Abstract: As a leading unit in the domestic museum cultural and creative industry, the Palace Museum achieved sales of more than 5000 types of commodities in 2013; in 2017 alone, it reached 1. 5 billion revenue ranking top in the dometic museums in terms of cultural and creative goods sales. With the documentary Masters in the Forbidden City and the reality show New Goods in the Forbidden City going viral, the number of fans started to grow, boosting the consumption power. This report will adopt the emprical approach and case study to analyse the factors constituting the market success of multiple goods including themed teapots, viral earphones, turret coffee about the Palace Museum, which can serve as a reference to the development of the national museum industry and the marketing of creative products.

Keywords: Museum Marketing; the Palace Museum; Cultural and Creative Products; Fan Economy

B. 20　Xi'an: Food Culture and Tourism Economic Development

Li Jiachen / 225

Abstract: The spread of food culture through the Internet has gradually become a new situation to enhance the development of tourism in a certain area in recent years. Tourists taste local special foods and spread through the Internet to form a word effect, allowing more people to understand the area and travel to the area Tourism brings more economic benefits. This report starts from Xi'an food tourism. Taking Xi'an as an example, analyzes the development process of food culture and tourism economic development, industrial and other parts. It explores the current situation and shortcomings of Xi'an food tourism development.

Keywords: Xi'an; Food; Internet

V　Data Appendix

紫金文创研究院课题研究成果

权威报告·一手数据·特色资源

皮书数据库
ANNUAL REPORT(YEARBOOK)
DATABASE

分析解读当下中国发展变迁的高端智库平台

所获荣誉

- 2019年，入围国家新闻出版署数字出版精品遴选推荐计划项目
- 2016年，入选"'十三五'国家重点电子出版物出版规划骨干工程"
- 2015年，荣获"搜索中国正能量 点赞2015""创新中国科技创新奖"
- 2013年，荣获"中国出版政府奖·网络出版物奖"提名奖
- 连续多年荣获中国数字出版博览会"数字出版·优秀品牌"奖

成为会员

通过网址www.pishu.com.cn访问皮书数据库网站或下载皮书数据库APP，进行手机号码验证或邮箱验证即可成为皮书数据库会员。

会员福利

- 已注册用户购书后可免费获赠100元皮书数据库充值卡。刮开充值卡涂层获取充值密码，登录并进入"会员中心"—"在线充值"—"充值卡充值"，充值成功即可购买和查看数据库内容。
- 会员福利最终解释权归社会科学文献出版社所有。

数据库服务热线：400-008-6695
数据库服务QQ：2475522410
数据库服务邮箱：database@ssap.cn
图书销售热线：010-59367070/7028
图书服务QQ：1265056568
图书服务邮箱：duzhe@ssap.cn

社会科学文献出版社 皮书系列
SOCIAL SCIENCES ACADEMIC PRESS (CHINA)
卡号：382781848634
密码：

S 基本子库
SUB DATABASE

中国社会发展数据库（下设 12 个子库）

整合国内外中国社会发展研究成果，汇聚独家统计数据、深度分析报告，涉及社会、人口、政治、教育、法律等 12 个领域，为了解中国社会发展动态、跟踪社会核心热点、分析社会发展趋势提供一站式资源搜索和数据服务。

中国经济发展数据库（下设 12 个子库）

围绕国内外中国经济发展主题研究报告、学术资讯、基础数据等资料构建，内容涵盖宏观经济、农业经济、工业经济、产业经济等 12 个重点经济领域，为实时掌控经济运行态势、把握经济发展规律、洞察经济形势、进行经济决策提供参考和依据。

中国行业发展数据库（下设 17 个子库）

以中国国民经济行业分类为依据，覆盖金融业、旅游、医疗卫生、交通运输、能源矿产等 100 多个行业，跟踪分析国民经济相关行业市场运行状况和政策导向，汇集行业发展前沿资讯，为投资、从业及各种经济决策提供理论基础和实践指导。

中国区域发展数据库（下设 6 个子库）

对中国特定区域内的经济、社会、文化等领域现状与发展情况进行深度分析和预测，研究层级至县及县以下行政区，涉及地区、区域经济体、城市、农村等不同维度，为地方经济社会宏观态势研究、发展经验研究、案例分析提供数据服务。

中国文化传媒数据库（下设 18 个子库）

汇聚文化传媒领域专家观点、热点资讯，梳理国内外中国文化发展相关学术研究成果、一手统计数据，涵盖文化产业、新闻传播、电影娱乐、文学艺术、群众文化等 18 个重点研究领域。为文化传媒研究提供相关数据、研究报告和综合分析服务。

世界经济与国际关系数据库（下设 6 个子库）

立足"皮书系列"世界经济、国际关系相关学术资源，整合世界经济、国际政治、世界文化与科技、全球性问题、国际组织与国际法、区域研究 6 大领域研究成果，为世界经济与国际关系研究提供全方位数据分析，为决策和形势研判提供参考。

法律声明